高等学校法学教材

General Introduction to Environmental Law in China

常用中国环境法导读

主　编　徐祥民

副主编　邹　雄　　李爱年

张式军　　郭　武

法律出版社
LAW PRESS · CHINA

编写说明

一、编写动因

在多年的环境法学教学实践中,我们注意到,学生学习环境法时,难以找到掌握基本知识、扩展知识体系的依循;教师讲授环境法时,缺少一个明确的讲授边界,缺少被普遍或被较广泛地接受的据以评价教学知识量的标准。之所以会出现这一情况,以下条件是不容忽视的:第一,环境法是一个庞大的法律体系,这个体系的法律文件众多。第二,环境法体系尚不清晰。在这个客观存在的体系中没有一个真正起基本法作用的“环境法”(就像民法体系中的《民法总则》那样)。这个体系基本上是经立法者“摸着石头过河”的工作,用一个接一个的法律文件(我们也称之为单行环境法)堆积起来的,是客观存在的体系,而非按照事先形成的某种理论或构思建设起来的体系。此外,环境问题还在逐步暴露的过程中,人们对环境法的认识还处在逐步加深的过程之中,所以环境法体系的完善尚需时日。为了给学生提供一个学习环境法学、掌握环境法基本知识的文本,提供扩展环境法知识体系的依循,为教师确定一个据以分配教学力量、测评教学质量的环境法知识核心簇群,我们就想从客观存在的环境法体系、现状下的环境法体系中抽取其核心,提炼出这个体系中的重要知识。这就是本书的编写动因。

二、定位

《常用中国环境法导读》(以下简称《导读》)是法学专业和环境相关专业的本科生、研究生学习了解中国环境法的入门指导书,也是农业、林业、土地、矿产、交通、环保、海洋等环境相关部门工作人员全面了解中国环境法的通览性知识读物。

三、“常用中国环境法”的范围

《导读》介绍的“常用中国环境法”是从中国现有环境法中选出的最常用、

最具代表性的单行环境法。我们认为它们是我国众多环境法律法规中相对重要的一些，虽然20这个数量出于凑整的考虑，并非计算或学理分析的结论。

为了帮助学生学习这些常用中国环境法，了解它们的重要性，建立以它们为骨架的环境法律知识体系，进而建立以这些法律知识为依托的环境法学知识体系，本书打算系统地介绍每一种常用中国环境法。希望这样的工作有助于引导学生的学习，为学生的学习排除一些困难甚至障碍。

20种常用中国环境法包括：

1.《中华人民共和国环境保护法》
2.《中华人民共和国海洋环境保护法》
3.《中华人民共和国水污染防治法》
4.《中华人民共和国大气污染防治法》
5.《中华人民共和国固体废物污染环境防治法》
6.《中华人民共和国放射性污染防治法》
7.《中华人民共和国环境噪声污染防治法》
8.《中华人民共和国水法》
9.《中华人民共和国土地管理法》
10.《中华人民共和国矿产资源法》
11.《中华人民共和国可再生能源法》
12.《中华人民共和国森林法》
13.《中华人民共和国草原法》
14.《中华人民共和国渔业法》
15.《中华人民共和国野生动物保护法》
16.《中华人民共和国水土保持法》
17.《中华人民共和国防沙治沙法》
18.《中华人民共和国环境影响评价法》
19.《中华人民共和国清洁生产促进法》
20.《中华人民共和国循环经济促进法》

四、“导读”的主要内容

本书对每一种常用中国环境法所做的“导读”主要包含以下内容：

1. 法律名称和法律文件概况；
2. 法律制定背景、通过过程；
3. 法律的历史源流、继承关系；

4. 法律的基本内容；

5. 法律的主要特点；

6. 法律在环境法体系和我国法律体系中的地位，与其他法律法规规章等的关系。

目　录

第一章 《中华人民共和国环境保护法》导读

徐祥民

一、《中华人民共和国环境保护法》概况

《中华人民共和国环境保护法》(以下简称《环境保护法》)由中华人民共和国第十二届全国人民代表大会常务委员会第八次会议于2014年4月24日修订通过,由中华人民共和国主席习近平以中华人民共和国主席令第九号于2014年4月24日公布,自2015年1月1日起施行。

表1-1 《环境保护法》的构成

结构	条文主旨	具体法条序号	主要内容
第一章(第1~12条)	总则	第1条	立法目的
		第2条	环境的定义
		第3条	适用范围
		第4条	基本国策
		第5条	基本原则
		第6条	环境保护义务
		第7条	环保科教
		第8条	加大财政投入

续表

<table>
<tr><th>结构</th><th>条文主旨</th><th>具体法条序号</th><th colspan="3">主要内容</th></tr>
<tr><td rowspan="4">第一章
（第 1～12 条）</td><td rowspan="4">总则</td><td>第 9 条</td><td colspan="3">环保宣传与舆论监督</td></tr>
<tr><td>第 10 条</td><td colspan="3">环境监督管理体制</td></tr>
<tr><td>第 11 条</td><td colspan="3">奖励</td></tr>
<tr><td>第 12 条</td><td colspan="3">国家环境日</td></tr>
<tr><td rowspan="15">第二章
（第 13～27 条）</td><td rowspan="15">监督管理</td><td>第 13 条</td><td>监督管理工作的地位</td><td rowspan="3">监督管理的主体</td><td></td></tr>
<tr><td>第 14 条</td><td>政策制定考虑环境影响</td><td></td></tr>
<tr><td>第 15 条</td><td>环境质量标准制定</td><td rowspan="3">监督管理的行政手段、技术手段、政策措施</td></tr>
<tr><td>第 16 条</td><td colspan="2">污染物排放标准制定</td></tr>
<tr><td>第 17 条</td><td colspan="2">环境监测</td></tr>
<tr><td>第 18 条</td><td colspan="3">预警机制制定</td></tr>
<tr><td>第 19 条</td><td colspan="3">环境影响评价</td></tr>
<tr><td>第 20 条</td><td colspan="3">区域联防联控</td></tr>
<tr><td>第 21 条</td><td colspan="3">鼓励和支持措施</td></tr>
<tr><td>第 22 条</td><td colspan="3">鼓励和支持减排企业</td></tr>
<tr><td>第 23 条</td><td colspan="3">环境污染整治企业</td></tr>
<tr><td>第 24 条</td><td colspan="3">现场检查制度</td></tr>
<tr><td>第 25 条</td><td colspan="3">环保部门行政强制措施权</td></tr>
<tr><td>第 26 条</td><td colspan="3">环境保护目标责任制和考核评价制度</td></tr>
<tr><td>第 27 条</td><td colspan="3">人大监督</td></tr>
</table>

续表

结构	条文主旨	具体法条序号	主要内容
第三章 (第 28 ~ 39 条)	保护和改善环境	第 28 条	地方政府改善环境质量
		第 29 条	生态保护红线
		第 30 条	保护生物多样性
		第 31 条	生态保护补偿制度
		第 32 条	保护大气、水、土壤
		第 33 条	保护农业环境的政策
		第 34 条	海洋环境保护
		第 35 条	城乡建设的环境保护
		第 36 条	绿色采购、绿色消费
		第 37 条	地方政府组织处理生活废弃物
		第 38 条	公民环境保护义务
		第 39 条	国家检测制度和研究
第四章 (第 40 ~ 52 条)	防治污染和其他公害	第 40 条	促进清洁生产和资源循环利用
		第 41 条	防污设施的设计、施工与投产
		第 42 条	排污者防治污染责任
		第 43 条	排污费和环境保护税
		第 44 条	重点污染物排放总量控制
		第 45 条	排污许可管理制度
		第 46 条	工艺、设备和产品实行淘汰制
		第 47 条	突发环境事件处理
		第 48 条	化学物品和含有放射性物质物品安全控制和管理
		第 49 条	农业、农村环境污染防治
		第 50 条	农村环境污染防治资金支持
		第 51 条	农村环境卫生设施和环境保护
		第 52 条	环境污染责任保险

续表

结构	条文主旨	具体法条序号	主要内容
第五章（第 53 ~ 58 条）	信息公开和公众参与	第 53 条	环境权利及其保障机制
		第 54 条	环境信息公开
		第 55 条	企业环境信息公开
		第 56 条	公众参与
		第 57 条	举报
		第 58 条	环境公益诉讼
第六章（第 59 ~ 69 条）	法律责任	第 59 条	按日计罚制度
		第 60 条	超标超总量的法律责任
		第 61 条	擅自开工建设的法律责任
		第 62 条	违规公开环境信息的法律责任
		第 63 条	行政拘留
		第 64 条	侵权责任
		第 65 条	环境服务机构与污染者的连带责任
		第 66 条	诉讼时效期间
		第 67 条	上级对下级进行监督
		第 68 条	监管部门的法律责任
		第 69 条	刑事责任
第七章（第 70 条）	附则	第 70 条	生效时间

注：此表由本书责任编辑根据作者提供的文字及《中华人民共和国法律全编 2016 年版》（阴影部分）整理。

二、《环境保护法》的主要内容

《环境保护法》除《法律责任》《附则》两章的内容外，主要规定了以下几个方面的内容：

（一）立法目的

《环境保护法》第 1 条规定："为保护和改善环境，防治污染和其他公害，保障公众健康，推进生态文明建设，促进经济社会可持续发展，制定本法。"这是《环境保护法》对立法目的的正式宣告。根据这一规定，《环境保护法》有以下三个层面的立法目的。

第一,"保护和改善环境","防治污染"。这个层面是指向环境的。它包括普遍意义上的保护和改善环境,防治最容易识别的环境损害——环境污染。所谓"普遍意义上"的"保护和改善环境",是指除防治污染之外的"保护和改善环境",如保护"生态"(第 13 条)、保护"资源"(第 10 条)、保护"自然生态系统"(第 29 条)、通过加强"绿地"等的"建设"增加或改善"植被"(第 35 条)等。

第二,"防治""其他公害","保障公众健康"。污染水体、不当引进外来物种等,都可能造成大范围的人身、财产损害即公害。影响公众健康的公害是最严重的也是最需要努力防范的公害。《环境保护法》防治环境公害的制度安排之一是要求行为人依照《侵权责任法》的有关规定"承担侵权责任"(第 64 条)。

第三,"推进生态文明建设,促进经济社会可持续发展"。这是着眼于制定《环境保护法》及该法实施的效果这个层面的立法目的。《环境保护法》的修订完善就是对"生态文明建设"的"推进"。《环境保护法》的实施就是对"经济社会可持续发展"的"促进"。

(二)《环境保护法》规定保护的环境

《环境保护法》第 2 条规定:"本法所称环境,是指影响人类生存和发展的各种天然的和经过人工改造的自然因素的总体,包括大气、水、海洋、土地、矿藏、森林、草原、湿地、野生生物、自然遗迹、人文遗迹、自然保护区、风景名胜区、城市和乡村等。"此条定义的"环境"就是我国《环境保护法》纳入保护范围之内的环境。这种环境的基本特质是"自然因素"。《环境保护法》并不保护所有"自然因素",而是只保护那些"影响人类生存和发展"的"自然因素"。"影响人类生存和发展"的"自然因素"包括两大类即"天然的""自然因素"和"经过人工改造的""自然因素"。《环境保护法》第 2 条列举到的"影响人类生存和发展的各种天然的和经过人工改造的自然因素"包括 15 种。

1. 大气。第 15 条规定的"环境质量标准"包括大气质量标准。其第 16 条规定的"污染物排放标准"也包括可以造成大气污染的污染物排放标准。

2. 水(或水体)。第 32 条要求"加强"对"水"等自然要素的"保护","建立和完善相应的调查、监测、评估和修复制度"。

3. 海洋。第 34 条要求"国务院和沿海地方各级人民政府""加强对海洋环境的保护"。

4. 土地和土壤。根据第 13 条的规定,"环境保护规划"是应当与"土地利用总体规划和城乡规划等相衔接”的规划。根据这一要求,环境保护似应包括对土地保护。第32条要求“加强”对“土壤”等自然要素的“保护”,“建立和完善相应的调查、监测、评估和修复制度”。

5. 矿藏。除定义环境的第2条之外,《环境保护法》没有直接提及矿藏。

6. 森林。除定义环境的第2条之外,《环境保护法》没有直接提及森林。

7. 草原。除定义环境的第2条之外,《环境保护法》没有直接提及草原。

8. 湿地。除定义环境的第2条之外,《环境保护法》没有直接提及湿地。

9. 野生生物。第29条所列“珍稀、濒危的野生动植物”就是作为该法第2条所说“自然要素”的野生生物。

10. 自然遗迹。第29条第2款要求“各级人民政府”对“具有重大科学文化价值的地质构造、著名溶洞和化石分布区、冰川、火山、温泉等自然遗迹”“采取措施予以保护”。

11. 人文遗迹。第29条第2款要求“各级人民政府”对“人文遗迹”“采取措施予以保护”。

12. 自然保护区。第29条第2款规定的“具有代表性的各种类型的自然生态系统区域,珍稀、濒危的野生动植物自然分布区域”都可以划定为自然保护区。

13. 风景名胜区。第35条规定“城乡建设应当”“加强”“风景名胜区的建设与管理”。

14. 城市。根据第13条的规定,“环境保护规划”应当与“城乡规划”“相衔接”。从这一要求看,与“城乡规划”“相衔接”的“环境保护规划”似可以包含城市保护的内容。

15. 乡村。根据第13条的规定,“环境保护规划”应当与“城乡规划”“相衔接”。从这一要求看,与“城乡规划”“相衔接”的“环境保护规划”似可以包含乡村保护的内容。

(三)环境保护最高原则、基本原则

《环境保护法》除重申保护环境这一“基本国策”(第4条)之外,还规定了环境保护工作的最高原则、《环境保护法》遵循的基本原则。

《环境保护法》规定的环境保护工作的最高原则是经济社会发展与环境保护相协调。该法第4条第2款规定:“国家采取有利于节约和循环利用资源、保护和改善环境、促进人与自然和谐的经济、技术政策和措施,使经济社会发展与环境保护相协调。”它要求国家采取“有利于节约和循环利用资源、保护和改善环境、促进人与自然和谐的经济、技术政策和措施”,以实现“经济社会发展与环境保护相协调”。这既是该法遵循的原则,也是环境保护工作应当遵循的原则,是关于如何处理经济社会发展与环境保护之间关系的原则。《环境保护法》第 14 条规定“国务院有关部门和省、自治区、直辖市人民政府”在“组织制定经济、技术政策”时“应当充分考虑对环境的影响,听取有关方面和专家的意见”,就是贯彻了这一基本原则。

《环境保护法》规定了若干基本原则或重要原则。

1. 保护优先原则。第 5 条规定的五条环境保护基本原则之一。该原则的核心思想是:在对“海洋”“土地”“森林”等自然要素的开发、利用和对它们的保护之间,应当优先考虑保护,这是环境保护法的本份。尽管《环境保护法》以“促进经济社会可持续发展”为立法目的,看起来也追求经济社会发展目标,但它的功能在于通过保护环境,与经济社会发展政策、法律一起实现“经济社会可持续发展”。

2. 预防为主原则。第 5 条规定的五条环境保护基本原则之一。从对环境损害的处理上看,环境保护的基本手段有防和治两种。环境保护的经验告诉人们,对环境损害的事后治理是极其艰难的,而有些损害是无法挽回的。基于此,《环境保护法》确定了预防为主原则。

3. 综合治理原则。第 5 条规定的五条环境保护基本原则之一。就防和治两种环境保护基本手段而言,综合治理是关于治的原则,也就是关于如何治理环境损害的原则。综合治理可以理解为综合采用多种治理政策和治理措施的治理。

4. 公众参与原则。第 5 条规定的五条环境保护基本原则之一。该法第五章就公众参与环境保护做了若干规定。

5. 损害担责原则。第 5 条规定的五条环境保护基本原则之一。损害担责中的损害可以理解为对环境的损害和因环境损害而导致的他人人身损害、财产损失等;其中的“担责”是指对这两类损害承担责任,接受因这两类损害而由法律规定的和政府责令承担的不利后果。

6. 普遍义务和责任原则。第 6 条第 1 款规定:“一切单位和个人都有保护环境的义务。”这是对普遍义务的立法宣示。“普遍义务和责任”包括政府的责任。第 6 条第 2 款规定:“地方各级人民政府应当对本行政区域的环境质量负责。”“普遍义务和责任”的另一类主体是企业事业单位和其他生产经营者。第 3 款规定:“企业事业单位和其他生产经营者应当防止、减少环境污染和生态破坏,对所造成的损害依法承担责任。”第 4 款规定:“公民应当增强环境保护意识,采取低碳、节俭的生活方式,自觉履行环境保护义务。”

7. 国家支持环保活动原则。第 7 条规定:"国家支持环境保护科学技术研究、开发和应用,鼓励环境保护产业发展,促进环境保护信息化建设,提高环境保护科学技术水平。"

(四)环境保护工作的管理体制

《环境保护法》规定的环境监督管理体制是统分结合的体制,包括以下三个方面的内容。

1. 在政府职司划分方面环境保护主管部门统一监督管理,其他部门在职权范围内实施环境监督管理。根据《环境保护法》第 10 条第 1 款的规定,"县级以上地方人民政府环境保护主管部门,对本行政区域环境保护工作实施统一监督管理"。

2. 在军队和地方管理职责划分上,军队的环境保护部门和县级以上人民政府的有关部门依照法律的授权实施环境监督管理。《环境保护法》第 10 条第 2 款规定:"县级以上人民政府有关部门和军队环境保护部门,依照有关法律的规定对资源保护和污染防治等环境保护工作实施监督管理。"

3. 全国环境保护工作由国务院环境保护主管部门实施统一监督管理,县级以上人民政府有关部门、环境保护主管部门、军队的环境保护部门在国务院环境保护主管部门统一监督管理下实施环境监督管理或在本行政区的统一监督管理。根据《环境保护法》第 10 条第 1 款的规定,"国务院环境保护主管部门,对全国环境保护工作实施统一监督管理"。

(五)环境监督管理的行政手段、技术手段、政策措施

《环境保护法》规定了环境监督管理的行政手段、技术手段和政策措施等。

1. 环境监督管理的行政手段,指政府或其环境保护主管部门、其他相关部门针对个别环境保护事项、个别管理对象或个别环境行为行使职权的行政行为。现场检查就是这样的行政手段。根据《环境保护法》第 24 条的规定,"县级以上人民政府环境保护主管部门及其委托的环境监察机构和其他负有环境保护监督管理职责的部门,有权对排放污染物的企业事业单位和其他生产经营者进行现场检查"。

2. 环境监督管理的技术手段,指运用科学与技术对环境行为及其影响、环境状况实施监督、测度、评估等的管理手段。《环境保护法》规定的此类手段主要有环境标准(第 15 条、第 16 条、第 20 条)、环境监测(第 17 条、第 20 条)、环境影响评价(第 17 条)等。

3. 环境监督管理的政策措施,指法律以外可以反复适用的规范性环境监

督管理措施。《环境保护法》规定的此类政策措施主要有财政政策、税收政策、价格政策、政府采购政策等(第21条、第22条)。

(六)防治污染和其他公害的政策、制度

《环境保护法》第四章规定了若干防治污染和其他公害的政策、制度。

1. 清洁生产政策,也称清洁生产促进政策,主要是促进使用清洁能源的政策,促进采用资源利用率高、污染物排放少的工艺、设备等的政策(第40条)。

2. 三同时制度,指建设项目中的污染防治设施与主体工程“同时设计、同时施工、同时投产使用”(第41条)。

3. 排污收费和环境税制度。第43条规定,“排放污染物的企业事业单位和其他生产经营者,应当按照国家有关规定缴纳排污费”。此外,该条第2款规定:“依照法律规定征收环境保护税的,不再征收排污费。”这说明,《环境保护法》接受法律已经或可能建立的环境保护税制度。

4. 重点污染物排放总量控制制度。第44条规定,“国家实行重点污染物排放总量控制制度”。

5. 排污许可制度。第45条规定,“国家依照法律规定实行排污许可管理制度”。

6. 严重污染环境的工艺、设备和产品淘汰制度。第46条规定,“国家对严重污染环境的工艺、设备和产品实行淘汰制度”。

7. 突发环境事件应急制度。第47条第1款规定:“各级人民政府及其有关部门和企业事业单位,应当依照《中华人民共和国突发事件应对法》的规定,做好突发环境事件的风险控制、应急准备、应急处置和事后恢复等工作。”突发环境事件应急制度包括风险控制、应急准备、应急处置和事后恢复等内容。

(七)环境信息公开制度

《环境保护法》第五章规定了环境信息公开制度。

1. 公民、法人和其他组获取环境信息的权利。根据《环境保护法》第53条的规定,“公民、法人和其他组织依法享有获取环境信息”的“权利”。

2. 政府公开环境信息的义务。根据《环境保护法》第53条第2款的规定,“各级人民政府环境保护主管部门和其他负有环境保护监督管理职责的部门,应当依法公开环境信息”。

3. 重点排污企业公开环境信息的义务。《环境保护法》第55条规定:“重点排污单位应当如实向社会公开其主要污染物的名称、排放方式、排放浓度和总量、超标排放情况,以及防治污染设施的建设和运行情况,接受社会监督。”

(八)公众参与环境保护制度

《环境保护法》规定的公众参与保护的途径主要有三个。

1. 参加环境影响评价。《环境保护法》第56条要求“建设单位”对“依法应当编制环境影响报告书的建设项目”,在编制环境影响报告书时,“向可能受影响的公众说明情况,充分征求意见”;要求“负责审批建设项目环境影响评价文件的部门在收到建设项目环境影响报告书后”,“全文公开”“除涉及国家秘密和商业秘密的事项外”的内容。“可能受影响的公众”可以对有关建设项目和环境影响报告书等发表意见。

2. 举报。《环境保护法》第57条第1款规定:“公民、法人和其他组织发现任何单位和个人有污染环境和破坏生态行为的,有权向环境保护主管部门或者其他负有环境保护监督管理职责的部门举报。”第2款规定:“公民、法人和其他组织发现地方各级人民政府、县级以上人民政府环境保护主管部门和其他负有环境保护监督管理职责的部门不依法履行职责的,有权向其上级机关或者监察机关举报。”

3. 提起社会公共利益诉讼。《环境保护法》第58条规定,符合条件的社会组织可以对“污染环境、破坏生态,损害社会公共利益的行为”“向人民法院提起诉讼”。社会公共利益诉讼是2012年修改通过的《民事诉讼法》规定的诉讼形式(该法第55条)。《环境保护法》进一步明确了可以提起环境社会公共利益诉讼的社会组织的资格。

三、《环境保护法》在我国环境法体系中的地位

《环境保护法》是我国环境法体系中的一部重要法律,具有环境基本法的某些形式特征,也曾被学者称为环境基本法,但不具有环境基本法的地位和法律效力。

(一)名称和内容具有环境基本法的形式特征

我国已经制定了大量的环境保护法律法规,但其他法律法规都是处理某一种类或层面的环境保护事务的,比如《水污染防治法》仅处理水体污染防治这一环境保护事务,而关于《环境保护法》,其名称可以包含全部环境保护事务,其内容也具有环境保护基本法的形式特征。第一,它规定了环境、环境保护政策、环境保护义务和责任等基本概念,规定了环境保护一般事项。第二,它规定了分属于环境保护不同领域的制度、原则等。在环境保护事务方面,它涉及污染防治、生态保护、资源合理利用、自然遗迹和人文遗迹保护等;在环境保护手段方面,它涉及环境监测、环境影响评价、环境保护公众参与、环境税

收、环境应急处理、环境诉讼等。

（二）立法位阶

《环境保护法》是由全国人民代表大会常务委员会通过的法律，这和《水污染防治法》《清洁生产促进法》等由全国人大常委会制定是一样的。《环境保护法》在立法位阶上并不高于其他环境法律。

（三）立法依据

《环境保护法》没有明确宣布其立法依据，《水污染防治法》等环境法律也没有明确宣布它们的立法依据。可以判定，在《环境保护法》和《水污染防治法》等环境法律之间不存在源与流的关系。

（四）执行主体

《环境保护法》规定了统分结合的环境监督管理体制，确定由"国务院环境保护主管部门"实施对"全国环境保护工作"的"统一监督管理"，"县级以上地方人民政府环境保护主管部门"实施"对本行政区域环境保护工作"的"统一监督管理"；《水污染防治法》规定"对水污染防治实施统一监督管理的机关"是"各级人民政府的环境保护部门"（第4条），没有证据说明《水污染防治法》的规定是对《环境保护法》的相关规定的重申，立法机关和环境保护部门也没有人认为后者的规定是不必要的重复。这说明，第一，《环境保护法》对环保部门的授权不具有普遍适用的效力；第二，《水污染防治法》等和《环境保护法》一样，其执行权来自本法，而非其他法律或环境保护实践中的某种约定俗成。

四、《环境保护法》的由来

表1-2 《环境保护法》的由来

名称	制定机构	颁布时间	构成
《关于保护和改善环境的若干规定（试行）》	国家计委	1973.8.29	共10章
《环境保护法（试行）》	第五届全国人民代表大会常务委员会	1979.9.13	共7章33条
《环境保护法》	第七届全国人民代表大会常务委员会	1989.12.26	共6章47条
《环境保护法》（2014年修订）	第十二届全国人民代表大会常务委员会	2014.4.24	共7章70条

《环境保护法》是对1989年《中华人民共和国环境保护法》［以下简称《环

境保护法》(1989)]的修正。后者是在1979年由全国人大常委会原则通过的《中华人民共和国环境保护法(试行)》(以下简称《环境保护法(试行)》)的基础上制定的。在《环境保护法(试行)》之前,我国还实施过《关于保护和改善环境的若干规定(试行)》等环境法律文件。

(一)《关于保护和改善环境的若干规定(试行)》

我国的环境法制建设是在1972年6月于瑞士斯德哥尔摩举行的第一次人类环境会议的影响下起步的。我国政府派代表团参加了首届人类环境会议。会议的召开、会议上的讨论、会议发表的《人类环境宣言》等,对我国代表团、政府、社会产生了巨大的影响。

人类环境会议之后,1973年8月5日到20日,由国家计划委员会组织召开了第一次全国环境保护工作会议。会议通过了《关于保护和改善环境的若干规定(试行)》(以下简称《环境保护规定(试行)》),并由国家计划委员会以《关于全国环境保护会议情况报告》之附件的形式报告给国务院。8月29日,国务院批转国家计划委员会的《关于全国环境保护会议情况报告》(含附件),《环境保护规定(试行)》开始"执行"。

《环境保护规定(试行)》由10章构成:(1)《做好全面规划》;(2)《工业要合理布局》;(3)《逐步改善老城市的环境》;(4)《综合利用,除害兴利》;(5)《加强对土壤和植物的保护》;(6)《加强水系和海域的管理》;(7)《植树造林,绿化祖国》;(8)《认真开展环境监测工作》;(9)《大力开展环境保护的科学研究工作,做好宣传教育》;(10)《环境保护所必需的投资、设备、材料要安排落实》。

(二)《环境保护法(试行)》

《环境保护规定(试行)》是形成于"文化大革命"时期的规范性文件。"文革"结束后,我国对宪法实施修订。经修订的《中华人民共和国宪法》[即《宪法》(1978)]规定:"国家保护环境和自然资源,防治污染和其他公害。"从此保护环境成为我国的基本国策之一。

为实施保护环境的基本国策,在20世纪70年代末80年代初我国突击立法的法制建设时期,我国也开展了环境法制建设。1979年9月13日,第五届全国人民代表大会第十一次常务委员会原则通过《中华人民共和国环境保护法(试行)》(以下简称《环境保护法(试行)》),以全国人民代表大会常务委员会令第二号公布试行。从此,我国有了试行状态的环境保护法。

《环境保护法(试行)》由7章33条构成。其7章依次是:《总则》《保护自然环境》《防治污染和其他公害》《环境保护机构和职责》《科学研究和宣传教育》《奖励和惩罚》《附则》。

（三）《环境保护法》（1989）

在《环境保护法（试行）》试行10年之后，1989年12月26日，第七届全国人民代表大会常务委员会第十一次会议正式通过《中华人民共和国环境保护法》[以下简称《环境保护法》（1989）]。同日，《环境保护法》（1989）生效，我国正式颁布的环境保护法开始实施。

《环境保护法》（1989）由6章47条构成。其6章依次为：《总则》《环境监督管理》《保护和改善环境》《防治环境污染和其他公害》《法律责任》《附则》。

【作者简介】 徐祥民，又名徐进（1958～ ），汉族，山东汶上人，历史学博士，法学博士，泰山学者。浙江工商大学特聘教授，中国海洋大学法政学院名誉院长。主要研究领域为法律史学、宪法学、环境法学、海洋政策。曾出版《中国古代正统法律思想研究》《文化基础与道路选择——法治国家建设的深层思考》《运行的宪法》《中国海洋发展战略研究》等学术著作20余部，主编《诉讼法学词典》一部，“普通高等学校精编法学教材”（20卷）、“普通高等教育法学核心课教材”（16卷）各一套和其他教材多部，担任《中国环境法学评论》主编，在《中国社会科学》《法学研究》《中国法学》《文史哲》等报刊发表学术论文约二百篇；论文多次被《新华文摘》《中国社会科学文摘》《高等学校文科学报文摘》《中国人民大学报刊复印资料》等转载。多次主持并完成国家社会科学研究基金重点项目和其他项目，主持教育部人文社会科学重大攻关招标课题2项、联合国发展组织（UNDP）委托项目等多项。担任中国法学会理事、中国法学教育研究会副会长、中国环境资源法学研究会副会长、中华环保联合会法律专家委员会委员、山东省法学会环境资源法学研究会会长等学术职务。获得山东省哲学社会科学优秀成果一等奖3项、二等奖2项，其他省部级科研成果奖多项。1999年获得全国十大杰出中青年法学家提名奖，2003年被评为山东省（首届）“十大杰出中青年法学家”“山东高校十大优秀教师”，2005年被评为“山东省有突出贡献的中青年专家”，2008年获得首届中国法学优秀成果奖，2011年被评为山东省教学名师。自2000年起担任国家社会科学研究基金评审委员。享受国务院特殊津贴。2015年被聘为国务院学位委员会法学学科评审组委员。联系方式：xuxiangmin58@163.com。

第二章 《中华人民共和国海洋环境保护法》导读

朱晓勤

一、《中华人民共和国海洋环境保护法》概况

《中华人民共和国海洋环境保护法》(以下简称《海洋环境保护法》)于1999年12月25日由中华人民共和国第九届全国人民代表大会常务委员会第十三次会议修订通过,由中华人民共和国主席江泽民以中华人民共和国主席令第二十六号于1999年12月25日公布。2013年12月28日根据第十二届全国人民代表大会常务委员会第六次会议《关于修改〈中华人民共和国海洋环境保护法〉等七部法律的决定》进行修正,自2014年3月1日起施行。

表2-1 《海洋环境保护法》的构成

结构	条文主旨	具体法条序号	主要内容
第一章 (第1~5条)	总则	第1条	立法目的
		第2条	适用范围
		第3条	环境监督管理体制
		第4条	单位、个人权利、义务
		第5条	海洋环境监督管理体制

续表

结构	条文主旨	具体法条序号	主要内容
第二章（第6～19条）	海洋环境监督管理	第6条	海洋功能区划及海洋环境保护规划的制定和实施
		第7条	
		第8条	
		第9条	海洋环境质量标准
		第10条	
		第11条	排污收费、限期治理、淘汰落后生产工艺和设备等制度
		第12条	
		第13条	
		第14条	海洋环境检测及信息管理制度
		第15条	
		第16条	
		第17条	海洋环境污染事故处理、海上污染事故应急计划
		第18条	
		第19条	海洋环境执法
第三章（第20～28条）	海洋生态保护	第20条	海洋环境的主要保护对象
		第21条	海洋自然保护区的建立
		第22条	
		第23条	
		第24条	海洋、海岛资源开发利用及物种引进的原则
		第25条	
		第26条	
		第27条	沿海地区生态保护
		第28条	生态渔业发展

续表

结构	条文主旨	具体法条序号	主要内容
第四章（第29～41条）	防治陆源污染物对海洋环境的污染损害	第29条	陆源污染物排放要求
		第30条	排污口的设置
		第31条	加强入海河流管理
		第32条	排放陆源污染物的申报和管理
		第33条	不同种类陆源污染物的排放禁止和限制
		第34条	
		第35条	
		第36条	
		第37条	
		第38条	
		第39条	
		第40条	沿海城市排污管网设置及污水处理
		第41条	防止大气污染海洋环境
第五章（第42～46条）	防治海岸工程建设项目对海洋环境的污染损害	第42条	海岸工程建设项目的海洋环境保护基本要求、环境影响评价和三同时制度
		第43条	
		第44条	
		第45条	
		第46条	
第六章（第47～54条）	防治海洋工程建设项目对海洋环境的污染损害	第47条	环境影响评价和三同时制度
		第48条	
		第49条	海洋工程建设项目的海洋环境保护基本要求
		第50条	
		第51条	海洋石油勘探开发中的油污、工业垃圾等处置原则及溢油应急计划的编制
		第52条	
		第53条	
		第54条	

续表

<table>
<tr><th>结构</th><th>条文主旨</th><th>具体法条序号</th><th>主要内容</th></tr>
<tr><td rowspan="7">第七章
（第55～61条）</td><td rowspan="7">防治倾倒废弃物对海洋环境的污染损害</td><td>第55条</td><td rowspan="7">海洋倾倒废弃物的管理、限制和禁止</td></tr>
<tr><td>第56条</td></tr>
<tr><td>第57条</td></tr>
<tr><td>第58条</td></tr>
<tr><td>第59条</td></tr>
<tr><td>第60条</td></tr>
<tr><td>第61条</td></tr>
<tr><td rowspan="11">第八章
（第62～72条）</td><td rowspan="11">防治船舶及有关作业活动对海洋环境的污染损害</td><td>第62条</td><td rowspan="4">船舶的海洋环境保护责任</td></tr>
<tr><td>第63条</td></tr>
<tr><td>第64条</td></tr>
<tr><td>第65条</td></tr>
<tr><td>第66条</td><td>船舶油污损害民事赔偿责任制度</td></tr>
<tr><td>第67条</td><td rowspan="2">船舶载运具有污染危害性货物的基本要求</td></tr>
<tr><td>第68条</td></tr>
<tr><td>第69条</td><td>港口、码头、装卸站和船舶修理厂处理污染物、废弃物及编制溢油污染应急计划义务</td></tr>
<tr><td>第70条</td><td>应当事先报批的活动</td></tr>
<tr><td>第71条</td><td>海难造成海洋环境污染的强制措施</td></tr>
<tr><td>第72条</td><td>船舶及民用航空器对海上污染的监视及报告义务</td></tr>
</table>

续表

结构	条文主旨	具体法条序号	主要内容
第九章（第 73～94 条）	法律责任	第 73 条	各类违法行为人应当承担的行政责任
		第 74 条	
		第 75 条	
		第 76 条	
		第 77 条	
		第 78 条	
		第 79 条	
		第 80 条	
		第 81 条	
		第 82 条	
		第 83 条	
		第 84 条	
		第 85 条	
		第 86 条	
		第 87 条	
		第 88 条	
		第 89 条	
		第 90 条	海洋环境污染损害的民事责任
		第 91 条	各类违法行为人应当承担的行政责任
		第 92 条	海洋环境污染损害的民事责任
		第 93 条	各类违法行为人应当承担的行政责任
		第 94 条	
第十章（第 95～98 条）	附则	第 95 条	特定用语的含义
		第 96 条	海洋环境监督管理有关部门的具体职权划分授权
		第 97 条	与国际条约的关系
		第 98 条	生效时间

注：此表由本书责任编辑根据作者提供的文字及《中华人民共和国法律全编 2016 年版》（阴影部分）整理。

二、《海洋环境保护法》的主要内容

《海洋环境保护法》主要规定了以下几个方面的内容。

（一）立法目的

《海洋环境保护法》是调整人们对海洋环境与资源的利用、保护海洋环境和资源的活动中所发生的法律关系的规范。《海洋环境保护法》第 1 条规定："为了保护和改善海洋环境，保护海洋资源，防治污染损害，维护生态平衡，保障人体健康，促进经济和社会的可持续发展，制定该法。"根据此条规定，《海洋环境保护法》有如下五个立法目的。

第一，"保护和改善海洋环境，保护海洋资源"。海洋环境是指地球上由海和洋组成的广大连续的水域，包括海水、海水中的物质、海岸带、海岛、滨海湿地、海底沉积物和海洋生物等。海洋作为地球上最为主要的自然地理区域，占地面积广大，资源丰富，是人类生存和发展所需要的重要空间。随着人类生产和生活范围向海洋的扩展，人类对海洋环境和资源的过度利用和破坏，已经超过了海洋环境和资源的承载能力。为了实现人与海洋和谐发展，需要将保护海洋环境和海洋资源作为该法的首要任务。

第二，"防治污染损害"。《海洋环境保护法》第 95 条第 1 项中规定："海洋环境污染损害，是指直接或间接地把物质或者能量引入海洋环境，产生损害海洋生物资源、危害人体健康、妨害渔业和海上其他合法活动、损害海水使用素质和减损环境质量等有害影响。"其中的"物质或者能量"主要包括了油类、油性混合物、陆源污染物、海岸或海洋工程建设项目产生的污染物、废弃物、船舶和飞行器等产生的污染物，也就是该法第四章至第八章所规范的内容。海洋环境污染具有污染源广、污染物种类多、污染范围大且危害持久难以消除的特点，严重影响人类对海洋环境和资源的利用，对人体健康也将造成严重的不利影响，因此污染防治也是《海洋环境保护法》的重要立法目的。

第三，"维护生态平衡"。海洋系统是极具复杂性的综合体，海洋生态平衡是衡量海洋环境质量的重要标志。而随着生态文明建设的推进，环境保护法律体系也从传统的注重污染防治逐步转向注重整体生态保护和污染防治并重。因此，保护海洋生态平衡也是该法的立法目的之一。

第四，"保障人体健康"。人类处于食物链的顶端。海洋环境被污染和海洋资源的不当开发利用都极其容易造成对公众身体健康的损害。《中华人民共和国环境保护法》（以下简称《环境保护法》）的立法目的也明确规定"保障公众人体健康"。《海洋环境保护法》作为海洋领域环境保护的重要法律也是与之相互呼应的，并且此目的也与“保护和改善海洋环境”和“防治污染损害”的立法目的一脉相承，保护海洋环境和防治海洋环境污染可以为公众身体健康提供有力的保障。

第五，“促进经济和社会的可持续发展”。这是《海洋环境保护法》追求的总体目标，也是该法的根本立法目的。海洋是人类生存和发展的重要依托，海洋环境污染和生态的破坏都将制约经济社会的可持续发展。走可持续发展的道路，既能保证经济发展也能减少环境问题，既能保证当代人的利益也能保证子孙后代的永续发展，是经济社会发展的终极目标。

（二）《海洋环境保护法》的适用范围

《海洋环境保护法》第 2 条第 1 款规定：“本法适用于中华人民共和国内水、领海、毗连区、专属经济区、大陆架以及中华人民共和国管辖的其他海域。”这是对《海洋环境保护法》适用空间范围的限制，根据该法第 95 条的解释，“内水”是指“我国领海基线向内陆一侧的所有海域”，包括海湾、海峡、岛屿、岬角、河口和港口等范围。“领海”是指领海基线以外、领海外部界线以内的一定宽度的海域。根据 1992 年《领海及毗连区法》第 3 条的规定，我国的领海宽度为 12 海里，我国对领海的主权及于领海上空、海床及底土。毗连区则是指从领海以外并邻接领海，宽度为 12 海里的一带海域。我国有权在该海域内为防止和惩治在我国陆地领土、内水或者领海内违反有关安全、海关、财政、卫生或者出入境管理法律、法规的行为，行使管辖权。根据《联合国海洋法公约》规定，沿海国对其专属经济区和大陆架享有主权性权利，因此我国有权保护和保全专属经济区和大陆架的海洋环境及其资源。

该条第 2 款规定“在中华人民共和国管辖海域内从事航行、勘探、开发、生产、旅游、科学研究及其他活动，或者在沿海陆域内从事影响海洋环境活动的任何单位和个人，都必须遵守该法”，这是对人、对事效力的规范。不仅在中华人民共和国管辖海域内所从事的行为要受到该法的规范，同时，在沿海陆域从事影响海洋环境活动的任何单位和个人也将受到该法的拘束。

该条第 3 款“在中华人民共和国管辖海域以外，造成中华人民共和国管辖海域污染的，也适用该法”是一款特别规定，是对域外效力的规范。海洋作为一个庞大的水域整体，其水体具有流动性，并且处于不断的交换当中，在某处海域排放和倾倒造成的污染极易由于水体的不断流动影响到一个或者多个周边沿海国家，往往会超出一国的地域管辖范围。该款关于域外效力的规定，能够有效应对其他国家的海洋污染对我国造成的不利影响，同时也符合《联合国海洋法公约》中关于国家权利和义务的规定。

（三）海洋环境保护的监督管理体制

我国在海洋环境保护领域根据"统一监督管理，分工分级负责"的原则构建监督管理体制，是分地区、分部门的条块分工体制。

1. 从中央和地方的职责划分来看，国务院环境保护行政主管部门是对全国环境保护工作统一监督管理的部门。根据《海洋环境保护法》第 5 条第 1 款的规定，其具体职责是"对全国海洋环境保护工作实施指导、协调和监督，并负责全国防治陆源污染物和海岸工程建设项目对海洋污染损害的环境保护工作"。此外，环境保护行政主管部门还负责履行依照该法其他条款规定的职责，如编制相关的海洋环境保护规划，"法律责任"一章中规定的相应行政处罚权的行使等。在地方则由沿海县级以上地方人民政府行使海洋环境监督管理权的部门负责监督管理，具体的部门则由省、自治区、直辖市人民政府根据该法及国务院有关规定确定。

2. 在国家环境保护行政主管部门的统一监督管理之下，不同的行政主管部门分别在其职责范围内行使职权。根据第 5 条第 2 ~ 4 款的规定，国家海洋行政主管部门负责海洋环境的监督管理，其职责包括组织海洋环境的调查、监测、监视、评价和科学研究，负责全国防治海洋工程建设项目和海洋倾倒废弃物对海洋污染损害的环境保护工作。国家海事行政主管部门主要负责所辖港区水域内非军事船舶和港区水域外非渔业、非军事船舶污染海洋环境的监督管理，并负责污染事故的调查处理，以及对在中华人民共和国管辖海域航行、停泊和作业的外国籍船舶造成的污染事故登轮检查处理。国家渔业行政主管部门负责渔港水域内非军事船舶和渔港水域外渔业船舶污染海洋环境的监督管理，负责保护渔业水域生态环境工作，并调查处理由国家海事行政主管部门负责的污染事故以外的渔业污染事故。而在船舶污染事故给渔业造成损害时，由国家海事行政主管部门和渔业行政主管部门共同参与调查处理。

3. 从军队和地方的关系上来看，由于军队工作具有较强的保密性和特殊性，因此，由军队环境保护部门负责军事船舶污染海洋环境的监督管理及污染事故的调查处理。

（四）《海洋环境保护法》的主要制度

1. 重点海域排污总量控制制度

近年来，随着沿海城市的经济迅速发展，对海洋资源的开发利用不断加强，生活和工业活动向海洋的排污也在不断增加，加之大气污染物沉降加重，超出海洋的环境承载能力和自净能力，海洋污染范围和规模不断扩大，海域环境质量迅速恶化。虽然在国家《海水水质标准》和《污染物综合排放标准》中规定了浓度控制方法，但是难以达到国家的“高功能水域高标准保护，低功能水域低标准保护”的指导思想的要求，也不能适应全国海洋开发和环境资源保护的要求。而《联合国海洋法公约》和《防止陆源物质污染海洋的公约》中都规定各缔约国要采取措施，防止、减少和控制陆源物质对海洋的污染，并要求各缔约国严格限制进入海域的污染物数量。因此，在 1999 年对《海洋环境保护法》的修订中加入了重点海域排污总量控制制度。《海洋环境保护法》第 3 条规定“国家建立并实施重点海域排污总量控制制度，确定主要污染物排海总量控制指标，并对主要污染源分配排放控制数量”，是对进入国家重点保护海域和已受到严重污染的海域的主要污染物数量进行控制。通过浓度控制与总量控制双轨制管理来控制海洋污染物符合我国的国情，能够有效控制我国局部海域污染恶化。

同时，为了使总量控制能够有效实施，在《海洋环境保护法》中通过另外两项规定与之相互承接。其一是限期治理制度。该法第 12 条规定“对超过污染物排放标准的，或者在规定的期限内未完成污染物排放削减任务的，或者造成海洋环境严重污染损害的，应当限期治理”，通过限期治理制度，对超标排放污染物的行为进行处罚，保证了重点海域排污总量控制制度的实行。而由于不同的地区情况不尽相同，因此授权国务院规定限期治理的权限。其二是该法第 10 条规定的“在国家建立并实施排污总量控制制度的重点海域，水污染物排放标准的制定，还应当将主要污染物排海总量控制指标作为重要依据”，这意味着污染物排海总量直接影响到相关污染物排放标准的制定。

2. 海洋功能区划制度

海洋功能区划是根据海域区位、自然资源、环境条件和开发利用的要求，按照海洋功能的标准，将海域划分为不同类型的功能区。根据不同分区的特点，对海域进行科学利用和管理，从而保障海洋生态平衡，促进经济社会的可持续发展。根据《海洋环境保护法》第 6 条的规定，全国海洋功能区划由国家海洋行政主管部门会同国务院有关部门和沿海省、自治区、直辖市人民政府拟定，由国务院批准。沿海地方各级人民政府应当根据全国和地方海洋功能区划，科学合理地使用海域。2002 年 1 月 1 日起施行的《海域使用管理法》规定了更为详细和具体的海洋功能区划制度。

3. 海洋环境保护规划制度

海洋环境保护规划是海洋环境保护工作的基础和行动方案，在海洋环境保护规划的指导下，能够有计划、有目的地推进海洋环境保护工作。海洋环境保护规划需要根据海洋功能区划制定，以不同的海洋功能区划为基础来确定不同区域海洋环境保护的规划，最终形成整体的海洋环境保护规划，保证特殊性与整体性相结合，才能最大程度实现区域效益和整体效益。根据《海洋环境保护法》第7条第1款的规定，全国海洋环境保护规划和重点海域区域性海洋环境保护规划由国务院制定。第2款规定毗邻重点海域的有关省级政府及相关部门可以通过区域合作的方式来实施重点海域区域性海洋环境保护规划、海洋环境污染的防治和海洋生态保护工作。其合作的具体方式是建立海洋环境保护区域合作组织。我国海域被划分为不同的区域，包括渤海区、黄渤海区、东海区、南海区等，而每一个海洋区域都涉及不止一个省级行政区，因此，通过区域合作制度能够更有效地推进整体海洋环境保护工作。

4. 海洋环境监测制度

海洋行政主管部门是海洋环境监测的主管部门，其按照国家环境监测、监视规范和标准，管理全国海洋环境的调查、监测、监视，制定具体的实施办法，并会同有关部门组织全国海洋环境监测、监视网络，定期评价海洋环境质量，发布海洋巡航监视通报。其他有关部门则分别依法负责各自所辖水域的监测、监视以及对入海河口、主要排污口的监测。国务院环境保护行政主管部门编制全国环境质量公报，国务院有关部门应当向其提供所必需的海洋环境监测资料，而环境保护行政主管部门也应当向有关部门提供与海洋环境监督管理有关的资料。国家海洋行政主管部门的职责是按照国家制定的环境监测、监视信息管理制度，管理海洋综合信息系统，为海洋环境保护监督管理提供服务。

5. 重大海上污染事故应急制度

《海洋环境保护法》第18条第1款是对重大海上污染事故应急计划的原则性规定，是根据《联合国海洋法公约》第199条关于“各国应共同发展和促进各种应急计划，以应付海洋环境的污染事故”的规定以及1990年《国际油污防备、反应和合作公约》等条约规定所应当履行的国际义务而制定的重要措施。在应急计划的制定上采取了统分结合、分工协作的方式。其中，全国重大海上污染事故应急计划的制定主体是国务院；全国海洋石油勘探开发重大海上溢油应急计划则由国家海洋行政主管部门负责制定，并且报国务院环境保护行政主管部门备案；全国船舶重大海上溢油污染事故应急计划的制定由国家海事行政主管部门负责，同样，该计划也应当报国务院环境保护行政主管部门备案。此外，沿海可能发生重大海洋环境污染事故的单位也应当制定污染事故应急计划，该计划须以前述三种应急计划为基础制定。该条最后一款则是对沿海县级以上地方政府海洋环境保护责任的规定，要求在沿海地方发生重大海上污染事故时，沿海县级以上地方人民政府及其有关部门应当按照国家的污染事故应急计划和国家海洋行政主管部门、国家海事行政主管部门制定的应急计划的规定，采取必要的措施，解除或者减轻污染危害。

（五）海洋生态保护

《海洋环境保护法》第三章对海洋生态保护作出了专章规定，体现了国家对海洋生态保护的重视和强调。具体内容主要包括以下几个方面：

1. 对典型性、代表性的海洋生态系统，珍稀、濒危海洋生物的天然集中分布区，有重要经济价值的海洋生物生存区域及有重大科学文化价值的海洋自然历史遗迹和自然景观的保护以及对具有重要经济、社会价值的已遭到破坏的海洋生态的整治和恢复。其中“典型性、代表性的海洋生态系统”包括红树林、珊瑚礁、滨海湿地、海岛、海湾、入海河口、重要渔业水域等。对该部分生态区域保护的主体是国务院和沿海地方各级人民政府（第20条）。

2. 建立海洋自然保护区。国务院有关部门和沿海省级人民政府根据保护海洋生态的需要，选划和建立海洋自然保护区。其中，国家级海洋自然保护区的建立，须经国务院批准。此外，在有特殊地理条件、生态系统、生物与非生物资源及海洋开发利用特殊需要的区域，可以建立海洋特别保护区，采取有效的保护措施和科学的开发方式进行特殊管理（第21～23条）。

3. 合理开发利用海洋资源、海岛及周围海域资源，并采取严格的生态保护措施，不得造成生态破坏（第24～26条）。

4. 科学引进海洋动植物物种，防止造成外来物种入侵危害（第25条）。

5. 建设海岸防护设施、沿海防护林、沿海城镇园林和绿地建设及对海岸侵蚀和海水入侵地区进行综合治理由沿海地方各级人民政府负责实施（第27条）。

6. 积极发展生态渔业。海水养殖场的建设需要进行环境影响评价（第28条）。

（六）防治陆源污染物对海洋环境污染损害的规定

陆源污染物是海洋污染物的主要来源之一。根据《海洋环境保护法》第95条的规定，“陆源污染物指由陆地污染源排放的污染物”，而“陆地污染源（简称陆源），是指从陆地向海域排放污染物，造成或者可能造成海洋环境污染的场所、设施等”。陆源污染具有来源范围广、种类多、排放数量大的特点，对海洋近岸环境污染影响大并且直接，因此极有必要对其进行规制。该法第29条规定：“向海域排放陆源污染物，必须严格执行国家或者地方规定的标准和有关规定。”其中，“标准”是指污染物排放标准；“有关规定”是指排放陆源污染物申报登记、入海污染物总量控制、缴纳排污费、采用清洁生产工艺、对超标排放或者在规定的期限内未完成污染物排放削减任务的限期治理等规定。

对陆源污染物的防治，首先包括对入海排污口的设置进行审批、限制和监督，以及省、自治区、直辖市人民政府环境保护行政主管部门和水行政主管部门对入海河流进行管理，保证入海河口的水质处于良好状态。其次包括排放陆源污染物申报制度，并要求排污企业不得擅自拆除或者闲置陆源污染物的处理设施，通过重点监控和预防来防止污染事故发生。此外，还规定针对不同种类的污染物的处理措施和排放限制，以及国家需要采取必要措施防止、减少和控制来自大气层或者通过大气层造成的海洋环境污染损害。国务院也颁布了《防治陆源污染物污染损害海洋环境管理条例》来进一步具体规定防治陆源污染物对海洋环境的污染。

（七）防治海岸工程建设项目对海洋环境污染损害的规定

海岸工程建设项目是指位于海岸连接地带，为控制海水或者利用海洋完成部分或者全部功能，并对海洋环境有影响的基本建设项目、技术改造项目和区域开发工程建设项目。《海洋环境保护法》第五章对其进行了规定，并根据《防治海岸工程建设项目污染损害海洋环境管理条例》来具体实施。

该法第五章的主要内容包括对海岸工程建设项目的海洋环境保护基本要求，环境影响评价和“三同时”要求，保护国家和地方重点保护的野生动植物及其生存环境和海洋水产资源制度，严格限制在海岸采挖砂石等。

（八）防治海洋工程建设项目对海洋环境污染损害的规定

海洋工程主要包括海洋石油勘探开发等项目，极易对工程开发区周围海域的环境和自然资源造成不利的影响和破坏。对海洋工程建设项目的规制，主要包括海洋工程建设项目的海洋环境保护基本要求，环境影响评价和“三同时”要求，禁用含超标准放射性物质或者易溶出有毒有害物质材料，爆破作业需保护海洋资源，防治海洋工程产生的废物污染，以及防治和处理油污事故的规定等。

（九）防治倾倒废弃物对海洋环境污染损害的规定

根据《海洋环境保护法》第 95 条的规定，“倾倒，是指通过船舶、航空器、平台或者其他载运工具，向海洋处置废弃物和其他有害物质的行为，包括弃置船舶、航空器、平台及其辅助设施和其他浮动工具的行为”。向海洋倾倒废弃物成本低，简单便捷，但是一旦超过海洋环境的承载能力便会造成严重的海洋环境污染，必须严加控制。该法第七章对其进行规制，主要内容包括：倾倒废弃物的原则性规定，倾倒废弃物许可证制度，废弃物的类别和数量分级管理制度，选划海洋倾倒区制度及相关主体的权利义务规定，以及禁止在海上焚烧废弃物的规定。

（十）防治船舶及有关作业活动对海洋环境污染损害的规定

船舶是海上油类、油类混合物、废弃物和其他有毒有害物质的主要来源，对船舶导致的污染需要进行严格的控制。《海洋环境保护法》第八章是对船舶及有关作业活动污染损害海洋环境的规制，主要包括：船舶排污依法控制；船舶配备防止海洋环境污染的证书与文书及相应的防污设备和器材，并如实记录排污操作；船舶油污损害民事赔偿责任制度及建立船舶油污保险、油污损害赔偿基金；船舶装载污染危害性货物的申报和污染防治；船舶相关作业活动有关的单位、场所污染物处理设施配置及应急计划的编制；海难事故，造成或者可能造成海洋环境重大污染采取强制措施；船舶和民用航空器监视和报告海上污染的义务等。

三、《海洋环境保护法》在我国环境法体系中的地位

《海洋环境保护法》是我国环境法体系的重要组成部分，是海洋环境保护领域的基础性法律。

（一）立法位阶

《海洋环境保护法》是由全国人民代表大会常务委员会通过的法律，与《环境保护法》属于同一法律位阶。

（二）立法依据

《海洋环境保护法》没有明确规定其立法依据，其他环境法律也没有相关的立法依据，因此，该法与其他环境法律之间不存在源与流的关系。

（三）与其他法律法规的相互关系

1.《海洋环境保护法》与《环境保护法》。虽然《海洋环境保护法》与《环境保护法》是属于同一位阶的法律，但是相较于《环境保护法》，《海洋环境保护法》属于特别法，即在两法相冲突时应当优先适用特别法；而在《海洋环境保护法》对相关行为没有规定之时，则适用一般法来填补漏洞。

2.《海洋环境保护法》与《水污染防治法》《固体废物污染环境防治法》等法律。这几部法律均为特别法、单行法，根据具体所涉及的不同的法律关系，按照“新法优于旧法”“特别法优于一般法”的原则解决法律适用冲突问题。

3.《海洋环境保护法》与行政法规、行政规章、地方性法规、政府规章等。《海洋环境保护法》作为上位法，下位法必须遵循上位法的规定，不得与上位法的规定相抵触。

四、《海洋环境保护法》的由来

表 2－2 《海洋环境保护法》的由来

名称	制定机关	颁布时间	构成
《海洋环境保护法》	第五届全国人民代表大会常务委员会	1982.8.23	共 8 章 48 条
《防治陆源污染物污染损害海洋环境管理条例》	国务院	1990.6.22	共 37 条
《海洋环境保护法》(1999 年修订)	第九届全国人民代表大会常务委员会	1999.12.25	共 10 章 98 条
《海洋环境保护法》(2013 年修正)	第十二届全国人民代表大会常务委员会	2013.12.28	共 10 章 98 条
《海洋环境保护法》(2016 年修正)	第十二届全国人民代表大会常务委员会	2016.11.7	共 10 章 97 条

现行《海洋环境保护法》是对 1999 年《中华人民共和国海洋环境保护法》[以下简称《海洋环境保护法》(1999)]的修正,由全国人民代表大会常务委员会第六次会议通过,自 2014 年 3 月 1 日起施行。《海洋环境保护法》(1999)则是在《海洋环境保护法》(1982)的基础上修订通过的。《海洋环境保护法》(1982)由第五届全国人民代表大会常务委员会第二十四次会议通过,全国人民代表大会常务委员会令第 9 号公布,现已失效。

(一)《防治陆源污染物污染损害海洋环境管理条例》

该条例于 1990 年 6 月 22 日由国务院令第 61 号公布,自 1990 年 8 月 1 日起施行。该条例共 37 个条文,目的是控制陆地污染源对海洋环境的污染。

(二)《海洋环境保护法》(1982)

国际海洋环境保护法的发展始于沿海国家运用法律防止船舶排放油污造成的海洋石油污染。“二战”后,海洋环境保护法首先运用于防治海洋石油污染,随后迅速发展,逐步扩展至其他领域,最终形成污染防治、资源保护与生态保护相结合的整体性和综合性的海洋环境保护立法。海洋污染作为全球性环境问题,国际社会也制定了相关的国际公约来控制海洋环境污染,保护海洋生态环境。在这一背景下,我国自 20 世纪 70 年代起,颁布了一系列防治海洋污染、保护海洋环境的法律法规。1974 年,国务院颁布了《防止沿海水域污染暂行规定》。1982 年 8 月 23 日,第五届全国人民代表大会常务委员会第二十四次会议通过《海洋环境保护法》,这是我国第一部综合性的海洋环境保护立法，于 1983 年 3 月 1 日起施行。

该法共 8 章 48 个条文，包括总则、防治海岸工程对海洋环境的污染损害、防治海洋石油勘探开发工程对海洋环境的污染损害、防治陆源污染物对海洋环境的污染损害、防治船舶对海洋环境的污染损害、防治倾倒废弃物对海洋环境的污染损害、法律责任和附则。

（三）《海洋环境保护法》（1999）

《海洋环境保护法》（1982）制定于改革开放初期，受制于当时环境保护主要着眼于污染防治的理念，重点规制的是单个工业污染源对海洋环境的污染，忽视了整体性的海洋环境保护和海洋生态维护，并且对于海洋环境监督管理体制的设置存在极大的不足，因而该法的合理性和科学性都有所欠缺。此后，我国又相继批准加入一系列的海洋环境保护的国际条约，如《1969 年〈国际油污损害民事责任公约〉1992 年议定书》《1990 年国际油污防备、反应和合作公约》《南极条约》以及于 1996 年批准加入了《联合国海洋法公约》，这使得我国在国际海洋法律事务中享有新的权利，同时也需要承担相应的义务，履行我国的国际承诺。这些因素都导致 1982 年《海洋环境保护法》需要修改以适应不断发展的经济社会状况。因此，1999 年 12 月 25 日，第九届全国人大常委会第十三次会议通过了该法的修订决定，对该法进行整体性的修订。

修订最主要的部分之一在于将该法的立法目的修改为："为了保护和改善海洋环境，保护海洋资源，防治污染损害，维护生态平衡，保障人体健康，促进经济和社会的可持续发展。"新的立法目的扩大了该法的适用范围，强调了海洋生态保护和可持续发展，是对我国海洋环境保护指导思想和战略的重新准确定位。另外，该法增加了海洋环境监督管理和海洋生态保护，调整原法的用词和章节顺序，将法律条文扩展为 10 章 98 条，包括总则、海洋环境的监督管理、海洋生态保护、防治陆源污染物对海洋环境的污染损害、防治海岸工程建设项目对海洋环境的污染损害、防治海洋工程建设项目对海洋环境的污染损害、防治倾倒废弃物对海洋环境的污染损害、防治船舶及有关作业活动对海洋环境的污染损害、法律责任和附则。

（四）《海洋环境保护法》（2013）

《海洋环境保护法》（2013）的修正是在国务院机构改革和职能转变、依法推进行政审批制度改革和政府职能转变的背景下进行的。修正的主要内容涉及取消下放行政审批项目、优化行政审批流程和改革工商登记制度，具体包括以下三条。

1. 将第 43 条修改为："海岸工程建设项目的单位，必须在建设项目可行性研究阶段,对海洋环境进行科学调查,根据自然条件和社会条件,合理选址,编报环境影响报告书。环境影响报告书报环境保护行政主管部门审查批准。”

“环境保护行政主管部门在批准环境影响报告书之前,必须征求海洋、海事、渔业行政主管部门和军队环境保护部门的意见。”

2. 将第54条修改为:“勘探开发海洋石油,必须按有关规定编制溢油应急计划,报国家海洋行政主管部门的海区派出机构备案。”

3. 删去第80条中的“审核和”。

【作者简介】 朱晓勤(1972~),汉族,福建闽侯人,法学博士。主要研究领域为环境法与海洋法。现为厦门大学法学院教授,环境与能源法律研究中心主任,厦门大学海洋与海岸带发展研究院副院长,中国法学会环境与资源法学研究会、中国环境科学研究会环境法学分会常务理事,厦门市政府和泉州市人大立法顾问,厦门仲裁委员会和泉州仲裁委员会仲裁员,福建联合信实律师事务所兼职律师。主持完成国家社科基金项目、教育部社科项目和地方政府委托的多项科研项目研究工作。2006年入选“福建省新世纪优秀人才奖励计划”。曾在英国伦敦大学学院(UCL)和美国华盛顿大学(UW)访学,2013年作为中美富布莱特项目研究学者在哈佛大学法学院访学一年。联系方式:xqinz@xmu.edu.cn。

第三章 《中华人民共和国水污染防治法》导读

郝少英

一、《中华人民共和国水污染防治法》概况

《中华人民共和国水污染防治法》(以下简称《水污染防治法》)由中华人民共和国第十届全国人民代表大会常务委员会第三十二次会议于2008年2月28日修订通过,由中华人民共和国主席胡锦涛以中华人民共和国主席令第八十七号公布,自2008年6月1日起施行。

表3-1 《水污染防治法》的构成

结构	条文主旨	具体法条序号	主要内容
第一章 (第1~10条)	总则	第1条	立法目的
		第2条	适用范围
		第3条	基本原则
		第4条	政府职责
		第5条	
		第6条	科技进步和宣传教育
		第7条	水环境生态补偿机制
		第8条	水环境监督管理体制监督管理体制
		第9条	违法行为的界限
		第10条	公众参与和表彰奖励

续表

结构	条文主旨	具体法条序号	主要内容	
第二章（第 11～16 条）	水污染防治的标准和规划	第 11 条	水环境质量标准	
		第 12 条		
		第 13 条	水污染排放标准	
		第 14 条		
		第 15 条	水污染防治规划	
		第 16 条	维护水体生态功能	
第三章（第 17～28 条）	水污染防治的监督管理	第 17 条	水污染防治的环境影响评价制度	
		第 18 条	三同时制度	
		第 19 条	水污染排放总量控制制度	
		第 20 条	排污许可制度	
		第 21 条	排污申报登记制度	
		第 22 条	排污口设置的监管	
		第 23 条	排污单位的监测	
		第 24 条	排污费征收制度	
		第 25 条	水环境监测和水环境信息发布	
		第 26 条	省界水体的监测和报告	
		第 27 条	现场检查制度	
		第 28 条	跨行政区水纠纷解决制度	
第四章（第 29～55 条）	水污染防治措施	第 29 条	水污染防治措施的一般规定、工业水污染防治、城镇水污染防治、农业和农村水污染防治、船舶水污染防治	一般规定
		第 30 条		
		第 31 条		
		第 32 条		
		第 33 条		
		第 34 条		
		第 35 条		
		第 36 条		

续表

<table>
<tr><th>结构</th><th>条文主旨</th><th>具体法条序号</th><th colspan="2">主要内容</th></tr>
<tr><td rowspan="19">第四章
（第 29 ~ 55 条）</td><td rowspan="19">水污染防治措施</td><td>第 37 条</td><td rowspan="19">水污染防治措施的一般规定、工业水污染防治、城镇水污染防治、农业和农村水污染防治、船舶水污染防治</td><td rowspan="3">一般规定</td></tr>
<tr><td>第 38 条</td></tr>
<tr><td>第 39 条</td></tr>
<tr><td>第 40 条</td><td rowspan="4">工业水污染防治</td></tr>
<tr><td>第 41 条</td></tr>
<tr><td>第 42 条</td></tr>
<tr><td>第 43 条</td></tr>
<tr><td>第 44 条</td><td rowspan="3">城镇水污染防治</td></tr>
<tr><td>第 45 条</td></tr>
<tr><td>第 46 条</td></tr>
<tr><td>第 47 条</td><td rowspan="5">农业和农村水污染防治</td></tr>
<tr><td>第 48 条</td></tr>
<tr><td>第 49 条</td></tr>
<tr><td>第 50 条</td></tr>
<tr><td>第 51 条</td></tr>
<tr><td>第 52 条</td><td rowspan="4">船舶水污染防治</td></tr>
<tr><td>第 53 条</td></tr>
<tr><td>第 54 条</td></tr>
<tr><td>第 55 条</td></tr>
</table>

续表

结构	条文主旨	具体法条序号	主要内容
第五章 （第56～65条）	饮用水水源和其他特殊水体保护	第56条	饮用水水源保护区的划定、水污染防治措施以及特殊水体的保护、污染防治措施
		第57条	
		第58条	
		第59条	
		第60条	
		第61条	
		第62条	
		第63条	
		第64条	
		第65条	
第六章 （第66～68条）	水污染事故处置	第66条	突发水污染事故的应急准备、应急处置和事后恢复
		第67条	
		第68条	
第七章 （第69～90条）	法律责任	第69条	有关行为的法律责任和对各类违法行为的处罚
		第70条	
		第71条	
		第72条	
		第73条	
		第74条	
		第75条	
		第76条	
		第77条	
		第78条	
		第79条	
		第80条	

续表

结构	条文主旨	具体法条序号	主要内容
第七章 （第69～90条）	法律责任	第81条	有关行为的法律责任和对各类违法行为的处罚
		第82条	
		第83条	
		第84条	
		第85条	
		第86条	
		第87条	
		第88条	
		第89条	
		第90条	
第八章 （第91～92条）	附则	第91条	立法用语的含义
		第92条	实施日期

注：此表根据作者提供的文字整理。

二、《水污染防治法》的主要内容

除《法律责任》《附则》两章外，《水污染防治法》主要规定了以下几个方面的内容。

（一）立法目的

《水污染防治法》第1条规定："为了防治水污染，保护和改善环境，保障饮用水安全，促进经济社会全面协调可持续发展，制定本法。"根据这一规定，《水污染防治法》的立法目的包括：

1. 防治水污染。为了使水污染的预防和治理更加有序、规范地进行，必须将水污染防治纳入法制的轨道。水污染防治立法的直接目的，就是建立符合国情的、有针对性的防治水污染的法律制度，依法防治水污染。

2. 保护和改善环境。保护和改善环境是我国的基本国策。水是环境的基本构成要素，水环境是环境的重要组成部分。制定水污染防治法，加强水污染防治，其根本目的也是保护和改善环境。

3. 保障饮用水安全。饮用水安全对人类的生存具有至关重要的作用。饮用水的安全直接关系到广大人民群众的生存和身体健康。明确将"保障饮用水安全”规定为立法目的,更充分地体现了以人为本的要求。

4. 促进经济社会全面协调可持续发展。“全面协调”发展,强调的是环境与经济都得到均衡发展,追求的是人与自然的和谐。“可持续发展”,是指既满足当代人需求又不危及后代人的生存发展。制定《水污染防治法》,保护和改善水环境,其最终目的就是保障和促进经济和社会全面协调可持续发展。

(二)水污染防治的原则

《水污染防治法》第3条规定了水污染防治应当坚持的若干原则。

1. 预防为主、防治结合、综合治理的原则。“预防为主”就是将“预防”放在防治水污染的主要和优先位置,采取各种预防措施,防止水污染的发生。“防治结合”是指预防与治理相结合,既要对污染采取事先预防措施,也要对产生的污染予以治理。“综合治理”就是关于如何治理水污染的原则。综合治理可以理解为综合采用多种政策和措施进行治理。

2. 优先保护饮用水水源。保护饮用水源一直是我国水污染防治的重点。《水污染防治法》第3条进一步规定“优先保护饮用水源”,并在第五章《饮用水源和其他特殊水体保护》中具体规定了特殊的保护措施,以利于更好地保护饮用水水源免受污染,体现了将饮用水源优先保护的立法精神。

3. 严格控制工业污染、城镇生活污染,防治农业面源污染。工业污染、城镇生活污染、农业面源污染是水污染防治的重点,在第四章《水污染防治措施》中,分别以专节对工业水污染防治、城镇水污染防治、农业和农村水污染防治作了具体规定。

4. 积极推进生态治理工程建设,预防、控制和减少水环境污染和生态破坏。生态治理工程建设是预防、控制、减少水环境污染和生态破坏的重要措施。在该法第五章有关规定具体体现了这一原则。

(三)各级人民政府的水污染防治职责

《水污染防治法》第2条概括地规定了县级以上人民政府在水污染防治中的基本职责。其包括以下两个方面:其一,将水环境保护工作纳入国民经济和社会发展规划;其二,应当采取防治水污染的对策和措施并对本行政区域的水环境质量负责。

(四)水环境生态保护补偿机制

《水污染防治法》第7条对水环境生态保护补偿机制作了规定:“国家通过财政转移支付等方式,建立健全对位于饮用水水源保护区区域和江河、湖泊、水库上游地区的水环境生态保护补偿机制。”按照这一规定,生态补偿的主体是中央政府和地方政府;补偿的对象是特定地区即饮用水水源保护区区域和江河、湖泊、水库上游地区;补偿的方式为财政转移支付等。

（五）水污染防治的管理体制

《水污染防治法》第8条对我国水污染防治的管理体制作了规定,包括以下三个方面的内容。

1. 县级以上人民政府环境保护主管部门对水污染防治实施统一监督管理。

2. 交通主管部门的海事管理机构对船舶污染水域的防治实施监督管理。

3. 县级以上人民政府有关部门以及重要江河、湖泊的流域水资源保护机构,在各自的职责范围内对有关水污染防治实施监督管理。

（六）水污染防治的标准和规划

《水污染防治法》第二章《水污染防治的标准和规划》(第11~15条)主要规定了水污染防治的标准和规划制度。

1. 水污染防治的标准。其一,水环境质量标准。第11条规定:"国务院环境保护主管部门制定国家水环境质量标准。""省、自治区、直辖市人民政府可以对国家水环境质量标准中未作规定的项目,制定地方标准,并报国务院环境保护主管部门备案。"其二,水污染物排放标准。第13条规定:"国务院环境保护主管部门根据国家水环境质量标准和国家经济、技术条件,制定国家水污染物排放标准。""省、自治区、直辖市人民政府对国家水污染物排放标准中未作规定的项目,可以制定地方水污染物排放标准;对国家水污染物排放标准中已作规定的项目,可以制定严于国家水污染物排放标准的地方水污染物排放标准。""向已有地方水污染物排放标准的水体排放污染物的,应当执行地方水污染物排放标准。"

2. 水污染防治的规划。根据《水污染防治法》第15条第1款的规定,"防治水污染应当按流域或者按区域进行统一规划"。

（七）水污染防治制度

《水污染防治法》第三章《水污染防治的监督管理》(第17~28条)主要规定了9项水污染防治监督管理制度。

1. 环境影响评价制度。第17条第1款规定:"新建、改建、扩建直接或者间接向水体排放污染物的建设项目和其他水上设施,应当依法进行环境影响评价。"

2. "三同时"制度。第17条第3款规定:"建设项目的水污染防治设施,应当与主体工程同时设计、同时施工、同时投入使用。水污染防治设施应当经过环境保护主管部门验收,验收不合格的,该建设项目不得投入生产或者使用。”

3. 重点水污染物排放总量控制制度。根据第 18 条的规定,“国家对重点水污染物排放实施总量控制制度”,“省、自治区、直辖市人民政府应当按照国务院的规定削减和控制本行政区域的重点水污染物排放总量”,“对超过重点水污染物排放总量控制指标的地区,有关人民政府环境保护主管部门应当暂停审批新增重点水污染物排放总量的建设项目的环境影响评价文件”。

4. 排污许可制度。根据第 20 条的规定,“直接或者间接向水体排放工业废水和医疗污水以及其他按照规定应当取得排污许可证方可排放的废水、污水的企业事业单位,应当取得排污许可证;城镇污水集中处理设施的运营单位,也应当取得排污许可证”,“禁止企业事业单位无排污许可证或者违反排污许可证的规定向水体排放前款规定的废水、污水”。

5. 排污申报登记制度。第 21 条第 1 款规定:“直接或者间接向水体排放污染物的企业事业单位和个体工商户,应当按照国务院环境保护主管部门的规定,向县级以上地方人民政府环境保护主管部门申报登记拥有的水污染物排放设施、处理设施和在正常作业条件下排放水污染物的种类、数量和浓度,并提供防治水污染方面的有关技术资料。”

6. 排污费征收制度。第 24 条规定:“直接向水体排放污染物的企业事业单位和个体工商户,应当按照排放水污染物的种类、数量和排污费征收标准缴纳排污费。”“排污费应当用于污染的防治,不得挪作他用。”

7. 水污染防治监测制度。根据第 25 条的规定,“国家建立水环境质量监测和水污染物排放监测制度”。

8. 水污染防治现场检查制度。根据第 27 条的规定,“环境保护主管部门和其他依照本法规定行使监督管理权的部门,有权对管辖范围内的排污单位进行现场检查”。

9. 跨行政区域的水污染纠纷解决制度。第 28 条规定:“跨行政区域的水污染纠纷,由有关地方人民政府协商解决,或者由其共同的上级人民政府协调解决。”

(八)水污染防治措施

《水污染防治法》第四章《水污染防治措施》(第 29 ~ 55 条)主要从五个方面规定了水污染防治的具体措施。

1. 水污染防治的一般性规定。第 29 ~ 34 条对防止地表水污染作了规定,主要内容有:其一,禁止向水体排放倾倒有毒有害物质;其二,对地表水排放其他物质必须符合标准。第 35 ~ 39 条为防止地下水污染作了如下规定:其一,防止地面渗漏污染低下水体；其二，防止开发、回灌和地下工程活动污染地下水。

2. 工业水污染防治。第40～43条规定了防止工业污染的措施，主要内容有：其一，各级人民政府在防治企业水污染中的职责，“应当合理规划工业布局，要求造成水污染的企业进行技术改造，采取综合防治措施，提高水的重复利用率，减少废水和污染物排放量”（第40条）。其二，实行淘汰制度。第41条第1款规定“国家对严重污染水环境的落后工艺和设备实行淘汰制度”。其三，禁止新建严重污染水环境的生产项目。“国家禁止新建不符合国家产业政策的小型造纸、制革、印染、染料、炼焦、炼硫、炼砷、炼汞、炼油、电镀、农药、石棉、水泥、玻璃、钢铁、火电以及其他严重污染水环境的生产项目”（第42条）。其四，实行清洁工艺制度。“企业应当采用原材料利用效率高、污染物排放量少的清洁工艺，并加强管理，减少水污染物的产生”（第43条）。

3. 城镇水污染防治。第44～46条规定了城镇水污染防治的措施，主要内容有：其一，城镇污水应当集中处理；其二，向城镇污水集中处理设施达标排放水污染物；其三，建设生活垃圾填埋场应当防止造成水污染。

4. 农业和农村水污染防治。第47～51条规定了农业和农村水污染防治措施。其主要内容有：其一，安全使用农药。第47条第1款规定：“使用农药，应当符合国家有关农药安全使用的规定和标准。”其二，国家支持畜禽养殖排放物综合利用。其三，从事水产养殖应当科学、合理、防止污染水环境。其四，向农田灌溉渠道排放废、污水应当符合农田灌溉水质标准。

5. 船舶水污染防治。第52～55条规定了船舶水污染防治措施，主要内容有：其一，船舶排污应当符合污染物排放标准；其二，船舶应当配置防污设备和有关文书；其三，港口、码头、装卸站和船舶修造厂应当备有足够的船舶污染物、废弃物的接收设施；其四，船舶进行残油、含油污水、污染危害性货物残留物的接收、清洗、过驳和拆解、打捞等作业应当报请有关部门批准。

（九）饮用水源和其他特殊水体的保护

《水污染防治法》第五章《饮用水源和其他特殊水体的保护》（第56～65条）对饮用水源和其他特殊水体的保护作了规定。

1. 建立饮用水源保护区制度。第56～63条规定了饮用水源保护区制度，主要内容有：其一，保护区分为三级；其二，保护区的划定；其三，保护区水体的保护，包括对饮用水源一级保护区、二级保护区、准保护区的保护以及防止供水安全受到威胁的特殊保护措施、国务院和省级人民政府对饮用水源保护区的特殊保护措施等。

2. 特殊水体的保护。第64～65条规定了风景名胜区水体、重要渔业水体和其他具有特殊经济文化价值的水体保护区的特殊保护，主要内容有：其一，县级以上人民政府可以划定特殊水体保护区并采取保护措施以保证保护区的水质符合规定用途的水环境质量标准；其二，在具有特殊经济文化价值的水体的保护区内禁止新建排污口。“在风景名胜区水体、重要渔业水体和其他具有特殊经济文化价值的水体的保护区内，不得新建排污口。在保护区附近新建排污口，应当保证保护区水体不受污染”（第65条）。

（十）水污染事故处置

《水污染防治法》第六章《水污染事故处置》（第66～68条）对水污染事故处置作了规定：

1. 各级人民政府及其有关部门应当做好应对突发水污染事故的应急准备、应急处置和事后恢复等工作。

2. 可能发生水污染事故的企业事业单位的职责。第67第1款规定：“可能发生水污染事故的企业事业单位，应当制定有关水污染事故的应急方案，做好应急准备，并定期进行演练。”

3. 企业事业单位发生突发性水污染事故的，应当立即启动应急方案并向有关主管部门报告。

三、《水污染防治法》在我国环境法体系中的地位

《水污染防治法》是我国环境法体系中的一部单行法律，是我国防治水污染的综合性专门法律。

（一）名称和内容具有环境基本法的形式特征

《水污染防治法》的名称可以包含全部水体污染防治事务，其内容也具有水污染防治综合法的形式特征。第一，它全面规定了水污染防治的立法目的、原则、监督管理体制、制度、措施和法律责任等。第二，它规定了分属于水污染防治不同领域的制度、措施等。在水污染防治事务方面，它涉及工业污染防治、城镇污染防治、农业和农村污染防治、船舶水污染防治以及饮用水源和其他特殊水体的保护等；在水污染防治手段方面，它涉及环境监测、环境影响评价、排污费征收、水污染事故处置等。

（二）立法位阶

《水污染防治法》是由全国人民代表大会常务委员会通过的法律，《环境保护法》也是由全国人大常委会制定的。因此，《水污染防治法》在立法位阶上并不低于《环境保护法》。

（三）立法依据

《水污染防治法》没有明确宣布它的立法依据，《环境保护法》也没有明确宣布其立法依据，因此，在《环境保护法》和《水污染防治法》等环境法律之间不存在源与流的关系。

（四）执行主体

《水污染防治法》规定“对水污染防治实施统一监督管理的机关”是“各级人民政府环境保护主管部门”（第 4 条），这说明《水污染防治法》执行权来自本法，而非其他法律或环境保护实践中的某种约定俗成。

四、《水污染防治法》的由来

表 3－2　《水污染防治法》的由来

名称	制定机构	颁布时间	构成
《水污染防治法》	第六届全国人民代表大会常务委员会	1984.5.21	共 7 章 46 条
《水污染防治法》（1996 年修正）	第八届全国人民代表大会常务委员会	1996.5.15	共 7 章 62 条
《水污染防治法》（1998 年修订）	第十届全国人民代表大会常务委员会	2008.2.28	共 8 章 92 条

《水污染防治法》是根据 1996 年 5 月 15 日第八届全国人民代表大会常务委员会第十九次会议《关于修改〈中华人民共和国水污染防治法〉的决定》，对 1984 年的《中华人民共和国水污染防治法》［以下简称《水污染防治法》（1984）］的修正。而 1979 年制定的第一部《环境保护法（试行）》，标志着水污染防治立法的正式开端。

（一）《环境保护法（试行）》

1979 年公布施行的《环境保护法（试行）》，对防治水污染的原则、制度、措施以及法律责任等作了基本规定。

（二）《水污染防治法》（1984）

为实施保护环境的基本国策，在 20 世纪 80 年代初我国进入突击立法的法制建设时期，并开展了水污染防治法制建设。1984 年 5 月 21 日，第六届全国人民代表大会常务委员会第五次会议通过《水污染防治法》，1984 年 5 月 11 日中华人民共和国主席令第十二号公布，同年 11 月 1 日起施行。

《水污染防治法》（1984）是我国第一部防治水污染的综合性专门法律，它全面规定了水污染防治的原则、监督管理体制和制度、地表水和地下水污染的防治、法律责任等,该法由7章46条构成。7章依次为《总则》《水环境质量标准和污染物排放标准的制定》《水污染防治的监督管理》《防止地表水污染》《防止地下水污染》《法律责任》《附则》。

为了贯彻《水污染防治法》(1984),国务院于1989年7月12日发布了《水污染防治实施细则》(1989年9月1日起施行)。国家有关部门还先后发布了《地面水质标准》和多种水污染排放标准,后来都纳入《污水综合排放标准》。这些法律、法规、标准的颁布施行,使我国的水污染防治工作取得了一定成效。

(三)《水污染防治法》(1996年修正)

进入20世纪90年代,水污染防治领域出现了许多新情况和新问题。为完善水污染防治的各项制度和规定,1996年5月15日,第八届全国人民代表大会常务委员会第十九次会议通过了《关于修改〈中华人民共和国水污染防治法〉的决定》,并于同日公布施行。

《水污染防治法》(1996年修正)由7章62条构成。与《水污染防治法》(1984)相比较,共改动、增加了23条,由原来的7章46条调整为7章62条。

为了适应和实施《水污染防治法》(1996年修正),2000年3月20日,国务院颁布了经过全面修改的新的《水污染防治法实施细则》,同日起施行。

【作者简介】 郝少英(1973~),汉族,陕西户县人,法学博士后。现为西北政法大学副教授、硕士研究生导师。主要研究领域为环境与资源保护法、国际水法。主持国家社科基金、陕西省社科基金项目等科研项目6项。在《资源科学》《自然资源学报》《清华法治论衡》《环境保护》《河北法学》等刊物发表学术论文20篇;参编教材3部。联系方式:13659286050@163.com。

第四章 《中华人民共和国大气污染防治法》导读

侯佳儒

一、《中华人民共和国大气污染防治法》概况

《中华人民共和国大气污染防治法》(以下简称《大气污染防治法》)由中华人民共和国第十二届全国人民代表大会常务委员会第十六次会议于2015年8月29日修订通过,自2016年1月1日起施行。

表4-1 《大气污染防治法》的构成

结构	条文主旨	具体法条序号	主要内容
第一章(第1~7条)	总则	第1条	立法目的
		第2条	基本原则
		第3条	财政投入和地方政府责任
		第4条	地方政府考核
		第5条	管理体制
		第6条	科学技术研究
		第7条	企业和公民的义务

续表

<table>
<tr><th>结构</th><th>条文主旨</th><th>具体法条序号</th><th colspan="2">主要内容</th></tr>
<tr><td rowspan="10">第二章
（第8～17条）</td><td rowspan="10">大气污染防治标准和限期达标规划</td><td>第8条</td><td colspan="2" rowspan="3">大气防治标准制定的原则与程序</td></tr>
<tr><td>第9条</td></tr>
<tr><td>第10条</td></tr>
<tr><td>第11条</td><td>大气环境质量标准、大气污染物排放标准公布</td><td rowspan="3">大气污染防治标准的公布、评估和修改</td></tr>
<tr><td>第12条</td><td>大气环境质量标准、大气污染物排放标准评估、修订</td></tr>
<tr><td>第13条</td><td>燃煤、燃油等产品质量标准的环保要求</td></tr>
<tr><td>第14条</td><td colspan="2" rowspan="3">限期达标规划的编制、公开和备案、报告制度、评估与修改</td></tr>
<tr><td>第15条</td></tr>
<tr><td>第16条</td></tr>
<tr><td>第17条</td><td colspan="2">限期达标规划评估、修订</td></tr>
<tr><td rowspan="14">第三章
（第18～31条）</td><td rowspan="14">大气污染防治的监督管理</td><td>第18条</td><td colspan="2">排污者污染防治要求</td></tr>
<tr><td>第19条</td><td colspan="2">排污许可</td></tr>
<tr><td>第20条</td><td colspan="2">排污口设置</td></tr>
<tr><td>第21条</td><td colspan="2">总量控制与排污权交易</td></tr>
<tr><td>第22条</td><td colspan="2">环境约谈与区域限批</td></tr>
<tr><td>第23条</td><td colspan="2" rowspan="4">环境监测</td></tr>
<tr><td>第24条</td></tr>
<tr><td>第25条</td></tr>
<tr><td>第26条</td></tr>
<tr><td>第27条</td><td colspan="2">落后工艺、设备与产品淘汰制度</td></tr>
<tr><td>第28条</td><td colspan="2">环境损害评估</td></tr>
<tr><td>第29条</td><td colspan="2" rowspan="3">环境监督检查、查封、扣押与报告制度</td></tr>
<tr><td>第30条</td></tr>
<tr><td>第31条</td></tr>
</table>

续表

结构	条文主旨	具体法条序号	主要内容	
第四章（第32～85条）	大气污染防治措施	第32条	调整能源结构、优化煤炭使用方式	燃煤和其他能源污染防治
		第33条	煤炭洗选加工	
		第34条	洁净煤技术	
		第35条	禁止进口、销售和燃用不达标的煤炭	
		第36条	散煤管理	
		第37条	燃油生产要求和禁止进口、销售和燃用不合标石油焦	
		第38条	高污染燃料禁燃区	
		第39条	热电联产、集中供热	
		第40条	工业锅炉的环保要求	
		第41条	燃煤污染控制	
		第42条	绿色电力调度	
		第43条	工业向大气排放粉尘、硫化物和氮氧化物的管理	工业污染防治
		第44条	挥发性有机物含量应当符合质量标准或要求	
		第45条	生产和服务活动减少含挥发性有机物废气排放	
		第46条	工业涂装企业大气污染防治	
		第47条	减少物料泄露和安全油气回收装置	
		第48条	精细化管理控制粉尘和气态污染物排放	
		第49条	可燃性气体回收利用	
		第50条	综合治理	
		第51条	移动源达标排放管理	
		第52条	新车监管	
		第53条	定期检验和监督抽测	

续表

结构	条文主旨	具体法条序号	主要内容	
第四章（第32～85条）	大气污染防治措施	第54条	检验认证认可	机动车船等污染防治
		第55条	信息公开、维修、禁止性义务	
		第56条	非道路机动机械监督检查	
		第57条	环保驾驶	
		第58条	召回制度	
		第59条	污染控制装置	
		第60条	报废	
		第61条	禁止使用高排放非道路机动装置的区域	
		第62条	船舶排放检验	
		第63条	船舶油品和岸电	
		第64条	船舶大气污染物排放控制区	
		第65条	生产、进口、销售燃料的限制	
		第66条	发动机油、氮氧化物还原剂、燃料赫尔润滑油添加剂以及其他添加剂	
		第67条	民用航空器大气污染防治	
		第68条	地方各级政府及政府有关部门扬尘污染防治职责	扬尘污染防治
		第69条	建设单位、施工单位扬尘污染防治责任	
		第70条	运输、装卸物料扬尘和道路等公共场所扬尘污染防治	
		第71条	裸地扬尘污染防治	
		第72条	料堆和码头、矿产、填埋场、清纳场扬尘污染防治	
		第73条	加强农业大气污染控制	
		第74条	减少肥料、农药大气污染	
		第75条	畜禽养殖场、养殖小区防止排放恶臭气体	

续表

结构	条文主旨	具体法条序号	主要内容	
第四章（第32～85条）	大气污染防治措施	第76条	秸秆综合利用和政府扶持	农业和其他污染防治
		第77条	禁止露天焚烧秸秆	
		第78条	有毒有害大气污染物管理	
		第79条	持久性有机污染物控制	
		第80条	恶臭气体防治	
		第81条	餐饮服务和露天烧烤产生油烟控制	
		第82条	产生烟尘污染的物质的控制	
		第83条	绿色祭祀和殡葬	
		第84条	服务业大气污染控制	
		第85条	消耗臭氧层物质管理	
第五章（第86～92条）	重点区域大气污染联合防治	第86条	重点区域大气污染的联防联控机制、联合防治行动计划、环境影响评价会商、煤炭等量减量替代和联合环境执法	
		第87条		
		第88条		
		第89条		
		第90条		
		第91条		
		第92条		
第六章（第93～97条）	重污染天气应对	第93条	重污染天气的监测预警、应对、预警信息发布、应急响应	
		第94条		
		第95条		
		第96条		
		第97条	突发环境事件的大气污染监测	
第七章（第98～127条）	法律责任	第98条		
		第99条		
		第100条		
		第101条		

续表

结构	条文主旨	具体法条序号	主要内容
第七章（第 98 ~ 127 条）	法律责任	第 102 条	有关行为的法律责任和对各类违法行为的处罚
		第 103 条	
		第 104 条	
		第 105 条	
		第 106 条	
		第 107 条	
		第 108 条	
		第 109 条	
		第 110 条	
		第 111 条	
		第 112 条	
		第 113 条	
		第 114 条	
		第 115 条	
		第 116 条	
		第 117 条	
		第 118 条	
		第 119 条	
		第 120 条	
		第 121 条	
		第 122 条	
		第 123 条	
		第 124 条	
		第 125 条	
		第 126 条	
		第 127 条	

续表

结构	条文主旨	具体法条序号	主要内容
第八章（第128～129条）	附则	第128条	海洋工程大气污染防治适用特别规定
		第129条	施行时间

注：此表根据作者提供的文字及《中华人民共和国法律全编2016年版》（阴影部分）整理。

二、《大气污染防治法》的主要内容

《大气污染防治法》除《法律责任》《附则》两章内容外，主要规定了以下几个方面内容。

（一）立法目的

《大气污染防治法》第1条规定："为保护和改善环境，防治大气污染，保障公众健康，推进生态文明建设，促进经济社会可持续发展，制定本法。"这是《大气污染防治法》的立法目的。

根据这一规定，《大气污染防治法》有以下三个层面的立法目的。

第一，"保护和改善环境"，"防治大气污染"，这是《大气污染防治法》的直接目的。第二，"保障公众健康"是《大气污染防治法》的最终目的。第三，"推进生态文明建设，促进经济社会可持续发展"，这是《大气污染防治法》实施旨在达到的社会经济目的。

（二）大气污染防治的目标、原则和主要措施

《大气污染防治法》第2条是2015年修改新增加的条文，针对我国大气污染防治面临的新情况、新特点，明确提出大气污染防治工作的总体目标、原则和主要措施。

大气污染防治的目标是"改善大气环境质量"（第2条第3款）。2015年修改《大气污染防治法》，首次提出大气污染防治工作重点应当从注重污染防治向注重大气环境质量转变，同时在有关制度规定上也体现了这一目标变化。比如，在地方政府责任方面，规定"地方各级人民政府应当对本行政区域的大气环境质量负责，制定规划，采取措施，控制或者逐步削减大气污染物的排放量，使大气环境质量达到规定标准并逐步改善"（第3条第2款）；在考核制度方面，规定"国务院环境保护主管部门会同国务院有关部门，按照国务院的规定，对省、自治区、直辖市大气环境质量改善目标、大气污染防治重点任务完成情况进行考核。省、自治区、直辖市人民政府制定考核办法，对本行政区域内地方大气环境质量改善目标、大气污染防治重点任务完成情况实施考核"（第4条）等。

《大气污染防治法》第2条第1款还规定了防治大气污染的四项原则。

1. 源头治理原则。所谓“源头治理”，是相对于“末端治理”提出的，是指大气污染防治应当从可能的污染源抓起，减少污染物排放，减少污染源。《大气污染防治法》第四章针对燃煤和其他能源污染防治、工业污染防治、机动车船等污染防治、扬尘污染防治、农业和其他污染防治作出规定，第五章针对重点区域进行大气污染联防联控作出规定，这些都有助于从源头上实现大气污染的防治。

2. 规划先行原则。规划先行原则，是指大气污染防治工作要先行制定环境保护规划、限期达标规划、综合性的污染防治规划等，明确污染防治工作的总体要求、目标、时限和具体措施等，作为大气污染防治的根本依据。

3. 转变经济发展方式，优化产业结构和布局。该原则强调，要从根本上防治大气污染，就要改变粗放型经济发展方式，大力提高资源利用效率，促进产业发展模式向绿色低碳、清洁安全转变，优化产业结构和布局，加快发展资源节约型、环境友好型产业。

4. 调整能源结构。防治大气污染的根本出路在于调整能源结构。《大气污染防治法》规定，“国务院有关部门和地方各级人民政府应当采取措施，调整能源结构，推广清洁能源的生产和使用；优化煤炭使用方式，推广煤炭清洁高效利用，逐步降低煤炭在一次能源消费中的比重，减少煤炭生产、使用、转化过程中的大气污染物排放”（第32条）。

《大气污染防治法》第2条第2款规定了防治大气污染的三项主要措施。（1）防治大气污染，应当加强对燃煤、工业、机动车船、扬尘、农业等大气污染的综合防治。这一措施贯彻了大气污染防治采取源头治理的原则。《大气污染防治法》第四章针对这五类污染源的分类管理作了相关规定。（2）推行区域大气污染联合防治。《大气污染防治法》第五章对此作出相关规定，明确国家建立重点区域大气污染联防联控机制，统筹协调重点区域内大气污染防治工作。（3）对颗粒物、二氧化硫、氮氧化物、挥发性有机物、氨等大气污染物和温室气体实施协同控制。

（三）大气污染防治工作的管理体制

《大气污染防治法》规定了大气污染防治实行环境保护主管部门统一监督管理与其他部门分工负责相结合的体制。

第5条第1款规定：“县级以上人民政府环境保护主管部门对大气污染防治实施统一监督管理。”其中，环境保护部负责对全国大气污染防治工作实施统一监督管理，各省级、社区的市级、县级环境保护部门负责对本行政区域内的大气污染防治工作实施统一监督管理。各级环境保护部门的主要职责包括:一是制定环境标准(第8~9条);二是加强考核(第4条);三是落实对重点大气污染物排放总量控制制度(第21条);四是加强监测并建立和完善大气污染损害评估制度,实施风险管理(第23条、第28条);五是负责大气污染防治工作的日常执法工作(第25条、第28~29条);六是加强重点区域大气污治联合防治工作进行(第91~92条)等。

第5条第2款规定:“县级以上人民政府其他有关部门在各自职责范围内对大气污染防治实施监督管理。”比如,国务院经济综合主管部门会同国务院有关部门确定严重污染大气环境的工艺、设备和产品淘汰期限,并纳入国家综合性产业政策目录(第61条);国务院交通运输主管部门可以在沿海海域划定船舶大气污染排放控制区(第64条);“地方各级人民政府应当加强对建设施工和运输的管理,保持道路清洁,控制料堆和渣土堆放,扩大绿地、水面、湿地和地面铺装面积,防治扬尘污染。住房城乡建设、市容环境卫生、交通运输、国土资源等有关部门,应当根据本级人民政府确定的职责,做好扬尘污染防治工作”(第68条);“国务院经济综合主管部门会同国务院环境保护主管部门,结合国家大气污染防治重点区域产业发展实际和大气环境质量状况,进一步提高环境保护、能耗、安全、质量等要求。重点区域内有关省、自治区、直辖市人民政府应当实施更严格的机动车大气污染物排放标准,统一在用机动车检验方法和排放限值,并配套供应合格的车用燃油”(第88条)等。

(四)大气污染防治的监督管理制度

1.限期达标制度。《大气污染防治法》第14条第1款规定:“未达到国家大气环境质量标准城市的人民政府应当及时编制大气环境质量限期达标规划,采取措施,按照国务院或者省级人民政府规定的期限达到大气环境质量标准。”第14条第2款、第15~17条进一步规定了限期达标规划的编制程序、公开和备案、报告制度、评估与修改等。

2.排污许可制度。根据《大气污染防治法》第19条的规定,“排放工业废气或者本法第七十八条规定名录中所列有毒有害大气污染物的企业事业单位、集中供热设施的燃煤热源生产运营单位以及其他依法实行排污许可管理的单位,应当取得排污许可证”。

3.总量控制与排污权交易制度。《大气污染防治法》第21条第1款规定:“国家对重点大气污染物排放实行总量控制。”第5款规定:“国家逐步推行重点大气污染物排污权交易。”

4.环境约谈与区域限批制度。《大气污染防治法》第22条规定:“对超过国家重点大气污染物排放总量控制指标或者未完成国家下达的大气环境质量改善目标的地区，省级以上人民政府环境保护主管部门应当会同有关部门约谈该地区人民政府的主要负责人，并暂停审批该地区新增重点大气污染物排放总量的建设项目环境影响评价文件。约谈情况应当向社会公开。”

5. 严重污染环境的工艺、设备和产品淘汰制度。根据《大气污染防治法》第27条的规定，“国家对严重污染大气环境的工艺、设备和产品实行淘汰制度”，“被淘汰的设备和产品，不得转让给他人使用”。

6. 排污口设置制度。《大气污染防治法》第20条第1款规定：“企业事业单位和其他生产经营者向大气排放污染物的，应当依照法律法规和国务院环境保护主管部门的规定设置大气污染物排放口。”同时规定，禁止以逃避监管的方式排放大气污染物。

7. 大气污染监督管理的行政手段、技术手段、政策措施。大气污染监督管理的行政手段，指政府或其环境保护主管部门、其他相关部门凭职权就个别大气污染防治事项、个别管理对象或个别环境行为而使用的行政行为，如大气污染监督检查、查封、扣押制度（第29～31条）等。大气污染监督管理的技术手段，指运用科学与技术手段对环境行为及其影响、环境状况实施监督、测度、评估等的管理手段。《大气污染防治法》规定的此类手段主要有环境标准（第8～13条、第18条）、环境监测（第20条、第24条、第26条）、环境损害评估（第28条）等。大气污染监督管理的政策措施，如对实名举报人的奖励制度（第31条）。

（五）大气污染防治的分类管理制度

《大气污染防治法》第四章规定了对五类大气污染源采取分类管理的相关内容。

1. 燃煤和其他能源污染防治。其主要内容包括：(1)调整能源结构，优化煤炭使用方式（第32条）。(2)推行煤炭洗选加工，鼓励洁净煤技术研发，加强散煤管理，禁止进口、销售和燃用不达标的煤炭和石油焦（第33～37条）。(3)建立高污染燃料禁燃区。第38条规定，“城市人民政府可以划定并公布高污染燃料禁燃区，并根据大气环境质量改善要求，逐步扩大高污染燃料禁燃区范围”。(4)发展城市热点联产和集中供热。第39条规定，“城市建设应当统筹规划，在燃煤供热地区，推进热电联产和集中供热”。(5)锅炉产品强制适用环境标准（第40条）。(6)加强燃煤污染控制。第41条第1款规定：“燃煤电厂和其他燃煤单位应当采用清洁生产工艺，配套建设除尘、脱硫、脱硝等装置，或者采取技术改造等其他控制大气污染物排放的措施。”(7)绿色电力调度制度。第42条规定："电力调度应当优先安排清洁能源发电上网。"

2. 工业污染防治。其主要内容包括限制含有毒物质的废气、挥发性有机物和粉尘排放，防止放射性气体污染大气，加强可燃性气体回收利用等（第43～45条、第48～49条）。《大气污染防治法》第47条第1款针对工业涂装企业大气污染防治新增规定："石油、化工以及其他生产和使用有机溶剂的企业，应当采取措施对管道、设备进行日常维护、维修，减少物料泄漏，对泄漏的物料应当及时收集处理。"第2款规定强制生产和使用有机溶剂的企业应当安装油气回收装置。

3. 机动车船等污染防治。其主要内容包括：（1）机动车污染应该从源头控制，采取综合治理原则（第50条）。（2）移动车船、非道路移动机械不得超过标准排放污染物（第51条、第61条）。（3）对新生产的机动车、非道路移动机械进行监管，对在用机动车实行定期检验和监督抽测的制度（第52～53条、第56条）。（4）机动车生产、进口企业环境信息强制公开义务、维修单位义务（第55条）。（5）鼓励环保驾驶，确立机动车和非道路移动机械环保召回制度、报废制度（第57～58条、第60条）。此外，对船舶、民用航空器及其燃油等，法律也进行了规定。

4. 扬尘污染防治。其主要内容包括：（1）规定了地方各级政府及有关政府部门、建设单位、施工单位关于扬尘治理的防治职责（第68～69条）。（2）规定了特定场所、作业的扬尘防治措施，如运输、卸载物料扬尘和道路等公共场所扬尘防治，裸地扬尘污染防治，料堆和码头、矿山、填埋场、消纳场扬尘污染防治（第70～72条）。

5. 农业和其他污染防治。《大气污染防治法》第73条规定："地方各级人民政府应当推动转变农业生产方式，发展农业循环经济，加大对废弃物综合处理的支持力度，加强对农业生产经营活动排放大气污染物的控制。"其具体内容包括：减少肥料、农药的大气污染；畜禽养殖场、养殖小区应防止恶臭气体排放；促进秸秆综合利用，晋职露头焚烧秸秆；加强有毒有害大气污染物、持久性有机污染物、消耗臭氧层物质和恶臭气体污染控制；加强餐饮服务、漏天烧烤油烟控制；鼓励绿色殡葬和绿色祭祀等（第73～85条）。

（六）重点区域大气污染联防联控制度

《大气污染防治法》第86条第1款规定："国家建立重点区域大气污染联防联控机制，统筹协调重点区域内大气污染防治工作。"所谓"重点区域联防联控机制"，是指"重点区域内有关省、自治区、直辖市人民政府应当确定牵头的地方人民政府，定期召开联席会议，按照统一规划、统一标准、统一监测、统一的防治措施的要求，开展大气污染联合防治，落实大气污染防治目标责任”（第86条第3款）。重点区域大气污染防治推行联合防治行动计划，建立环境影响评价会商制度，实行大气环境信息共享，推进煤炭等量减量替代和进行联合环境执法。

（七）重污染天气应对制度

《大气污染防治法》第93条规定，“国家建立重污染天气监测预警体系”，“建立重点区域重污染天气监测预警机制，统一预警分级标准”。第94条规定，“县级以上地方人民政府应当将重污染天气应对纳入突发事件应急管理体系”。第95条规定了重污染天气预报和预警制度，“省、自治区、直辖市、设区的市人民政府环境保护主管部门应当会同气象主管机构建立会商机制，进行大气环境质量预报”，“省、自治区、直辖市、设区的市人民政府依据重污染天气预报信息，进行综合研判，确定预警等级并及时发出预警”。此外，第96条规定了重污染天气应急预案制度，第97条规定了突发环境事件后的大气污染监测制度。

三、《大气污染防治法》在我国环境法体系中的地位

（一）与《环境保护法》的关系

《环境保护法》是我国环境保护方面的综合性立法，规定了环境保护一般事项，一般性地规定了大气污染防治领域的制度、原则、环境保护手段等。与之相比较，《大气污染防治法》是我国环境法体系中的一部环境保护单行法律，具体规定大气污染防治方面的环境保护事务。

（二）立法位阶

《大气污染防治法》是由全国人民代表大会常务委员会通过的法律，与《环境保护法》《水污染防治法》《清洁生产促进法》等具有相同立法位阶。

（三）立法依据

《大气污染防治法》没有明确宣布其立法依据，《环境保护法》等环境法律也没有明确宣布它们的立法依据，因而在《大气污染防治法》与《环境保护法》等环境法律之间不存在源与流的关系。

（四）执行主体

《大气污染防治法》规定“县级以上人民政府环境保护主管部门对大气污染防治实施统一监督管理”，“县级以上人民政府其他有关部门在各自职责范围内对大气污染防治实施监督管理”（第5条）。

四、《大气污染防治法》的由来

表 4－2 《大气污染防治法》的由来

名称	制定机构	颁布时间	构成
《大气污染防治法》	第六届全国人民代表大会常务委员会	1987.9.5	共 6 章 41 条
《大气污染防治法》(1995 年修正)	第八届全国人民代表大会常务委员会	1995.8.29	共 6 章 50 条
《大气污染防治法》(2000 年修订)	第九届全国人民代表大会常务委员会	2000.4.29	共 7 章 66 条
《大气污染防治法》(2015 年修订)	第十二届全国人民代表大会常务委员会	2015.8.29	共 8 章 129 条

1979 年《环境保护法(试行)》,首次以法律的形式对大气污染防治作出原则性规定。1987 年 9 月 5 日我国颁布《大气污染防治法》,并于 1995 年 8 月 29 日、2000 年 4 月 29 日、2015 年 8 月 29 日进行了三次修订。在 1979 年《环境保护法(试行)》之前,我国还实施过《关于防止厂、矿企业中砂尘危害的决定》等环境法律文件。

(一)《大气污染防治法》(1988)

1987 年 9 月 5 日,《大气污染防治法》(1988)由第六届全国人民代表大会常务委员会第 22 次会议通过,并于 1988 年 6 月 1 日起施行。《大气污染防治法》(1988)由 6 章 41 条构成,其 6 章依次为《总则》《大气污染防治的监督管理》《防治烟尘污染》《防治废气、粉尘和恶臭污染》《法律责任》《附则》。

(二)《大气污染防治法》(1995)

《大气污染防治法》(1995)由第八届全国人民代表大会常务委员会第十五次会议于 1995 年 8 月 29 日修订通过,并于同日开始实施。《大气污染防治法》(1995)由 6 章 50 条构成,其 6 章依次是《总则》《大气污染防治的监督管理》《防治燃煤产生的大气污染》《防治废气、粉尘和恶臭污染》《法律责任》《附则》。

(三)《大气污染防治法》(2000)

《大气污染防治法》(2000)由第九届全国人民代表大会常务委员会第十五次会议于 2000 年 4 月 29 日修订通过,并于 2000 年 9 月 1 日开始实施。《大气污染防治法》(2000)由 7 章 66 条构成,其 7 章依次为《总则》《大气污染防治的监督管理》《防治燃煤产生的大气污染》《防治机动车船排放污染》《防治废气、尘和恶臭污染》《法律责任》《附则》。

【作者简介】 侯佳儒(1977～),汉族,吉林白城人,法学博士。现为中国政法大学教授、"中国政法大学环境法国际小学期"负责人、"中国政法大学环境法青年学术创新团队"带头人、环境法与资源法研究所副所长。主要研究领域为环境法学、国际环境法学、民法学基础理论、环境法学与民法学交叉领域。曾出版《中国环境侵权责任法基本问题研究》《环境法学与民法学的对话》等学术著作;发表学术论文约三十余篇,论文多次被《新华文摘》《中国人民大学报刊复印资料》等转载。主持并完成国家社会科学基金后期资助项目1项。担任中国环境资源法学研究会环境与资源法教学委员会秘书长、北京市法学会环境与资源法学研究会常务理事等学术职务。论文《近代民法的现代性危机及其后现代转向》获得2010年中国民法学会"佟柔民商法基金青年优秀研究成果奖",凭《环境法兴起及其法学意义:三个隐喻》《民法作为文本:意义、问题与启示》《民法基本原则解释:意思自治原理及其展开》《论环境侵权概念的界定》等文多次获得"中国政法大学民商经济法学院秋季论坛"教师论文大赛一等奖。2015年荣获中达环境法青年学者奖。联系方式:jiaruhou@foxmail.com。

第五章 《中华人民共和国固体废物污染环境防治法》导读

张式军

一、《中华人民共和国固体废物污染环境防治法》概况

《中华人民共和国固体废物污染环境防治法》(以下简称《固体废物污染环境防治法》)由中华人民共和国第十届全国人民代表大会常务委员会第十三次会议于2004年12月29日修订通过,由中华人民共和国主席胡锦涛以中华人民共和国主席令第三十一号于2004年12月29日公布,自2005年4月1日起施行。根据2013年6月29日第十二届全国人民代表大会常务委员会第三次会议《关于修改〈中华人民共和国文物保护法〉等十二部法律的决定》第一次修正;根据2015年4月24日第十二届全国人民代表大会常务委员会第十四次会议《关于修改〈中华人民共和国港口法〉等七部法律的决定》第二次修正;根据2016年11月7日中华人民共和国主席令第五十七号《全国人大常委会关于修改〈中华人民共和国对外贸易法〉等十二部法律的决定》修改。

表5-1 《固体废物污染环境防治法》的构成

结构	条文主旨	具体法条序号	主要内容
第一章(第1~10条)	总则	第1条	立法目的
		第2条	适用范围
		第3条	预防原则及政策措施
		第4条	工作纳入国民经济和社会发展计划
		第5条	污染者依法负责原则
		第6条	鼓励污染防治技术的研发、推广以及防治宣传
		第7条	鼓励购买、使用再生和可重复利用产品
		第8条	污染防治工作及废物综合利用的奖励
		第9条	守法义务及对违法行为的检举和控告
		第10条	统一监督管理体制

续表

结构	条文主旨	具体法条序号	主要内容	
第二章（第11～15条）	固体废物污染环境防治的监督管理	第11条	监督管理的主体	
		第12条	监督管理的措施	
		第13条		
		第14条		
		第15条		
第三章（第16～49条）	固体废物污染环境的防治	第16条	一般规定	
		第17条		
		第18条		
		第19条		
		第20条		
		第21条		
		第22条		
		第23条		
		第24条		
		第25条		
		第26条		
		第27条	推广先进防治工业固废污染环境的生产工艺、设备	工业固体废物污染环境的防治
		第28条	落后生产工艺和设备限期	
		第29条	制定工作规划推广先进生产工艺和设备	
		第30条	产生工业固废的单位建立、健全污染环境预防责任制	
		第31条	企事业单位工业固废减量化义务	
		第32条	国家实行工业固体废物申报登记制度	
		第33条	对企事业单位利用、贮存、处置其产生的工业固废的要求	

续表

结构	条文主旨	具体法条序号	主要内容	
第三章（第16~49条）	固体废物污染环境的防治	第34条	关闭、闲置或拆除工业固废污染环境防治设施、场所的核准	工业固体废物污染环境的防治
		第35条	产生工业固废的单位终止或变更后的污染防治责任	
		第36条	矿业固废污染环境防治	
		第37条	拆解、利用、处置废弃电器和机动车船的污染防治	
		第38条	生活垃圾污染环境的防治	
		第39条		
		第40条		
		第41条		
		第42条		
		第43条		
		第44条		
		第45条		
		第46条		
		第47条		
		第48条		
		第49条		
第四章（第50~66条）	危险废物污染环境防治的特别规定	第50条	危险废物污染环境防治的法律适用	
		第51条	危险废物名录、鉴别和识别标志管理	
		第52条	危险废物识别标志的适用及要求	
		第53条	危险废物管理计划和申报登记	
		第54条	危险废物处置设施、场所建设规划的编制实施	
		第55条	产生危险废物单位的责任	
		第56条	危险废物排污费征收	
		第57条	危险废物经营许可	

续表

结构	条文主旨	具体法条序号	主要内容
第四章（第50～66条）	危险废物污染环境防治的特别规定	第58条	收集、贮存危险废物的要求
		第59条	危险废物转移管理
		第60条	危险废物的运输管理
		第61条	受危险废物污染的设施、物品的安全处理
		第62条	意外事故的防范措施和应急预案制定
		第63条	危险废物污染事故应急制度
		第64条	政府在发生危险废物严重污染事故时的职责
		第65条	重点危险废物集中处置设施、场所的退役费用
		第66条	禁止过境转移危险废物
第五章（第67～87条）	法律责任	第67条	违反本法所应承担的法律责任
		第68条	
		第69条	
		第70条	
		第71条	
		第72条	
		第73条	
		第74条	
		第75条	
		第76条	
		第77条	
		第78条	
		第79条	
		第80条	
		第81条	

续表

结构	条文主旨	具体法条序号	主要内容
第五章（第67～87条）	法律责任	第82条	
		第83条	
		第84条	
		第85条	
		第86条	
		第87条	
第七章（第88～91条）	附则	第88条	相关定义
		第89条	适用范围的特别规定
		第90条	本法与条约的关系
		第91条	生效时间

注：此表根据作者提供的文字及《中华人民共和国法律全编2016年版》（阴影部分）整理。

二、《固体废物污染环境防治法》的主要内容

《固体废物污染环境防治法》除《法律责任》《附则》两章外，主要规定了以下几个方面的内容。

（一）立法目的

《固体废物污染环境防治法》第1条规定："为了防治固体废物污染环境，保障人体健康，维护生态安全，促进经济社会可持续发展，制定本法。"根据这一规定，《固体废物污染环境防治法》有以下四个层面的立法目的。

第一，"防治固体废物污染环境"。固体废物，是指在生产、生活和其他活动中产生的丧失原有利用价值或虽未丧失利用价值但被抛弃或者放弃的固态、半固态和置于容器中的气态的物品、物质以及法律、行政法规规定纳入固体废物管理的物品、物质。固体废物污染是指因对固体废物的处置不当而使其进入环境，从而导致危害人体健康或财产安全，以及破坏自然生态系统造成环境恶化的现象。本法的立法目的就是规范因人类的生产、生活活动不当可能导致固体废物污染环境的行为，预防和治理固体废物污染环境。

第二，保障人体健康。固体废物污染环境的最终后果都会危害人类健康。本法对直接危害或严重影响人体健康的固体废物，尤其对危险废物的污染防

治列专章作了特别规定。

第三,维护生态安全。生态环境是人类生存和发展的基本条件,是经济、社会发展的基础。只有加强防止固体废物污染环境工作,才能保护和改善生存、生活条件,保障人体健康,维护生态安全。

第四,促进经济社会可持续发展。随着我国经济社会的快速发展和人民生活水平的不断提高,生态环境问题日益突出,已成为我国经济社会可持续发展的制约因素。本法的规定有助于促进经济社会可持续发展。

(二)固体废物污染环境防治原则及政策措施

第一,固体废物污染环境的防治实行“减量化、资源化和无害化”原则。实现“减量化、资源化和无害化”目标,必须从管理、机制、政策、科技四个方面来制定、完善配套措施,为防止固体废物污染提供强有力的支撑。(1)各级政府要强化公共管理职能,加强社会管理。(2)要建立长效机制,逐步建立“政府监管、企业运营、公众参与、社区支持”的新模式,将政府的支持、服务、监督与市场机制结合起来。(3)要有政策支持,采取有利于固体废物污染环境防治的经济、技术政策和措施,吸引民间资本向环境保护领域投资,推动固体废物“三化”的实现。

第二,采取有利于固体废物综合利用活动的经济、技术政策和措施,对固体废物实行充分回收和合理利用。从经济上、技术上鼓励固体废物的充分回收、利用,引导企业选择废物产生量少、危害性小、便于回收利用和安全处置的原料和产品设计方案,鼓励企业对废物进行综合利用。

第三,国家鼓励、支持采取有利于保护环境的集中处置固体废物的措施,促进固体废物污染环境防治产业发展。集中处置,是指在一定的区域内建立若干集中贮存、处置设施,对该区域内的固体物进行集中处置。集中处置是相对分散处置而言的,对固体废物实行集中处置,有利于环境保护。

(三)固体废物污染环境防治的监督管理

固体废物污染环境防治的监督管理,应当体现在对固体废物的产生、收集、运输、利用、贮存、处置等环节。

第一,制定固体废物污染环境防治技术国家标准。固体废物量大面广,涉及行业较多,作为负责统一监督管理固体废物污染环境防治工作的国务院环境保护行政主管部门应当会同国务院有关部门,共同制定固体废物污染环境防治技术标准。制定固体废物污染环境防治技术标准主要有三个依据即国家环境质量标准、国家的经济条件、国家的技术条件。

第二,固体废物污染环境监测以及固体废物信息公开。环境监测的目的和任务是获取具有代表性、准确性、可比性和完整性的环境监测数据，并利用或根据这些数据说明环境问题，评价环境质量，为环境决策、立法、执法和实施环境监督管理提供准确可靠的客观基础和技术依据。为此，必须采取系统的法律措施来保证目的得以实现、任务得以完成。制定和实施统一的监测方法与规范是其中重要的法律措施。该法规定，国务院环境保护行政主管部门应当制定有关固体废物污染环境监测的统一规范。同时，固体废物污染防治的有关信息由大、中城市人民政府的环境保护行政主管部门定期发布，这是法律规定的环境保护行政主管部门的职责，相关环保部门应当认真对本地区的固体废物的防治情况进行调查，发布准确真实的信息，切实履行这一职责。

（四）固体废物污染环境的防治

《固体废物污染环境防治法》对固体废物污染环境防治的规定包括一般性规定、工业固体废物污染的防治、生活垃圾污染环境的防治。

第一，一般性规定。其主要包括四方面的内容。第16～17条规定了单位和个人的污染防治义务，要求"产生固体废物"，"收集、贮存、运输、利用、处置固体废物"的，应当采取相应措施，防止或者减少固体废物对环境的污染。禁止非法倾倒、堆放固体废物。第18～19条主要对产品包装污染环境防治进行了规定，"产品和包装物的设计、制造应当遵守国家有关清洁生产的规定"，以及产品和包装物强制回收制度、防治农用薄膜污染环境等。第20～22条主要是关于固体废物处理场所的规定。第23～26条主要规定了固体废物的转移，对于固体废物的跨区转移，"未经批准的，不得转移"；禁止境外固体废物进境倾倒、堆放、处置；"非限制进口分类管理"；相关救济程序即"进口者对海关将其所进口的货物纳入固体废物范围不服的，可以依法申请行政复议，也可以向人民法院提起行政诉讼"。

第二，工业固体废物污染的防治。第27条、第29条分别规定了国务院有关部门和县级以上政府有关部门防治工业固体废物污染环境的职责。第28条是关于落后生产工艺和设备期限淘汰制度的规定，一方面要求有关部门组织研究、开发和推广减少工业固体废物产生量和危害性的生产工艺设备；另一方面要求有关单位和个人限期淘汰产生严重污染环境的工业固体废物的落后生产工艺和设备。其他条款内容包括关于企业事业单位实现工业固体废物减量化的规定（第31条），工业固体废物申报登记制度（第32条），企业事业单位单位应当按照不同情况利用、贮存、处置其产生的工业固体废物的规定（第33条），以及矿业固体废物污染环境防治（第36条）等。

第三，生活垃圾污染环境的防治。第38、39条分别规定了政府防治责任和环境卫生行政主管部门防治责任,“县级以上人民政府应当统筹安排……”环境卫生行政主管部门应当组织清扫、收集、运输、处置城市生活垃圾。城市生活垃圾不得随意倾倒、抛洒或者堆放(第40条),应当及时清运,逐步做到分类收集和运输(第42条)。建筑垃圾的污染防治(第46条),公共交通运输单位按规定清扫、收集、运输过程中产生的生活垃圾(第47条),以及授权地方性法规规定农村生活垃圾污染环境防治的具体办法(第49条)。

(五)危险废物污染环境防治的特别规定

《固体废物污染环境防治法》第四章是关于危险废物污染环境防治的特别规定,主要包括以下几方面内容:

第一,制定危险废物的名录、统一鉴别标准、方法和识别标志。“国务院环境保护行政主管部门应当会同国务院有关部门制定国家危险废物名录,规定统一的危险废物鉴别标准、鉴别方法和识别标志。”危险废物的名录是指对危险废物按危害性质进行分类,按种类、名称汇集、制定目录,并予以公布实施的管理措施,亦称为“废物清单”或“危险废物黑名单”。危险废物识别标志是指用文字、图像、色彩等综合形式,标明危险废物的危险特性,以便于识别和分类管制。第52条规定:“对危险废物的容器和包装物以及收集、贮存、运输、处置危险废物的设施、场所,必须设置危险废物识别标志。”

第二,危险废物管理计划和申报登记。第53条规定:“产生危险废物的单位,必须按照国家有关规定制定危险废物管理计划,并向所在地县级以上地方人民政府环境保护行政主管部门申报危险废物的种类、产生量、流向、贮存、处置等有关资料。”要求对危险废物的管理不能像一般固体废物一样,需要对危险废物的产生、收集、贮存、运输、处置等各个环节进行监控,危险废物管理计划是由产生危险废物的单位按照国家有关规定制定的。

第三,危险废物集中处置设施、场所建设规划。要求国务院环境保护行政主管部门会同国务院经济综合宏观调控部门组织编制危险废物集中处置设施、场所的建设规划,报国务院批准后实施。县级以上地方人民政府应当依据危险废物集中处置设施、场所的建设规划组织建设危险废物集中处置设施、场所。

第四,危险废物代为处置。产生危险废物的单位,逾期不处置或者处置不符合国家有关规定的,由所在地县级以上地方人民政府环境保护行政主管部门指定单位按照国家有关规定代为处置,处置费用由产生危险废物的单位承担(第55条)。其主要包括两种情形:一种情形是法定义务人(产生者)不履行处置义务,经责令限期改正,逾期仍拒不处置的;另一种情形是法定义务人虽履行处置义务进行处置(包括在限期改正中进行处置),但处置不符合国家有关规定的,即处置不当的。

第五,危险废物排污收费。危险废物排污费的征收对象和范围是:“以填埋方式处置危险废物”,“以填埋方式处置危险废物不符合国务院环境保护行政主管部门规定的”,这两项条件必须同时具备。

第六,危险废物经营许可。第 57 条规定:“从事收集、贮存、处置危险废物经营活动的单位,必须向县级以上人民政府环境保护行政主管部门申请领取经营许可证;从事利用危险废物经营活动的单位,必须向国务院环境保护行政主管部门或者省、自治区、直辖市人民政府环境保护行政主管部门申请领取经营许可证。具体管理办法由国务院规定。”

第七,危险废物的收集、贮存、处置、运输与转移。第 58 条规定,“收集、贮存危险废物,必须按照危险废物特性分类进行”。一是按危险废物有害特性分类,可分为六种即易燃性、反应性、腐蚀性、爆炸性、浸出毒性及急性毒性。二是按照废物有害成份的分子内部结构可分为有机废物和无机废物。危险废物的转移,是指将危险废物从产生源转移至产生源以外的地方。禁止经中华人民共和国过境转移危险废物(第 66 条)。

第八,突发事故的应急与报告。第 62 条是关于制定意外事故的防范措施和应急预案的规定,要求产生、收集、贮存、运输、利用、处置危险废物的单位,应当根据本单位所涉及危险废物的种类、性质、数量和收集、贮存、运输、利用、处置情况,预先制定在可能发生意外事故时拟采取的应急措施方案和事故防范措施,并予以落实。有关单位应当将所制定的事故应急和防范措施,“向所在地县级以上地方人民政府环境保护行政主管部门备案;环境保护行政主管部门应当进行检查”。第 63 条是关于危险废物污染事故应急制度的规定。发生了危险废物污染环境事故的单位必须“立即采取处理措施,必须将污染事故发生的情况及时通报可能受到污染危害的单位和居民,并向所在地县级以上地方人民政府环境保护行政主管部门和有关部门报告,接受调查处理”。第 64 条规定,发生危险废物严重污染事故时有关政府应采取紧急措施,要求“县级以上地方人民政府环境保护行政主管部门或者其他固体废物污染环境防治工作的监督管理部门必须立即向本级人民政府和上一级人民政府有关行政主管部门报告,由人民政府采取防止或者减轻危害的有效措施”。

第九,重点危险废物集中处置设施、场所退役费用。第 65 条规定,“重点危险废物集中处置设施、场所的退役费用应当预提,列入投资概算或者经营成本。具体提取和管理办法,由国务院财政部门、价格主管部门会同国务院环境保护行政主管部门规定”。

三、《固体废物污染环境防治法》在我国环境法体系中的地位

《固体废物污染环境防治法》是我国环境法体系中的一部重要法律，是规范固体废物污染的单行法律。

（一）立法位阶

《固体废物污染环境防治法》是由全国人民代表大会常务委员会通过的法律，其与《环境保护法》《水污染防治法》《清洁生产促进法》等由全国人大常委会制定是一样的。

（二）立法依据

《固体废物污染环境防治法》没有明确宣布其立法依据，《环境保护法》等环境法律也没有明确宣布它们的立法依据。因而可以推断，在《固体废物污染环境防治法》和《环境保护法》等环境法律之间不存在源与流的关系。

（三）执行主体

国务院环境保护行政主管部门会同国务院有关行政主管部门根据国家环境质量标准和国家经济、技术条件，制定国家固体废物污染环境防治技术。县级以上人民政府环境保护行政主管部门对本地区的固体废物进行监督管理。

四、《固体废物污染环境防治法》的由来

表5－2 《固体废物污染环境防治法》的由来

名称	制定机构	颁布时间	构成
《固体废物污染环境防治法》	第八届全国人民代表大会常务委员会	1995.10.30	共6章77条
《固体废物污染环境防治法》（2004年修订）	第十届全国人民代表大会常务委员会	2004.12.29	共6章91条
《固体废物污染环境防治法》（2013年修正）	第十二届全国人民代表大会常务委员会	2013.6.29	共6章91条
《固体废物污染环境防治法》（2015年修正）	第十二届全国人民代表大会常务委员会	2015.4.24	共6章91条
《固体废物污染环境防治法》（2016年修正）	第十二届全国人民代表大会常务委员会	2016.11.7	共6章91条

1995年10月30日第八届全国人民代表大会常务委员会第十六次会议通过了《中华人民共和国固体废物污染环境防治法》（以下简称《固体废物污

染环境防治法》),除重申了当时环境法律法规已有的环境影响评价制度、“三同时”制度、限期治理和现场检查制度、排污收费制度外,还针对固体废物污染环境的特点,规定了一些新的管理制度,如一般固体废物和危险废物申报等级制度、固体废物进口许可制度、危险废物经营的许可证制度、危险废物责任制度、控制固体废物越境转移制度等。

2003 年我国开始着手对《固体废物污染环境防治法》的实施情况进行全面的检查,经过一段时间的调查、检查,认为我国《固体废物污染环境防治法》的实施对我国的固体废物污染防治工作起到了一定的积极作用,但实施过程中也存在诸多问题。由于经济的迅速发展以及国民消费水平和物质生活水平的迅速提高,每年固体废物产生数量激增,对其回收利用及其合理的处置工作没有做到位,工业固体废物、危险废物没有得到合理处置。对固体废物的处置标准规定不统一,管理相对落后,对城市生活垃圾和农村的有机垃圾的无害化处理率相对较低,所以导致现在许多城市出现了“垃圾围城”现象。日常生活的废旧电子垃圾等新型的固体废物不断涌现,并且没有规定合理的回收、利用以及处置方法。针对这些问题,2004 年 9 月开始对《固体废物污染环境防治法》进行修改,并于 2005 年 4 月 1 日正式实施了修订后的《固体废物污染环境防治法》。

现行《固体废物污染环境防治法》的总体原则是采取综合措施,推进固体废物的充分合理利用和无害化处置,促进经济和社会的可持续发展。按照“从摇篮到坟墓”的管理,规定的管理制度有危险废物管理制度、申报等级制度、危险废物经营许可制度、危险废物转移联单制度等。

修订后的《固体废物污染环境防治法》较之于原《固体废物污染环境防治法》,不仅是条文的增加与结构的微调,更重要的是从国家意志的角度对固体废物污染防治的观念进行更新和对相关法律制度进行进一步完善。修订后的《固体废物污染环境防治法》的创新之处在于:(1)将循环经济理念融入相关政府责任;(2)“维护生态安全”首次进入中国的环境资源立法;(3)规定了农村固体废物防治;(4)污染者负责原则进一步具体化,体现循环经济理念;(5)生产者延伸责任的引入;(6)重视对危险废物的处理。

【作者简介】 张式军(1966～　),汉族,山东青岛人,法学博士。现为山东大学法学院教授。主要研究领域为环境与资源保护法学、环境管理与政策。出版专著《环境公益诉讼原告资格研究》,主编或参编《欧盟及其主要成员国化学物环境管理立法汇编》《动物保护法与反虐待动物法:专家建议与各界交锋》《中国环境法治》《新编环境资源法学》等文献或教材。在《法学评论》《法学论坛》《中国人口·资源与环境》《环境保护》等期刊、报刊发表学术论文约四十篇;数篇论文被《新华文摘》《中国人民大学报刊复印资料》等转载。主持并完成教育部人文社会科学、省社会科学规划项目以及横向研究课题数项。担任中国法学会环境资源法学研究会常务理事、中国环境科学学会环境法分会常务理事、中国法学会科技法学研究会理事等学术研究会职务。联系方式:295521856@ qq. com。

第六章 《中华人民共和国放射性污染防治法》导读

李嵩誉

一、《中华人民共和国放射性污染防治法》概况

《中华人民共和国放射性污染防治法》(以下简称《放射性污染防治法》)由中华人民共和国第十届全国人民代表大会常务委员会第三次会议于2003年6月28日通过,由中华人民共和国主席胡锦涛以中华人民共和国主席令第六号于2003年6月28日公布,自2003年10月1日起施行。

表6-1 《放射性污染防治法》的构成

结构	条文主旨	具体法条序号	主要内容
第一章(第1~8条)	总则	第1条	立法目的
		第2条	适用范围
		第3条	基本原则
		第4条	科技开发和国际合作
		第5条	环保规划和宣传教育
		第6条	检举控告权
		第7条	奖励
		第8条	监督管理体制

续表

结构	条文主旨	具体法条序号	主要内容	
第二章（第9～17条）	放射性污染防治的监督管理	第9条	放射性污染防治监督管理的主体	
		第10条	放射性污染监督管理的措施	
		第11条	放射性污染防治监督管理的主体	
		第12条	放射性污染监督管理的措施	
		第13条		
		第14条		
		第15条		
		第16条		
		第17条		
第三章（第18～27条）	核设施的放射性污染防治	第18条	核设施选址审批制度	核设施的运营管理制度
		第19条	许可证制度	
		第20条	环境影响报告制度	
		第21条	三同时制度	
		第22条	防治标准制度	
		第23条	规划限制区制度	
		第24条	污染监测制度	
		第25条	安全保卫制度	
		第26条	核事故应急制度	
		第27条	核设施退役计划制度	
第四章（第28～33条）	核技术利用的放射性污染防治	第28条	污染防治对象	核技术利用的放射性污染防治的管理制度
		第29条	许可利用制度与同位素备案制度	
		第30条	放射防护设施“三同时”制度	
		第31条	对核利用对象管理的职权和职责	
		第32条	对核利用对象管理的政策	
		第33条	对核利用对象管理的制度	

续表

结构	条文主旨	具体法条序号	主要内容	
第五章（第 34 ~ 38 条）	铀（钍）矿和伴生放射性矿开发利用的放射性污染防治	第 34 条	采矿许可证制度	放射性矿开发利用的污染防治管理制度
		第 35 条	三同时制度	
		第 36 条	环境监测制度	
		第 37 条	尾矿处置制度	
		第 38 条	退役计划制度	
第六章（第 39 ~ 47 条）	放射性废物管理	第 39 条	尽量减少废物排放	放射性废物管理制度
		第 40 条	排放须符合标准	
		第 41 条	申请、报告放射性核素排放量	
		第 42 条	放射性废液受控排放	
		第 43 条	放射性固体废物处置方式	
		第 44 条	处置场所选址规划和地方政府责任	
		第 45 条	放射性固体废物处置的收费	
		第 46 条	固体废物处置许可证制度	
		第 47 条	禁止入境规定	
第七章（第 48 ~ 59 条）	法律责任	第 48 条	监督管理者的责任	
		第 49 条	各类违法行为的处罚	
		第 50 条		
		第 51 条		
		第 52 条		
		第 53 条		
		第 54 条		
		第 55 条		
		第 56 条		
		第 57 条		
		第 58 条		
		第 59 条		

续表

结构	条文主旨	具体法条序号	主要内容	
第八章（第 60 ~ 63 条）	附则	第 60 条	军用放射性污染防治的特殊规定	附加说明
		第 61 条	职业病的特殊规定	
		第 62 条	相关用语的规定	
		第 63 条	生效时间	

注：此表由本书责任编辑根据作者提供的文字及《中华人民共和国法律全编 2016 年版》（阴影部分）整理。

二、《放射性污染防治法》的主要内容

《放射性污染防治法》除《法律责任》《附则》两章外，主要规定了以下几个方面的内容。

（一）立法目的

《放射性污染防治法》第 1 条规定：“为了防治放射性污染，保护环境，保障人体健康，促进核能、核技术的开发与和平利用，制定本法。”这是《放射性污染防治法》对立法目的、指导思想的正式宣示。根据这一规定，《放射性污染防治法》的立法目的有以下三个层面：

第一，“防治放射性污染”，“保护环境”。这个层面是指向环境的。它是通过对放射性污染进行防与治，达到保护环境的目的。比如本法适用于相关“放射性污染的防治活动”（第 2 条）。

第二，“保障人体健康”。对核能与核技术、铀（钍）矿与伴生等放射性物质开发利用如果监管不严或者处置不当，其遗留的放射性物质将威胁环境和公众健康，对放射性物质防治（如第 9 条“放射性污染防治标准”，第 10 条“放射性污染监测”等）就是保障人体健康的制度安排。

第三，“促进核能、核技术的开发与和平利用”。这是着眼于经济社会的可持续发展层面的立法目的。《放射性污染防治法》既要防治放射性污染，又要促进核能、核技术的开发与和平利用。

（二）《放射性污染防治法》的适用对象与范围

《放射性污染防治法》第 2 条规定：“本法适用于中华人民共和国领域和管辖的其他海域在核设施选址、建造、运行、退役和核技术、铀（钍）矿、伴生放射性矿开发利用过程中发生的放射性污染的防治活动。”此条规定了纳入本法防治范围之内的辐射污染对象。这种辐射污染的基本特质是“放射性污

染”,但不包括人们日常生活接触到的电磁辐射污染。这种辐射污染防治的空间范围特指“中华人民共和国领域和管辖的其他海域”。

1. 核设施选址。《放射性污染防治法》第 18 条规定了“核设施选址审批”许可制度。第 62 条第 2 款规定的“核设施”也包括核燃料及放射性废物处理与处置设施。

2. 核设施建造、运行与退役。《放射性污染防治法》第 19 条规定“核设施建造、运行许可证”和“办理退役审批手续”。

3. 核开发利用。《放射性污染防治法》第 28 条规定核开发利用单位应当申请“许可证,办理登记手续”。

4. 铀(钍)矿、开发利用。《放射性污染防治法》第 34 条规定铀(钍)矿、伴生放射性矿开发利用单位应当申请行政“许可证”。第 35 条规定其配套的放射性污染防治措施,采取“三同时”制度。

（三）《放射性污染防治法》的基本原则

《放射性污染防治法》规定了放射性污染防治所应当遵循的基本原则。立法价值目标决定立法原则的取向,立法基本原则是立法目标的具体化。该法第 3 条规定:“国家对放射性污染的防治,实行预防为主、防治结合、严格管理、安全第一的方针。”

1. 预防为主原则。放射性污染一旦发生,对人体和环境损害将会造成灾难性的后果,不仅影响面积广、危害大,而且污染持续时间长、难以消除。基于放射性污染的特点,《放射性污染防治法》确定了预防为主原则。

2. 防治结合原则。从对放射性污染损害的处理上看,放射性污染防治的基本手段有防和治两种。《放射性污染防治法》第 4 条规定的“国家鼓励、支持放射性污染防治的科学研究和技术开发利用,推广先进的放射性污染防治技术”,就是从技术手段上落实防治原则的。

3. 严格管理原则。基于放射性污染的特点,严格依法管理是预防其污染发生的关键环节。该法第 9 条就放射性污染防治标准做了规定,第 10 条就放射性污染实施监测管理进行了具体规定,第 14 条分别就资格管理与资质管理予以了规制,第 16 条设置了放射性标志管理制度,第 6 章共 9 条对放射性废物规定了严格管理制度。

4. 安全第一原则。就《放射性污染防治法》的基本原则而言,预防为主是总的指导原则,防治结合与严格管理是手段原则,安全第一则是宗旨、目的原则,指导原则、手段原则是为实现目的原则提供服务的。该法第 13 条规定了防护安全措施,第 17 条对放射性污染防治的安全标准予以了规制,第 25 条、

第33条分别规定了安全保卫制度。

（四）放射性污染防治工作的管理体制

《放射性污染防治法》规定的放射性污染防治监督管理体制是统分结合的体制，包括以下三个方面的内容：

1. 在政府职司划分方面，环境保护主管部门统一监督管理，其他部门在职权范围内对放射性污染防治工作实施监督管理。第5条第1款规定："县级以上人民政府应当将放射性污染防治工作纳入环境保护规划。"第8条第2款规定："国务院卫生行政部门和其他有关部门依据国务院规定的职责，对有关的放射性污染防治工作依法实施监督管理。"

2. 在军队和政府管理职责划分方面，由国务院和军队的有关部门依照法律规定的职责实施环境监督管理。第60条规定："军用设施、装备的放射性污染防治，由国务院和军队的有关主管部门依照本法规定的原则和国务院、中央军事委员会规定的职责实施监督管理。"

3. 全国放射性污染防治工作由国务院环境保护行政主管部门实施统一监督管理，县级以上人民政府环境保护行政主管部门、负有放射性污染防治职能的主管部门、军队的放射性污染防治部门在国务院环境保护行政主管部门统一监督管理下实施放射性污染防治监督管理。第8条第1款规定："国务院环境保护行政主管部门对全国放射性污染防治工作依法实施统一监督管理。"

（五）放射性污染防治监督管理的行政手段、技术手段、政策措施

《放射性污染防治法》规定了放射性污染防治监督管理的行政手段、技术手段和政策措施等。

1. 放射性污染防治监督管理的行政手段，指政府或其放射性污染防治主管部门、其他相关部门凭职权就个别放射性污染防治事项、个别管理对象或个别放射性污染防治行为而使用的行政行为。现场检查就是这样的行政手段。第11条第1、2款规定："国务院环境保护行政主管部门和国务院其他有关部门，按照职责分工，各负其责，互通信息，密切配合，对核设施、铀（钍）矿开发利用中的放射性污染防治进行监督检查。县级以上地方人民政府环境保护行政主管部门和同级其他有关部门，按照职责分工，各负其责，互通信息，密切配合，对本行政区域内核技术利用、伴生放射性矿开发利用中的放射性污染防治进行监督检查。"

2. 放射性污染防治监督管理的技术手段，指运用科学与技术对放射性污染行为及其影响、环境状况实施监督、测度、评估等的管理手段。《放射性污染防治法》规定的此类手段主要有放射性污染防治标准（第9条、第17条、第

22 条、第 40 条、第 42 条）、放射性污染监测（第 10 条、第 24 条、第 36 条）、环境影响评价（第 18 条、第 20 条、第 34 条）等。

3. 放射性污染防治监督管理的政策措施，指法律以外可以反复适用的规范性放射性污染防治监督管理措施。《放射性污染防治法》规定的此类政策措施主要有财政预算政策（第 24 条第 2 款）、价格政策（第 27 条第 2 款）、教育政策（第 5 条）、奖惩政策（第 6 ~ 7 条）、管理政策的资质管理（第 14 条）及设置危险标志制度（第 16 条）等。

（六）核设施的放射性污染防治的政策、制度

《放射性污染防治法》第三章规定了核设施的放射性污染防治的政策、制度。

1. 审查批准制度。第 18 条规定："核设施选址，应当进行科学论证，并按照国家有关规定办理审批手续。在办理核设施选址审批手续前，应当编制环境影响报告书，报国务院环境保护行政主管部门审查批准；未经批准，有关部门不得办理核设施选址批准文件。"

2. 许可证制度。第 19 条第 2 款规定："核设施营运单位领取有关许可证或者批准文件后，方可进行相应的建造、装料、运行、退役等活动。"

3. 环境影响报告制度。第 20 条规定："核设施营运单位应当在申请领取核设施建造、运行许可证和办理退役审批手续前编制环境影响报告书，报国务院环境保护行政主管部门审查批准；未经批准，有关部门不得颁发许可证和办理批准文件。"

4. 三同时制度，指建设项目中的污染防治设施与主体工程"同时设计、同时施工、同时投产使用"（第 21 条）。

5. 规划限制区制度。合理规划放射区域是避免、减少放射性污染损害最有效的措施。在规划限制区内，将不得新建医院、学校、幼儿园、养老院、居民住房等建筑。第 23 条规定，"核动力厂等重要核设施外围地区应当划定规划限制区"。

6. 双轨监测制度。对核设施周围环境中所含的放射性核素的种类、浓度及核设施的流出物，实行国家监督性监测和核设施营运单位自行监测相结合的监测制度（第 24 条）。

7. 安全保卫制度。第 25 条第 1 款规定："核设施营运单位应当建立健全安全保卫制度，加强安全保卫工作，并接受公安部门的监督指导。"

8. 核事故应急制度。要求核设施营运单位和有关部门按照国务院的有关规定做好核事故应急工作。核事故应急制度包括风险控制、应急准备、应急处

置和事后恢复等内容(第26条)。

(七)核技术利用的放射性污染防治的政策、制度

《放射性污染防治法》第四章规定了核利用的放射性污染防治的政策、制度。

1. 许可登记制度。第28条第1款规定:"生产、销售、使用放射性同位素和射线装置的单位,应当按照国务院有关放射性同位素与射线装置放射防护的规定申请领取许可证,办理登记手续。"

2. 放射性同位素备案制度。订购、销售、转让和借用放射性同位素的单位,应当将放射性同位素的种类和标号报所在地县级以上地方人民政府环境保护行政主管部门、卫生行政部门和公安部门备案(第29条)。

3. 三同时制度,指配套的放射防护设施,应当严格执行建设项目的"三同时"制度,即配套的放射防护设施与主体工程"同时设计、同时施工、同时投产使用"(第30条)。

4. 安全保卫制度,指有关单位应当建立相应的安全管理保卫制度,指定专人负责,落实安全责任制(第33条)。

(八)铀(钍)矿、伴生放射性矿开发利用的放射性污染防治的政策、制度

《放射性污染防治法》第五章规定了铀(钍)矿、伴生放射性矿开发利用的放射性污染防治的政策、制度。

1. 许可证制度。第34条第1款规定:"开发利用或者关闭铀(钍)矿的单位,应当在申请领取采矿许可证或者办理退役审批手续前编制环境影响报告书,报国务院环境保护行政主管部门审查批准。"

2. "三同时"制度,指开发利用单位应当按照建设项目"三同时"制度的要求,建设配套的放射性污染防治设施,对铀(钍)矿的流出物和周围的环境进行监测并定期报告(第35条)。

3. 尾矿处置制度,指对铀(钍)矿和伴生放射性矿开采过程中产生的尾矿应当按照要求建造尾矿库贮存、处置(第37条)。

4. 退役计划制度,指铀(钍)矿的开发利用单位负责制定铀(钍)矿的退役方案,由国家财政预算安排退役费用(第38条)。

(九)放射性废物管理的政策、制度

《放射性污染防治法》第六章规定了放射性废物管理的政策、制度。

1. 技术政策,明确规定核设施营运单位、核技术利用单位以及铀(钍)矿和伴生放射性矿开发利用单位,应当合理选择和利用原材料,采用先进的生产

工艺和设备，尽量减少放射性废物的产生量（第39～40条）。

2. 放射许可制度，规定放射性废气、废液排放单位应当向有关环境保护行政主管部门申请放射性核素的排放量，并定期报告排放计量结果（第41条）。

3. 放射方式许可制度，产生放射性废液的单位，应当对不符合国家放射性污染防治标准的放射性废液进行处理或者妥善贮存，对符合国家放射性污染防治标准的放射性废液按照规定方式排放（第42条）。

4. 分类处置制度，对高、中、低水平和α放射性固体废物实行分类处置（第43条）。

5. 固体废物处置选址规划制度，产生放射性固体废物的单位，应当按照规定将其产生的放射性固体废物进行处理后，送交废物处置单位进行处置并承担处置费用；对于不按照规定处置的，有关环境保护行政主管部门指定有处置能力的单位代为处置，所需费用由产生放射性固体废物的单位承担（第44条）。

6. 固体废物处置经营许可制度，专门从事放射性固体废物贮存、处置的单位，应当向国务院环境保护行政主管部门申请经营许可证，并按照经营许可证的规定从事放射性废物贮存和处置的经营活动（第45～46条）。

7. 禁止外来放射性污染入侵制度，为了防止境外放射性废物流入我国，导致放射性污染在我国的扩散，禁止放射性废物和被放射性污染的物品进入我国境内或者经我国境内转移（第47条）。

三、《放射性污染防治法》在我国环境法体系中的地位

《放射性污染防治法》是我国环境法体系中的一部重要法律，具有环境保护单行法的地位和法律效力。

（一）立法位阶

《放射性污染防治法》是由全国人民代表大会常务委员会通过的法律，其与《水污染防治法》《清洁生产促进法》等由全国人大常委会制定是一样的。

（二）立法依据

《放射性污染防治法》没有明确宣布其立法依据。

（三）执法主体

《放射性污染防治法》规定了统分结合的环境监督管理体制，确定由“国务院环境保护行政主管部门”实施对“全国放射性污染防治工作”的“统一监督管理”（第8条第1款），“国务院卫生行政部门和其他有关部门”依法实施“对有关的放射性污染防治工作”的“监督管理”（第8条第2款），“国务院和军队的有关部门”依法实施“对军用设施、装备的放射性污染防治”的“监督管

理”（第60条），“县级以上地方人民政府环境保护行政主管部门和同级其他有关部门”实施“对本行政区域内放射性污染防治”进行“监督检查”（第11条第2款）。

四、《放射性污染防治法》的由来

表6-2 《放射性污染防治法》的由来

名称	制定机构	颁布时间	构成
《放射防护规定》	国家计委、国家建委、国防科工委、卫生部	1974.4.27	共7章48条
《放射性同位素工作卫生防护管理办法》	卫生部、公安部、国家科委	1979.2.24	共26条
《第二机械工业部环境保护条例（试行）》	第二机械工业部	1981.5.13	共8章48条
《核电站基本建设环境保护管理办法》	城乡建设环境保护部	1984.9.5	共11条
《民用核设施安全监督管理条例》	国务院	1986.10.29	共6章26条
《放射性药品管理办法》	国务院	1989.1.13	共7章31条
《放射性同位素与射线装置放射防护条例》	国务院	1989.10.24	共7章37条
《放射环境管理办法》	国家环保局	1990.5.28	共26条
《放射性污染防治法》	第十届全国人民代表大会常务委员会	2003.6.28	共8章63条
《放射性同位素与射线装置安全和防护条例》	国务院	2005.9.14	共7章69条

为了防治放射性物质污染环境，保护公众身心健康，我国从20世纪50年代起陆续制定了一系列政策与法规，以加强管理与防治工作。1974年，国家计委、基建委、科委和卫生部联合颁布《放射防护规定》；1979年，卫生部、公安部、国家科委颁布了《放射性同位素工作卫生防护管理办法》，该办法于1989年10月被《放射性同位素与射线装置放射防护条例》废止；1981年，二机部（现为核工业部）发布了《第二机械工业部环境保护条例（试行）》；1981年，中国民用航空总局和交通部先后颁布了《航空运输放射性同位素的规定》，卫生部颁布了《国家标准放射病诊断标准及处理原则》等一些法规和标准；1984年，城乡建设环境保护部颁布了《核电站基本建设环境保护管理办法》《环境

放射性水平调查暂行规定》;1986 年,国务院发布了《民用核设施安全监督管理条例》;1988 年,国家核安全局制定了《核电厂安全监督实施细则》;1989 年,国务院发布了《放射性药品管理办法》(2011 年修订);1990 年,国家环境保护局发布了《放射环境管理办法》(2007 年废止)。

此外,我国近年来颁布、修订的《环境保护法》《水污染防治法》《大气污染防治法》《海洋环境保护法》《固体废物污染环境防治法》等法律中,也都有防治放射性污染的条款。我国还颁布了《核辐射环境质量评价的一般规定》《低中水平放射性固体废物的浅地层处置规定》《放射性废物分类标准》等放射性环境保护标准。

2003 年 6 月 28 日,《放射性污染防治法》由中华人民共和国第十届全国人民代表大会常务委员会第三次会议通过,同年 10 月 1 日起施行。该法适用于中华人民共和国领域和管辖的其他海域在核设施选址、建造、运行、退役和核技术、铀(钍)矿、伴生放射性矿开发利用过程中发生的放射性污染的防治活动。2005 年,国务院发布了《放射性同位素与射线装置安全和防护条例》(2014 年修订),《放射性同位素与射线装置放射防护条例》同时废止。

【作者简介】 李嵩誉(1974～　),汉族,河南郑州人,法学博士。现为河南财经政法大学副教授、河南省人大常委会环资委委员。主要研究领域为环境法学、经济法律政策。曾出版《生态保护优先原则》《农村土地流转制度法律问题研究》《农地产权法律制度研究》等学术专著,发表学术论文 20 篇;论文多次被《中国人民大学报刊复印资料》等转载。主持并参与完成国家社会科学研究基金项目和其他项目等多项。联系方式:ldlsy88@163.com。

第七章 《中华人民共和国环境噪声污染防治法》导读

张　宝

一、《中华人民共和国环境噪声污染防治法》概况

《中华人民共和国环境噪声污染防治法》(以下简称《环境噪声污染防治法》)由中华人民共和国第八届全国人民代表大会常务委员会第二十二次会议于1996年10月29日通过,由时任中华人民共和国主席江泽民以中华人民共和国主席令第七十七号于1996年10月29日公布,自1997年3月1日起施行。

表7-1 《环境噪声污染防治法》的构成

结构	条文主旨	具体法条序号	主要内容
第一章(第1~9条)	总则	第1条	立法目的
		第2条	环境噪声以及环境噪声污染的定义
		第3条	《环境噪声污染防治法》的适用范围
		第4条	噪声污染防治规划
		第5条	城乡建设的统筹规划
		第6条	环境噪声污染防治监督管理体制
		第7条	单位、个人义务和权利
		第8条	国家对科普的支持
		第9条	奖励

续表

结构	条文主旨	具体法条序号	主要内容
第二章（第10～21条）	环境噪声污染防治的监督管理	第10条	声环境质量标准和环境噪声排放标准
		第11条	
		第12条	防噪声建设布局规划
		第13条	声环境影响评价
		第14条	三同时
		第15条	产生环境噪声污染企业的义务
		第16条	超标排污费
		第17条	其他环境噪声污染防治监督管理的行政手段
		第18条	技术手段
		第19条	政策措施
		第20条	环境噪声监测
		第21条	现场检查
第三章（第22～26条）	工业噪声污染防治	第22条	工业噪声的定义
		第23条	工业噪声排放所应遵循的制度
		第24条	
		第25条	
		第26条	
第四章（第27～30条）	建筑施工噪声污染防治	第27条	建筑施工噪声的定义
		第28条	施工噪声排放
		第29条	施工噪声污染申报
		第30条	夜间施工作业
第五章（第31～40条）	交通运输噪声污染防治	第31条	交通运输噪声的定义
		第32条	汽车制造、销售及进口限制
		第33条	机动车辆噪声污染预防措施
		第34条	声响装置的规定使用
		第35条	禁驾和禁鸣路段和时间的规划

续表

结构	条文主旨	具体法条序号	主要内容
第五章（第31～40条）	交通运输噪声污染防治	第36条	控制噪声污染措施
		第37条	减、免交通噪声污染影响措施
		第38条	音量控制
		第39条	铁路噪声污染控制
		第40条	民用航空器的飞行
第六章（第41～47条）	社会生活噪声污染防治	第41条	社会生活噪声的定义
		第42条	不同社会生活领域噪声防治规定
		第43条	
		第44条	
		第45条	
		第46条	
		第47条	
第七章（第48～62条）	法律责任	第48条	违反《环境噪声污染防治法》的规定而应承担的行政责任（行政处罚）
		第49条	
		第50条	
		第51条	
		第52条	
		第53条	
		第54条	
		第55条	
		第56条	
		第57条	
		第58条	
		第59条	
		第60条	

续表

结构	条文主旨	具体法条序号	主要内容
第七章（第48～62条）	法律责任	第61条	违反《环境噪声污染防治法》的规定而应承担的民事责任
		第62条	违反《环境噪声污染防治法》的规定而应承担的行政责任（行政处分）和刑事责任
第八章（第63～64条）	附则	第63条	相关用语的定义
		第64条	生效时间

注：此表根据作者提供的文字及《中华人民共和国法律全编2016年版》（阴影部分）整理。

二、《环境噪声污染防治法》的主要内容

《环境噪声污染防治法》除《法律责任》《附则》两章外，主要规定了以下几个方面的内容。

（一）立法目的

《环境噪声污染防治法》第1条规定："为防治环境噪声污染，保护和改善生活环境，保障人体健康，促进经济和社会发展，制定本法。"这是《环境噪声污染防治法》对立法目的的正式宣告，也是各环境立法中的共通表述。根据这一规定，《环境噪声污染防治法》有以下三个层面的立法目的。

第一，"防治环境噪声污染，保护和改善生活环境"。这个层面是本法的直接目的，其重要之处在于点出了本法所保护的对象是"生活环境"，即能够直接影响到人们居住和生活的环境，不包括虽可能对"人类"（整体意义上的）的生存和发展产生影响，但并未直接影响到"人们"（个体意义上的）的正常生活、工作和学习（参见本法第2条）的部分。这一限定，决定了本法属于不同于其他环境立法的典型特征，即环境噪声污染必须以导致对人的影响为前提，如未直接影响到人，则无须进行法律上的规制。而其他环境立法尤其是大气、水、土壤等防治立法，即便仅造成对生态环境本身的损害，法律亦须进行调整。这意味着噪声污染的受害人总是特定的（因噪声污染影响范围有限），对于噪声污染危害，传统的私益诉讼即可解决，不应提起公益诉讼。

第二，"保障人体健康"。噪声污染属于"感觉型公害"，以环境介质为传播途径，并未造成环境介质的实质改变，在环境中不会有残余物质存在。其虽然影响范围较小，但科学研究和生活经验已经表明，噪声能够损害听力、干扰睡眠、影响工作和学习，长期接触噪声还会引起如神经系统功能紊乱、精神障

碍、内分泌紊乱等疾病。由于噪声污染主要影响的人本身,故保障人体健康应成为本法的最高目的。2014 年修订的《环境保护法》将立法目的中的“保障人体健康”改成了“保障公众健康”,虽然只有一词之差,但却代表着法律是保障个体利益还是整体利益的巨大差异,十分清晰地体现了环境法的整体主义理念。这一变迁,同样应在未来修订《噪声污染防治法》中得以体现。

第三,“促进经济和社会发展”。这个层面表述的是本法的根本目的,加上前两个层面的目的通常被概括为立法目的的“二元论”,也就是说,保护环境、保障人类健康的同时考虑促进经济的发展。这一做法在理论和实务界均饱受非议,认为“保护环境”“保障人体健康”的目的往往会被后者所消解,导致为促进经济发展而放松环境和健康保护。故晚近以来制定和修改的环境法律均改采一元论,将保障公众健康作为环境立法的唯一目的和最终目的。这一做法,同样应在本法修订时得到采纳。

(二)《环境噪声污染防治法》规定的“环境噪声”和“环境噪声污染”

《环境噪声污染防治法》第 2 条规定:“本法所称环境噪声,是指在工业生产、建筑施工、交通运输和社会生活中所产生的干扰周围生活环境的声音。本法所称环境噪声污染,是指所产生的环境噪声超过国家规定的环境噪声排放标准,并干扰他人正常生活、工作和学习的现象。”此条规定了我国《环境噪声污染防治法》所调整的对象。

对于“声”这一物理因子对环境的影响,本法实际区分了三个层次:第一层次是承认了声是构成人类社会的基本元素,不可或缺;第二层次是强调噪声就是人们在某些场合“不需要的声音”,即主观上觉得“干扰”到自己生活环境的声音;第三层次则是从客观上确定一个标准,来分辨某种声音是仅仅构成“干扰”还是事实上已经构成了更为严重的“污染”。其原因在于,由于声音感知的主观性,可能使得任何不为特定人所喜的声音都会构成“干扰”或“污染”,从而均可诉至法院主张侵权责任,这显然与我们一般的社会生活经验常识相违背。由此,为了维护我们“声色犬马”的生活,一定程度的“忍受限度”尤为必须,即必须划定一定的客观标准加以区分。但无论是“干扰”还是“污染”,均须以为“人们”所感知,并影响到“生活、工作和学习”为前提。

这一区分直接影响到一系列法律制度的建构。例如,第 16 条规定的超标排污费就与其他环境立法有着显著不同,其他法律中确立的是“达标收费、超标违法”,即排污收费是建立在达标排放的基础上,超标则要承担相应的法律责任,但即便未来修改《环境噪声污染防治法》确立超标违法制度,仍然很难有排污费的适用余地。再如,本法第 61 条第 1 款规定,“受到环境噪声污染危害的单位和个人,有权要求加害人排除危害;造成损失的,依法赔偿损失”,结合《侵权责任法》第 65 条的规定(“因污染环境造成损害的,污染者应当承担侵权责任”)以及《最高人民法院关于审理环境侵权责任纠纷案件适用法律若干问题的解释》第 1 条第 1 款之规定(“因污染环境造成损害,不论污染者有无过错,污染者应当承担侵权责任。污染者以排污符合国家或者地方污染物排放标准为由主张不承担责任的,人民法院不予支持”),环境噪声污染侵权也应当适用无过错责任。但实践中存在的大量案例,均将噪声超标作为承担责任的前提;且从逻辑上讲,环境噪声污染是一个依照客观标准“拟制”的污染,这一概念本身就已经内含了超过国家噪声排放标准才构成侵权的要求,这就意味着在国家规定的噪声排放标准限度之内的噪音排放,根本不构成法律意义上的环境污染,更谈不上构成环境污染侵权责任。因而,对于未超出标准的“干扰”,只能寻求物权法上的相邻不可量物侵害进行救济,以个案中是否违背“经验法则”加以判断。

从本法对于产生噪声的四个领域——工业噪声、建筑施工噪声、交通运输噪声和社会生活噪声的定义来看,亦基本遵循这一思路。例如,第 22 条规定:“本法所称工业噪声,是指在工业生产活动中使用固定的设备时产生的干扰周围生活环境的声音。”第 23 条规定:“在城市范围内向周围生活环境排放工业噪声的,应当符合国家规定的工业企业厂界环境噪声排放标准。”

(三)环境噪声污染防治的监督管理体制

根据本法规定,我国环境噪声污染防治的监督管理体制是环境保护部门负责统一监督管理与其他有关部门按照各自职责分别实施监督管理相结合的体制。

1. 统一监管。本法规定,环境保护行政主管部门对环境噪声污染防治实施统一监督管理。

(1)国务院环境保护行政主管部门作为对全国环境噪声污染防治工作实施统一监督管理的部门,主要工作:①根据不同的功能区,分别制定国家声环境质量标准;②根据国家声环境质量标准和国家经济、技术条件,制定国家环境噪声排放标准;③建立环境噪声监测制度,制定监测规范,并会同有关部门组织监测网络等。

(2)县级以上地方人民政府环境保护行政主管部门作为对本行政区域内的环境噪声污染防治工作实施统一监督管理的部门,负责下列主要工作:①建设项目环境影响报告书的审批;②建设项目中环境噪声污染防治设施的验收;③企事业单位拆除或者闲置环境噪声污染防治设施申报的审批;④对排放环境噪声的单位进行现场检查;⑤负责接受工业企业使用产生环境噪声污染的固定设备的申报;⑥负责接受城市市区范围内施工单位使用机械设备产生环境噪声的申报;⑦负责接受城市市区噪声敏感建筑物集中区域内商业企业使用固定设备造成环境噪声污染的申报;⑧依法对违法行为给予行政处罚等。

2. 分部门监管。本法规定,各级公安、交通、铁路、民航等主管部门和港务监督机构,根据各自的职责,对交通运输和社会生活噪声污染防治实施监督管理(第6条第3款)。同时,1994年制定的《军队环境噪声污染防治规定》规定了军队噪声排放的监督管理权限。

(1)公安机关。公安机关主要管辖以下几种噪声污染防治工作:①在商业经营活动中使用高音广播喇叭或者采用其他发出噪声的方法招揽顾客造成环境噪声污染的;②单位、个人在城市市区噪声敏感建筑物集中区域内使用高音广播喇叭的;③在城市市区街道、广场、公园等公共场所组织娱乐、集会等活动,使用音响器材产生干扰周围生活环境的、过大音量的;④使用家用电器、乐器或者进行其他家庭室内娱乐活动时,未控制音量或者采取其他有效措施的;⑤在已竣工交付使用的住宅楼进行家庭室内装修活动,未限制作业时间及采取其他有效措施,对周围居民造成环境噪声污染的;⑥城市范围内生产活动排放的偶发性强烈噪声和机动车辆声响装置排放噪声的污染防治工作。

(2)其他部门。如海事管理机构、渔业主管部门按照职责分工对船舶排放的噪声实施监督管理。铁路、民航管理部门根据各自的职责,分别对铁路机车和航空器排放的噪声实施监督管理。城乡建设、城乡规划、市政、交通、文化、质监等部门在各自的职责范围内对环境噪声污染防治实施监督管理。

(四)环境噪声污染防治的基本管理制度

《环境噪声污染防治法》第二章规定了一系列环境噪声污染防治的基本管理制度。

1. 声环境质量标准和环境噪声排放标准。我国目前适用的标准如表7-2和表7-3所示。

表7-2 声环境质量标准

标准名称	标准编号	发布时间	实施时间
声环境质量标准	GB 3096-2008	2008-8-19	2008-10-1
机场周围飞机噪声环境标准	GB 9660-88	1988-8-11	1988-11-1
城市区域环境振动标准	GB 10070-88	1988-12-10	1989-7-1

表7－3 环境噪声排放标准

标准名称	标准编号	发布时间	实施时间
建筑施工场界环境噪声排放标准	GB 12523－2011	2011－12－5	2012－7－1
工业企业厂界环境噪声排放标准	GB 12348－2008	2008－8－19	2008－10－1
社会生活环境噪声排放标准	GB 22337－2008	2008－8－19	2008－10－1
摩托车和轻便摩托车定置噪声排放限值及测量方法	GB 4569－2005	2005－4－15	2005－7－1
摩托车和轻便摩托车加速行驶噪声限值及测量方法	GB 16169－2005	2005－4－15	2005－7－1
三轮汽车和低速货车加速行驶车外噪声限值及测量方法（中国Ⅰ、Ⅱ阶段）	GB 19757－2005	2005－5－30	2005－7－1
汽车加速行驶车外噪声限值及测量方法	GB 1495－2002	2002－1－4	2002－10－1
汽车定置噪声限值	GB 16170－1996	1996－3－7	1997－1－1
建筑施工场界噪声限值	GB 12523－90	1990－11－9	1991－3－1
铁路边界噪声限值及其测量方法	GB 12525－90	1990－11－9	1991－3－1

2. 噪声防护距离。本法第12条规定："城市规划部门在确定建设布局时，应当依据国家声环境质量标准和民用建筑隔声设计规范，合理划定建筑物与交通干线的防噪声距离，并提出相应的规划设计要求。"我国目前仅制定了《以噪声污染为主的工业企业卫生防护距离标准》（GB 18083－2000），其他领域尚未制定防护距离标准。

3. 超标排污费。根据2003年颁布的《排污费征收使用管理条例》，超标排污费依超出分贝数按月收取。对机动车、飞机、船舶等流动污染源暂不征收噪声超标排污费。

此外，本章还规定了环境影响评价（第13条）、三同时（第14条）、限期治理（第17条）、落后设备淘汰（第18条）、环境噪声监测（第20条）、现场检查（第21条）等制度。

（五）各领域防治环境噪声污染的特殊制度

《环境噪声污染防治法》第三章至第六章分别规定了工业、建筑施工、交通运输和社会生活领域防治噪声污染的特殊规定。其中最为特殊的是交通运输领域的“先来后到”规定。第36条规定：“建设经过已有的噪声敏感建筑物集中区域的高速公路和城市高架、轻轨道路，有可能造成环境噪声污染的，应当设置声屏障或者采取其他有效的控制环境噪声污染的措施。”第37条规定：“在已有的城市交通干线的两侧建设噪声敏感建筑物的，建设单位应当按照国家规定间隔一定距离，并采取减轻、避免交通噪声影响的措施。”这两条分别规定了交通设施与敏感建筑物谁建设在后谁应承担控制噪声污染的义务。

但从实践来看，尽管有着此条规定，很多时候也难以避免纠纷。其原因在于，当今社会，随着工业化和社会化的快速推进，由土地利用和空间规划引发的权益冲突日渐明显，之前远离人群的高速公路开始成为城市的内环路，而航空器、地下铁也成为新的噪声源。此时，显然非居民或建设单位所能应对，须从整体空间利用规划的角度加以应对。《环境噪声污染防治法》对此有所涉及。该法第12条规定：“城市规划部门在确定建设布局时，应当依据国家声环境质量标准和民用建筑隔声设计规范，合理划定建筑物与交通干线的防噪声距离，并提出相应的规划设计要求。”第13条第2款规定：“建设项目可能产生环境噪声污染的，建设单位必须提出环境影响报告书，规定环境噪声污染的防治措施，并按照国家规定的程序报环境保护行政主管部门批准。”据此，规划部门在规划某一可能产生噪声污染的建设项目时，需要获得环保机关的环评审批。但问题是，建设项目的环境影响评价主要评估建设项目对外界环境和个人造成的影响，而不涉及外界环境对建设项目的影响；而更为重要的空间利用规划又往往未能进行规划环评，导致单一项目虽符合相关要求，但随着空间利用密集度的增加，不同建设项目之间的相互影响日益显著，因而需要将规划环评落到实处，实现各部门职能的有效衔接。

（六）法律责任

本法对于违反三同时、拒报或谎报申报事项、擅自拆除或闲置噪声污染防治设施、不按规定缴纳超标排污费、违反限期治理、拒绝现场检查或作假、违法夜间作业等情形规定了行政处罚尤其是罚款措施，但对于罚款幅度并未进行明确规定。对此，原国家环保总局于1999年作出《关于〈环境噪声污染防治法〉罚款幅度有关问题的复函》，明确可以比照适用《固体废物污染环境防治法》《水污染防治法实施细则》和《大气污染防治法实施细则》中关于罚款的幅度和权限的规定。

三、《环境噪声污染防治法》在我国环境法体系中的地位

《环境噪声污染防治法》是我国环境法律体系中的一部重要法律,但这部法律又与《水污染防治法》《大气污染防治法》《固体废物污染防治法》等显著不同。其首要原因在于,噪声污染属于能量污染的一种,与造成水污染、大气污染、固体废物污染的物质污染在致害机理上有着本质区别。

物质污染的过程,首先体现为污染者在生产、经营、使用、消费的过程中所排放的化学物质或病原微生物对环境介质造成了实质性的损害,进而引发暴露于其中的动植物或人群产生损害,且“对环境的污染”是“对人的损害”的必经阶段。但对于过量的声、光、热、振动等能量引发的物理性污染,环境介质仅仅是一种传输媒介,并未造成环境介质的实质改变,本质上仍是由人的行为直接作用于人身或财产造成损害,在环境中不会有残余物质存在。在人类对污染的感知上,是否构成能量污染往往取决于受害人的主观感受度,例如,判断某种声音是否属于噪声,仅从物理学角度判断是不够的,主观上的因素往往起着决定性的作用,因而能量污染往往属于一种“观念型污染”或“感觉型妨害”。鉴于物质污染和能量污染在致害机理上存在显著差异,故环境科学上亦将其命名为环境污染和环境干扰以示区别。这种区分体现了能量污染本质上并非“真正的污染”,而是一种“污染的拟制”。这一区分在《环境保护法》中亦有体现,该法第 42 条规定,“排放污染物的企业事业单位和其他生产经营者,应当采取措施,防治在生产建设或者其他活动中产生的废气、废水、废渣、医疗废物、粉尘、恶臭气体、放射性物质以及噪声、振动、光辐射、电磁辐射等对环境的污染和危害”,其中“以及”前后列举的类型即是物质污染和能量污染的区分。

环境噪声污染的这种特性,决定了在噪声污染防治法律制度的建构上,会有着不同于物质污染领域立法的特征。正如我国台湾地区学者陈慈阳教授所指出的,如果从环境法所对抗的是人为活动对环境的破坏的角度出发,噪声污染防治法规虽会对人体健康造成影响,但并非像其他环境破坏类型会对生态环境本身造成侵害,故其本不应属于环境法领域,而应直接归于健康卫生法规的领域。然而,由于人们一般认知上噪音污染亦属于环境保护的一部分,故立法者亦规定噪声污染防治作为环境法律的内容。因此,噪声污染防治法可以称为由立法者所“拟制”之环境法规。[1] 由此,《环境噪声污染防治法》虽属环境法律体系中的重要组成部分,但又有着特殊之处。

---

〔1〕 陈慈阳:《环境法总论》,中国政法大学出版社 2003 年版,第 58 页。

四、《环境噪声污染防治法》的由来

表 7－4 《环境噪声污染防治法》的由来

名称	制定机构	颁布时间	构成
《工厂安全卫生规程》	国务院	1956. 5. 25	共 11 章 89 条
《治安管理处罚条例》	第一届全国人民代表大会常务委员会	1957. 10. 22	共 34 条
《关于保护和改善环境的若干规定(试行)》	国家计委	1973. 8. 29	共 10 章
《环境保护法(试行)》	第五届全国人民代表大会常务委员会	1979. 9. 13	共 7 章 33 条
《环境噪声污染防治条例》	国务院	1989. 9. 26	共 8 章 47 条
《环境噪声污染防治法》	第八届全国人民代表大会常务委员会	1996. 10. 29	共 8 章 64 条

环境噪声污染自 20 世纪 70 年代以来被称为城市环境问题的四大公害之一。根据 2011 年世界卫生组织和欧盟合作研究中心发布的《噪声污染导致的疾病负担》,噪声污染给人体带来的健康风险可以用一个金字塔三角形来表示,金字塔最底层,受到影响人数最多的噪音影响是产生“不舒服感”,比如导致扰民的情况;再往上一层是导致“压力”;再往上就出现了“风险因素”,引起包括如血压、胆固醇、葡萄糖等身体因素的疾病风险;再上一层就是“疾病”,如能引起睡眠失调、心血管疾病等;而金字塔的顶端就是可怕的“死亡”。噪声污染危害已成为继空气污染之后的人类公共健康的第二个杀手,保障人们有一个安宁的生活环境是现代法治无可回避的重要任务。

早在 20 世纪 50 年代,我国制定的《工厂安全卫生规程》中便对工厂内防治噪声污染、控制噪声源做了相关规定。1957 年,我国制定了《治安管理处罚条例》,其中规定了对城市内制造较大噪声、影响居民生活的行为的处罚。20 世纪 70 年代,我国的环保事业开始起步,各项环保立法也逐渐展开,噪声污染防治的立法也拉开了帷幕。1973 年,国务院发布了《关于保护和改善环境的若干规定(试行草案)》,其中对工业噪声和交通噪声的控制作出了明确的规定。1979 年,国务院颁布的《中华人民共和国环境保护法(试行)》中也对噪声污染控制作了原则性的规定,为以后的噪声污染防治立法奠定了基础。同年,《机动车辆允许噪声标准》《工业企业噪声卫生标准(试行)》也相继颁布。

1989 年,《环境噪声污染防治条例》由国务院发布施行,这是我国第一个专门关于环境噪声污染控制的法律规范。1996 年,《环境噪声污染防治法》由全国人民代表大会通过并宣布执行,此后又有一些相关的环境条例和标准发布,构成了我国现行的环境噪声污染防治法律体系。

但是,由于《环境噪声污染防治法》制定时间较早,且规定得比较原则,难以适应当前噪声污染防治的需要,也不利于保障公众健康,并成为影响社会和谐的重要因素。根据《2014 年中国噪声污染防治报告》,2013 年我国环境噪声投诉占环境投诉总数的比例为 39.2%。在环境噪声投诉中,各类噪声污染投诉构成比例为:建筑施工噪声 36.4%,社会生活噪声 31.9%,工业企业噪声 20.3%,交通噪声 11.3%。噪声污染防治亟待加大立法力度,依法治“噪”,保障公众健康。

近几年来,虽不断有代表、委员在全国“两会”上提出修改《环境噪声污染防治法》的议案和提案,但该法的修订尚未提上立法日程。随着我国工业化和城市化的快速推进,噪声污染日益频繁与严重,宜尽快启动《环境噪声污染防治法》的修订工作,清理、整合各职能部门在环境噪声污染防治中的职责,理顺环境噪声的管理体制;进一步完善违法行为的法律责任,明确对各类违法行为的处罚额度,加大对违法行为的处罚力度;补充增加地方可以制定环境噪声排放标准的有关条款,为推进噪声污染防治工作提供有力的法律保障。

【作者简介】 张宝(1983～　),汉族,安徽颍上人,法学博士,博士后。现为中南大学副教授、硕士生导师。主要研究领域为环境资源法学。独著《环境侵权的解释论》《环境规制的法理与制度》(待出版),合著《环境污染责任:争点与案例》《侵害与救济:环境友好型社会中的法治基础》等著作 10 余部,在《人民日报(理论版)》《现代法学》《政治与法律》等刊物发表学术论文 30 余篇;论文多次被《中国人民大学报刊复印资料》等转载。主持国家社科基金后期资助、司法部、中国法学会、中国博士后基金、湖南省社科基金等国家、部省级项目 8 项,参与国家社科基金重大项目等 10 余项。兼任中国环境科学学会环境法学分会委员,《中国环境法学评论》编辑。联系方式:yisulaw@ gmail. com。

第八章　《中华人民共和国水法》导读

李冰强

一、《中华人民共和国水法》概况

《中华人民共和国水法》(以下简称《水法》)由第六届全国人民代表大会常务委员会第二十四次会议于1988年1月12日通过;2002年8月29日第九届全国人民代表大会常务委员会第二十九次会议修订,由中华人民共和国主席江泽民以中华人民共和国主席令第七十四号于2002年8月29日公布,自2002年10月1日起施行。根据2009年8月27日第十一届全国人民代表大会常务委员会第十次会议《关于修改部分法律的决定》第一次修正;根据2016年7月2日第十二届全国人民代表大会常务委员会第二十一次会议《关于修改〈中华人民共和国节约能源法〉等六部法律的决定》第二次修正。

表8－1　《水法》的构成

结构	条文主旨	具体法条序号	主要内容
第一章(第1～13条)	总则	第1条	立法目的
		第2条	适用范围及水资源的定义
		第3条	适用范围
		第4条	我国水资源权属法律制度
		第5条	开发、利用、节约、保护水资源和防治水害应当遵循的基本原则
		第6条	保护合法权益
		第7条	取水许可和有偿使用
		第8条	节约用水
		第9条	保护植被

续表

结构	条文主旨	具体法条序号	主要内容
第一章（第1～13条）	总则	第10条	科研
		第11条	奖励先进
		第12条	我国水资源管理体制
		第13条	有关部门的职责
第二章（第14～19条）	水资源规划	第14条	水资源规划体系
		第15条	环境监督管理的政策措施
		第16条	规划的准备工作
		第17条	水资源规划的编制及审批
		第18条	规划的执行与修改
		第19条	建设水工程
第三章（第20～29条）	水资源开发利用	第20条	水资源开发利用基本原则
		第21条	用水顺序
		第22条	水资源论证制度
		第23条	生态保护补偿制度
		第24条	鼓励多种开发
		第25条	保护农业环境的政策
		第26条	水能、水运资源的开发利用
		第27条	
		第28条	行为限制
		第29条	水工程建设的移民问题

续表

结构	条文主旨	具体法条序号	主要内容	
第四章（第30～43条）	水资源、水域和水工程的保护	第30条	保护水量及生态用水的政策	水资源、水域（水功能区划、饮用水水源、地下水超采区、河道）和水工程保护的政策、制度和责任
		第31条	开采单位的职责	
		第32条	水功能区划	
		第33条	饮用水水源保护区制度	
		第34条	排污口	
		第35条	造成不利影响的工程建设单位之职责	
		第36条	开采地下水	
		第37条	禁止阻碍行洪	
		第38条	工程建设应符合防洪标准	
		第39条	河道采砂许可制度	
		第40条	禁止围湖造地和围垦河道	
		第41条	单位和个人保护水工程	
		第42条	安全监督管理	
		第43条	国家保护工程	
第五章（第44～55条）	水资源配置和节约使用	第44条	宏观调控	国家对水资源配置和节约使用的制度
		第45条	水量分配和水量调度	
		第46条	年度水量分配方案	
		第47条	用水总量控制和定额管理	
		第48条	取水权的取得	
		第49条	用水计量收费	
		第50条	节水	
		第51条	工业用水的科学管理	
		第52条	提高生活用水效率	
		第53条	工程建设和节水	
		第54条	改善饮用水	
		第55条	供水价格的确定	

续表

结构	条文主旨	具体法条序号	主要内容
第六章（第56～63条）	水事纠纷处理与执法监督检查	第56条	两类水事纠纷的处理程序
		第57条	
		第58条	临时处置措施
		第59条	监督检查的主体、对象、措施和内部监督
		第60条	
		第61条	
		第62条	
		第63条	
第七章（第64～77条）	法律责任	第64条	各类相关违法犯罪行为的民事、刑事和行政法律责任
		第65条	
		第66条	
		第67条	
		第68条	
		第69条	
		第70条	
		第71条	
		第72条	
		第73条	
		第74条	
		第75条	
		第76条	
		第77条	
第八章（第78～82条）	附则	第78条	本法与国际条约的关系
		第79条	水工程的定义
		第80条	其他水事活动按照各自的相关法律规定执行
		第81条	
		第82条	生效时间

注：此表根据作者提供的文字及《中华人民共和国法律全编2016年版》（阴影部分）整理。

二、《水法》的主要内容

《水法》除《法律责任》《附则》两章外，主要规定了以下几个方面的内容：

（一）立法目的

《水法》第 1 条规定："为了合理开发、利用、节约和保护水资源，防治水害，实现水资源的可持续利用，适应国民经济和社会发展的需要，制定本法。"这是《水法》对立法目的的正式宣告。根据这一规定，《水法》的立法目的包括以下三方面的内容。

第一，"合理开发、利用水资源，防治水害"。开发、利用水资源与防治水害是《水法》的核心内容，也是《水法》的直接立法目的。《水法》列专章（第三章）对水资源开发利用作了规定，防治水害则由《防洪法》作专门规定。我国水资源短缺，时空分布不均，因此应当在统一规划的前提下，合理开发、利用水资源（第 4 条），防治水害。

第二，"节约和保护水资源"。节约用水是解决我国水资源紧缺、减少污废水排放、保护水资源的基本措施，是一项必须长期坚持的方针。因此，《水法》在第五章中专门规定，国家厉行节约用水，大力推行节约用水措施，发展节水型工业、农业和服务业，建立节水型社会。

第三，"实现水资源的可持续利用，适应国民经济和社会发展的需要"。合理开发、利用水资源，防治水害，节约和保护水资源的最终目的是实现水资源的可持续利用，适应国民经济和社会发展的需要。

（二）《水法》中的"水资源"的范围

《水法》第 2 条第 2 款规定："本法所称水资源，包括地表水和地下水。"地球上的水分布在海洋、冰川、雪山、湖泊、沼泽、河流、大气、生物体、土壤和地层中，它们相互作用并不断交换，形成一个完整的水系统。陆地上可供人们使用的淡水就是通常所说的水资源，一般包括地表水和地下水。《水法》中所规定的"水资源"并不是所有的水资源，而是只包括"地表水"和"地下水"。

1. 地表水。地表水主要有河流和湖泊水，由大气降水、冰川融水和地下水补给，经河川径流、水面蒸发、土壤入渗的形式排泄，包括河流、冰川、湖泊、沼泽等水体。

2. 地下水。地下水为储存于地下含水层的水量，由降水和地表水的下渗补给，以河川径流、潜水蒸发、地下潜流的形式排泄。地下水是地下含水量的动态水量，用地下水的补给量来表示。

（三）我国水资源权属法律制度

水资源权属法律制度的建立和完善是制定各种水事法律规范、设定水事法律关系中权利义务关系的基础。《水法》第3条规定："水资源属于国家所有。水资源的所有权由国务院代表国家行使。农村集体经济组织的水塘和由农村集体经济组织修建管理的水库中的水，归各该农村集体经济组织使用。"

1. 水资源属于国家所有。我国《宪法》第9条规定，"矿藏、水流、森林、山岭、草原、荒地、滩涂等自然资源，都属于国家所有，即全民所有"。我国水资源紧缺，只有严格依照《宪法》的规定，坚持水资源属于国家所有，即全民所有，才能保障我国水资源的合理开发、利用、节约、保护和满足各方面对水资源日益增长的需求，适应国民经济和社会发展的需要。水资源属于国家所有是我国水资源权属法律制度的基础和核心，一切水事立法都必须遵循和维护这一制度。

2. 水资源的所有权由国务院代表国家行使。水资源的所有权由国务院代表国家行使，是指国务院代表国家（全民）依法行使对国有水资源的占有、使用、收益和处分的权利。其有两层含义：一是明确地方各级人民政府不是国有水资源的所有权代表，无权擅自调配、处置水资源，只能依法或者根据国务院的授权调配、处置水资源；二是赋予国务院行使国有水资源资产管理的职能，水资源有偿使用的收益权归中央人民政府，国务院有权决定国有水资源有偿使用收益的分配办法。

3. 农村集体经济组织的水塘和由农村集体经济组织修建管理的水库中的水，归各该农村集体经济组织使用。《水法》还明确规定：（1）农村集体经济组织及其成员使用本集体经济组织的水塘、水库中的水不实行取水许可和有偿使用制度（第7条）。（2）农村集体经济组织或者其成员依法在本集体经济组织所有的集体土地或者承包土地上投资兴建水工程设施的，按照谁投资建设谁管理和谁受益的原则，对水工程设施及其蓄水进行管理和合理使用（第25条第2款）。（3）农村集体经济组织修建水库应当经县级以上地方人民政府水行政主管部门批准（第25条第3款）。

（四）开发、利用、节约、保护水资源和防治水害应当遵循的基本原则

《水法》第4条规定："开发、利用、节约、保护水资源和防治水害，应当全面规划、统筹兼顾、标本兼治、综合利用、讲求效益，发挥水资源的多种功能，协调好生活、生产经营和生态环境用水。"

水资源本身的动态、可再生属性和多功能性，导致水资源开发、利用、节约和保护和防治水害需要实行统一规划、统筹兼顾、综合利用，才能兴利除害，发

挥水资源的最大经济、社会和环境效益。必须协调好生活、生产经营和生态环境用水。生态环境用水是指生态环境修复与建设或维护现状生态环境质量不至于下降所需的最小需水量。因此，首先，应当满足城乡居民生活用水，确保饮水安全。其次，在协调生态环境用水的前提下，合理规划和保障经济社会的用水，建设节水高效的现代灌溉农业和现代旱地农业，调整农业产业结构，防止灌溉农业的盲目发展而导致生态环境的恶化；着力解决城市和工业用水问题，缓解城市缺水矛盾，要采取节流优先、治污清源、多渠道开源的城市水资源可持续利用战略，根据水资源状况，合理确定工业、城市发展规模和产业结构，避免发展高耗水、重污染的工业项目，实现城市建设与水资源、水环境相协调发展。

《水法》第 14 条规定："应当按照流域、区域统一制定规划"。第 15 条规定："水资源各类规划应当兼顾各地区、各行业的需要。"第 20 条规定："开发、利用水资源，应当坚持兴利与除害相结合，兼顾上下游、左右岸和有关地区之间的利益，充分发挥水资源的综合效益，并服从防洪的总体安排。"第 21 条第 1 款规定："开发、利用水资源，应当首先满足城乡居民生活用水，并兼顾农业、工业、生态环境用水以及航运等需要。"第 22 条规定："跨流域调水，应当进行全面规划和科学论证，统筹兼顾调出和调入流域的用水需要，防止对生态环境造成破坏。"第 26 条第 2 款规定："建设水力发电站，应当保护生态环境，兼顾防洪、供水、灌溉、航运、竹木流放和渔业等方面的需要。"第 23 条第 1 款规定："地方各级人民政府应当结合本地区水资源的实际情况，按照地表水与地下水统一调度开发、开源与节流相结合、节流优先和污水处理再利用的原则，合理组织开发、综合利用水资源。"第 32 条规定："按照流域综合规划、水资源保护规划和经济社会发展要求，拟定国家确定的重要江河、湖泊的水功能区划。"

（五）我国水资源管理体制

水资源管理体制是国家管理水资源的组织体系和权限划分的基本制度，是合理开发、利用、节约和保护水资源以及防治水害、实现水资源可持续利用的组织保障。我国重要江河均是跨省区的流域，这一自然特点要求我国水资源管理体制必须协调好流域管理与行政区域管理的关系。《水法》根据水资源的自身特点和我国的实际情况，按照资源管理与开发利用管理相分离的原则，确立了流域管理与行政区域管理相结合、统一管理与分级管理相结合的水资源管理体制。本法第 12 条第 1 款规定："国家对水资源实行流域管理与行政区域管理相结合的管理体制。"具体包括以下三个方面的内容：

1.《水法》第 12 条第 2 款规定:“国务院水行政主管部门负责全国水资源的统一管理和监督工作。”为了实现全国水资源的统一管理和监督,国务院水行政主管部门应当制定全国水资源的战略规划,对水资源实行统一规划、统一配置、统一调度、统一实行取水许可制度和水资源有偿使用制度等。

2. 第 3 款规定:“国务院水行政主管部门在国家确定的重要江河、湖泊设立的流域管理机构,在所管辖的范围内行使法律、行政法规规定的和国务院水行政主管部门授予的水资源管理和监督职责。”目前我国在长江、黄河、淮河、珠江、海河、辽河这六大江河和太湖流域都成立了作为水利部派出机构的流域管理机构,行使《水法》《防洪法》《水污染防治法》《河道管理条例》等法律、行政法规规定的和水利部授予的水资源管理和监督职责。

3. 第 4 款规定:“县级以上地方人民政府水行政主管部门按照规定的权限,负责本行政区域内水资源的统一管理和监督工作。”县级以上地方人民政府水行政主管部门结合各地实际情况依法管理本行政区域内的水资源。

总之,在国务院水行政主管部门的统一管理和监督下,流域管理机构在依法管理水资源的工作中应当突出宏观综合性和民主协调性,地方人民政府水行政主管部门在维护全国水资源统一管理、水法基本制度统一的前提下,也可以结合本地实际制定地方性水法规和有关政府规章。

（六）水资源规划体系

开发、利用、节约、保护水资源和防治水害事关经济社会发展的大局和人民群众的根本利益,必须统一规划,即要根据水资源的基本状况和国民经济及社会发展对水资源的各项需求,制定不同的水资源规划。

《水法》第 14 条分三款明确规定了国家和流域、区域的规划包括全国水资源战略规划、流域或者区域的综合规划、流域或区域的专业规划,各项规划之间相协调和衔接,构成水资源规划体系。

1. 全国水资源战略规划。第 14 条第 1 款规定:“国家制定全国水资源战略规划。”全国的水资源战略规划是宏观规划,主要是在查清我国水资源及其开发利用现状、分析评价水资源承载能力的基础上,根据水资源的分布和经济社会发展整体布局,计划水资源的配置和综合治理问题。

2. 流域规划和区域规划。第 2 款规定:“开发、利用、节约、保护水资源和防治水害,应当按照流域、区域统一制定规划。规划分为流域规划和区域规划。”流域、区域规划均包括综合规划和专业规划两大类。“区域规划应当服从流域规划”(第 15 条第 1 款)。

3. 综合规划和专业规划。第 3 款规定了这两种规划的含义:“前款所称综合规划,是指根据经济社会发展需要和水资源开发利用现状编制的开发、利用、节约、保护水资源和防治水害的总体部署。专业规划,是指防洪、治涝、灌溉、航运、供水、水力发电、竹木流放、渔业、水资源保护、水土保持、防沙治沙、节约用水等规划。”“专业规划应当服从综合规划”(第 15 条第 1 款)。

(七)水资源规划的编制及审批

1. 国家确定的重要江河、湖泊的流域综合规划,跨省、自治区、直辖市的其他江河、湖泊的流域综合规划和区域综合规划的编制及审批。第 17 条第 1 款规定:“国家确定的重要江河、湖泊的流域综合规划,由国务院水行政主管部门会同国务院有关部门和有关省、自治区、直辖市人民政府编制,报国务院批准。跨省、自治区、直辖市的其他江河、湖泊的流域综合规划和区域综合规划,由有关流域管理机构会同江河、湖泊所在地的省、自治区、直辖市人民政府水行政主管部门和有关部门编制,分别经有关省、自治区、直辖市人民政府审查提出意见后,报国务院水行政主管部门审核;国务院水行政主管部门征求国务院有关部门意见后,报国务院或者其授权的部门批准。”

2. 第 1 款以外的其他江河、湖泊的流域综合规划和区域综合规划的编制、批准及备案。第 2 款规定:“前款规定以外的其他江河、湖泊的流域综合规划和区域综合规划,由县级以上地方人民政府水行政主管部门会同同级有关部门和有关地方人民政府编制,报本级人民政府或者其授权的部门批准,并报上一级水行政主管部门备案。”

3. 专业规划的编制及审批。第 3 款规定:“专业规划由县级以上人民政府有关部门编制,征求同级其他有关部门意见后,报本级人民政府批准。其中,防洪规划、水土保持规划的编制、批准,依照防洪法、水土保持法的有关规定执行。”

(八)水资源、水域和水工程保护的政策、制度

《水法》第四章规定了水资源、水域和水工程保护的政策、制度。其主要有:

1. 保护水量及生态用水的政策。在制定水资源开发、利用规划和调度水资源时,应当注意维持江河的合理流量和湖泊、水库以及地下水的合理水位,维护水体的自然净化能力(第 30 条)。这一政策强调从编制水资源规划开始,就要将保护水量和生态用水作为规划重要内容之一。

2. 水功能区划拟定、排污总量控制、水质监测制度。《水法》第 32 条对这些制度进行了详细的规定:

(1)拟定水功能区划。水功能区划的拟定,必须以流域为单元,以流域综

合规划、水资源保护规划和经济社会发展要求为依据。对水功能区实行分级划分和管理(第1款和第2款)。

(2)实行向水域排污的排污总量控制。当水域容纳了超过其自身净化能力的污染物质,即超过其纳污能力时,水行政主管部门(或者流域管理机构)和环境保护部门应当加强配合与协作,水行政主管部门(或者流域管理机构)提出的水域限制排污总量意见,应当作为环境保护部门进行污染物排放总量控制的依据(第3款)。

(3)水质监测。水行政主管部门和流域管理机构应当加强对水功能区的水质状况进行监测(第4款)。

3. 饮用水水源保护区制度。根据《水法》第33条的规定,省、自治区、直辖市人民政府应当划定饮用水水源保护区(包括地表水源和地下水源所有的饮用水源),不仅要保护水源地的水量,要防止水源枯竭,而且要保护水源地的水质符合要求,防止水体污染。第34条又从另一个方面提出了更为严格的要求,“禁止在饮用水水源保护区内设置排污口”。

4. 农业灌溉水源、供水水源和灌排工程设施保护制度。工程建设占用农业灌溉水源、灌排工程设施的;或者工程建设虽然没有占用农业灌溉水源、灌排工程设施,但是给原有灌溉用水、供水水源造成了不利影响的,都应当承担责任。承担责任的内容包括两个方面:一是采取补救措施;二是补偿损失(第35条)。

5. 严格控制地下水开采制度。控制开采地下水的责任在县级以上地方人民政府。地下水禁采区和限采区的划定权在省级人民政府(第36条)。

6. 河道保护制度。河道保护制度包括禁止妨碍河道行洪的活动(第37条);河道管理范围内的建设活动管理规定(第38条);河道采砂许可制度(第39条);禁止围湖造地,围垦的应退地还湖(第40条)。

7. 水工程设施保护制度。依照《水法》第79条的规定,水工程是指在江河、湖泊和地下水源上开发、利用、控制、调配和保护水资源的各类工程。不仅单位和个人有保护水工程的义务(第41条),县级以上地方人民政府和水行政主管部门也有义务保障水工程安全(第42条)。

(九)水资源配置与节约使用的制度

《水法》第五章规定了水资源配置与节约使用的制度。其主要包括以下内容:

1. 水量统一调度制度。水量调度计划,是指对根据经批准的水量分配方案和年度预测来水量制定的年度水量分配方案,将既定水资源在不同的时间段及行政区域的科学分配。“县级以上地方人民政府水行政主管部门或者流域管理机构应当根据批准的水量分配方案和年度预测来水量，制定年度水量分配方案和调度计划，实施水量统一调度”（第46条）。

2. 实行总量控制和定额管理相结合的制度，“国家对用水实行总量控制和定额管理相结合的制度”，“县级以上地方人民政府发展计划主管部门会同同级水行政主管部门，根据用水定额、经济技术条件以及水量分配方案确定的可供本行政区域使用的水量，制订年度用水计划，对本行政区域内的年度用水实行总量控制”（第47条）。

3. 取水许可制度和水资源有偿使用制度。

取水许可制度和水资源有偿使用制度，是水资源管理中两项非常重要的制度。《水法》将取水许可制度和水资源有偿使用制度作为国家基本的水资源管理制度在总则中作了专门规定（第7条）。为了依法保障取水许可制度的实施，还在法律责任一章中对未经批准擅自取水和未依照批准的取水许可规定条件取水的行为规定了相应的行政处罚（第69条）。对拒不缴纳、拖延缴纳或者拖欠水资源费的行为和逾期不缴纳的行为规定了相应的行政处罚（第70条）。

取水许可制度是国家基于水资源的所有者和管理者的双重身份，授权水行政主管部门或者流域管理机构代表国家对直接从江河、湖泊或者地下取用水资源的单位和个人进行审查许可其取水的一项制度。

水资源有偿使用制度是国家基于水资源的所有者和管理者的双重身份，为实现所有者权益，保障水资源的可持续利用，对直接取用江河、湖泊或者地下水资源的单位和个人征收水资源费的一种制度。

《水法》第48条第1款规定：“直接从江河、湖泊或者地下取用水资源的单位和个人，应当按照国家取水许可制度和水资源有偿使用制度的规定，向水行政主管部门或者流域管理机构申请领取取水许可证，并缴纳水资源费，取得取水权。但是，家庭生活和零星散养、圈养畜禽饮用等少量取水的除外。”

4. 计量收费和超定额累进加价制度。

根据《水法》第49条的规定，用水应当计量，实行计量收费制度，也就是根据各用水户用水计量计收水费，只有将用水户用水的多少和自己的经济利益直接挂起钩，才能激励用水户通过节约用水，节约水费支出。用水还应当按照批准的用水计划（根据用水定额和各用水户的产品量和人口数，下达各用水户的用水总量）用水，实行超定额累进加价制度，在定额以内的用水量，实行平价收费，超过定额以外的用水量，实行平价基础上累进加价收费，这样就能进一步促进各用水户节约用水，以减少自己的水费开支。

5. 提高农业、工业、生活用水效率制度。农业节约用水，提高农业用水效率（第50条）。工业用水应当提高水的重复利用率；逐步淘汰落后的、耗水量高的工艺、设备和产品（第51条）。城市应推广节水型生活用水器具，提高生活用水效率；加强城市污水集中处理，提高污水再生利用率（第52条）。

6. 三同时制度。指节水设施应当与主体工程"同时设计、同时施工、同时投产"（第53条）。

（十）水事纠纷处理与监督检查

1. 水事纠纷处理

水事纠纷分为两大类：一类是不同行政区域之间发生的水事纠纷，其性质属于行政纠纷，处理此类纠纷应当先协商；协商不成的，由上一级人民政府裁决（第56条）。另一类是单位之间、个人之间、单位与个人之间发生的水事纠纷，这类纠纷属于民事纠纷，应当协商解决；当事人不愿协商或者协商不成的，可以申请县级以上地方人民政府或者其授权的部门调解，也可以诉讼；调解不成的，可以诉讼（第57条）。为了防止出现紧急的危险和损害，在必要时县级以上人民政府或者其授权的部门有权及时采取紧急处置措施（第58条）。

2. 监督检查

（1）监督检查的主体。"县级以上人民政府水行政主管部门和流域管理机构应当对违反本法的行为加强监督检查并依法进行查处"（第59条第1款）。

（2）监督检查的对象。监督检查并依法进行查处一切违反水资源管理法律、法规的单位和个人。

（3）监督检查的措施。县级以上人民政府水行政主管部门及其水政监督检查人员履行执法监督检查职责时有权采取的措施有："要求被检查单位提供有关文件、证照、资料；要求被检查单位就执行本法的有关问题作出说明；进入被检查单位的生产场所进行调查；责令被检查单位停止违反本法的行为，履行法定义务"（第60条）。

（4）内部监督。人民政府或者水行政主管部门内部的层级监督："县级以上人民政府或者上级水行政主管部门发现本级或者下级水行政主管部门在监督检查工作中有违法或者失职行为的，应当责令其限期改正"（第63条）。

三、《水法》在我国环境法体系中的地位

《水法》是我国环境法体系中的一部重要法律，是一部自然资源保护的单

行法，属于自然资源保护法的一种。

（一）名称和内容具有自然资源保护法的形式特征

我国制定了大量的自然资源保护的法律法规，即针对某一特定的环境要素或特定的环境社会关系进行调整的专门性法律法规，如《土地管理法》《矿产资源保护法》《可再生能源法》《森林法》等。《水法》同以上这些法律一样，只是专门对水资源的管理、开发利用、保护和治理进行了规定。其名称也体现了是对水资源的相关规定，其内容也具有自然资源保护法的形式特征。第一，它规定了水资源的定义、我国水资源权属以及水资源规划的制定。第二，它规定了水资源开发利用应遵循的基本原则，水资源、水域和水工程的保护的政策和制度，水资源配置和节约使用的一系列制度，以及水事纠纷的处理和执法监督检查的相关问题等。

（二）立法位阶

《水法》是由全国人民代表大会常务委员会通过的法律，其与《环境保护法》《水污染防治法》等由全国人大常委会制定是一样的。

（三）立法依据

《水法》没有明确规定其立法依据，但是我国《宪法》中有关水资源的所有权规定以及《环境保护法》中有关水资源保护的规定，可以作为《水法》的立法依据。

（四）管理体制

《水法》根据水资源的自身特点和我国的实际情况，按照资源管理与开发利用管理相分离的原则，确立了流域管理与行政区域管理相结合、统一管理与分级管理相结合的水资源管理体制（详见前面主要内容第五部分对我国水资源管理体制的论述）。规定了管理主体是国务院和各级人民政府水行政主管部门和流域管理机构，这就区别于以环境保护部门为主管部门的环境污染和其他公害防治法，如《大气污染防治法》。

（五）水资源的保护

《水法》针对水资源、水域和水工程的保护规定了一系列相应的政策、制度，主要有：保护水量及生态用水的政策；水功能区划拟定、排污总量控制、水质监测制度；饮用水水源保护区制度；农业灌溉水源、供水水源和灌排工程设施保护制度；严格控制地下水开采制度；河道保护制度；水工程设施保护制度。这些制度不仅突出体现了对水资源保护的特点，更明显区别于其他的自然资源保护法中的相关制度。

四、《水法》的由来

表 8－2 《水法》的由来

名称	制定机构	颁布时间	构成
《水法》(1988)	第六届全国人民代表大会常务委员会	1988.1.21	共7章53条
《水法》(2002年修订)	第九届全国人民代表大会常务委员会	2002.8.29	共8章82条
《水法》(2009年修正)	第十一届全国人民代表大会常务委员会	2009.8.27	共8章82条
《水法》(2016年修正)	第十二届全国人民代表大会常务委员会	2016.7.2	共8章82条

《水法》是对1988年《中华人民共和国水法》[以下简称《水法》(1988)]的修正。然而，我国的水利法制建设历史悠久，最早可以追溯到唐代，唐代制定了我国历史上第一部水法典《水部式》，之后一直到民国三十一年(1942年)国民党政府颁布了《中华民国水利法》。

(一)我国第一部水法典《水部式》

我国古代先辈对人与自然关系的基本认识源自北宋时期"天人合一"的思想，它指明了人与自然应是和谐相处的关系。人们也开始关注水资源的利用与保护，认识到为水立法的必要性和迫切性。唐代经济繁荣，农业发达，兴修水利。朝廷为加强水利的统一管理，特设水部。《水部式》就是由水部制定的水法，唐代开元二十五年(公元737年)修订后颁布的，距今已有一千二百余年的历史。

《水部式》有29个自然段，35条，约2600字。篇幅不长，但内容丰富，包括水利机构设置、用水管理、水碾和水磨的设置及用水顺序规定、官员考核评价制度、渔业管理、航运船闸桥梁的管理与维新以及城市水道管理等。

(二)《中华民国水利法》

随着国家法律近代化进程的加快，中华民国政府吸收西方依法治水的科学理念，结合不断深化的治水实践，于民国三十一年(1942年)国民政府制定公布《中华民国水利法》这一全国性法律。这一立法与当时国际水事立法的趋势相符合，使我国的水利立法迈向了近代化。

《中华民国水利法》由10章99条构成。其10章依次是：《总则》《水利区及水利机构》《水权》《水权之登记》《水利事业之兴办》《水之蓄泄》《水道防护》《水利经费》《罚则》《附则》。

（三）1988 年《水法》

1988 年 1 月 21 日，第六届全国人大常委会第二十四次会议正式通过了新中国第一部水法——《中华人民共和国水法》。同年 7 月 1 日，《水法》生效，我国正式颁布的水法开始实施。它标志着我国水利建设与管理步入了法制轨道。

1988 年《水法》由 7 章 53 条构成。其 7 章依次为：《总则》《开发利用》《水、水域和水工程的保护》《用水管理》《防汛与抗洪》《法律责任》《附则》。

（四）2002 年《水法》

2002 年 8 月 29 日第九届全国人民代表大会常务委员会第二十九次会议修订，由中华人民共和国主席江泽民以中华人民共和国主席令第七十四号于 2002 年 8 月 29 日公布，自 2002 年 10 月 1 日起施行。现行水法即是《水法》，本文也是以《水法》的结构体例和制度内容为蓝本进行介绍。

（五）2009 年修正《水法》

2009 年 8 月 27 日根据第十一届全国人民代表大会常务委员会第十次会议《关于修改部分法律的决定》第一次修正。这次修正是因为 2005 年 8 月 28 日第十届全国人民代表大会常务委员会第十七次会议通过了《中华人民共和国治安管理处罚法》，自 2006 年 3 月 1 日起施行，1986 年 9 月 5 日公布、1994 年 5 月 12 日修订公布的《中华人民共和国治安管理处罚条例》同时废止。针对这种变化，水法第 72 条将“违反《治安管理处罚条例》的”修改为“违反《治安管理处罚法》的”。

（六）2016 年修正《水法》

2016 年 7 月 2 日根据第十二届全国人民代表大会常务委员会第二十一次会议《关于修改〈中华人民共和国节约能源法〉等六部法律的决定》第二次修正。将原本第十九条“建设水工程，必须符合流域综合规划。在国家确定的重要江河、湖泊和跨省、自治区、直辖市的江河、湖泊上建设水工程，其工程可行性研究报告报请批准前，有关流域管理机构应当对水工程的建设是否符合流域综合规划进行审查并签署意见；在其他江河、湖泊上建设水工程，其工程可行性研究报告报请批准前，县级以上地方人民政府水行政主管部门应当按照管理权限对水工程的建设是否符合流域综合规划进行审查并签署意见。水工程建设涉及防洪的，依照防洪法的有关规定执行；涉及其他地区和行业的，建设单位应当事先征求有关地区和部门的意见。”修改为“建设水工程，必须符合流域综合规划。在国家确定的重要江河、湖泊和跨省、自治区、直辖市的江河、湖泊上建设水工程，未取得有关流域管理机构签署的符合流域综合规划要求的规划同意书的，建设单位不得开工建设；在其他江河、湖泊上建设水工程，未取得县级以上地方人民政府水行政主管部门按照管理权限签署的符合流域综合规划要求的规划同意书的，建设单位不得开工建设。水工程建设涉及防洪的，依照防洪法的有关规定执行；涉及其他地区和行业的，建设单位应当事先征求有关地区和部门的意见。”

【作者简介】 李冰强(1974～)，山西运城人，法学博士，山西大学法学院副教授，硕士研究生导师，主要从事经济法学、环境法学的教学与研究工作。现兼任山西大学能源与环境法研究中心副主任，山西神明律师事务所律师，美国刘易斯－克拉克大学法学院交流访问学者和和得克萨斯大学法学院高级访问学者，山西省人大地方立法咨询基地委员，太原市人民政府和太原市人大立法咨询专家委员会成员；主持国家社科基金项目、山西省社科规划项目、山西省软科学项目和山西省留学基金项目等十余项，出版学术专著四部，在《中国法学》《法商研究》《当代法学》《法学论丛》《中国环境法学评论》《中国行政管理》等核心期刊上发表学术论文二十余篇。

第九章 《中华人民共和国土地管理法》导读

胡中华

一、《中华人民共和国土地管理法》概况

《中华人民共和国土地管理法》(以下简称《土地管理法》)由中华人民共和国第十届全国人民代表大会常务委员会第十一次会议于2004年8月28日通过,由中华人民共和国主席胡锦涛以中华人民共和国主席令第二十八号于2004年8月28日公布,自公布之日起施行。

表9-1 《土地管理法》的构成

结构	条文主旨	具体法条序号	主要内容
第一章(第1~7条)	总则	第1条	立法目的
		第2条	土地公有制
		第3条	土地基本国策
		第4条	土地用途管制制度
		第5条	土地管理与监督体制
		第6条	土地保护义务与权利
		第7条	土地科学研究奖励制度

续表

结构	条文主旨	具体法条序号	主要内容
第二章（第8～16条）	土地的所有权和使用权	第8条	土地国家所有权与土地农民集体所有权
		第9条	
		第10条	
		第11条	土地权利登记制度
		第12条	
		第13条	
		第14条	农民土地承包经营权
		第15条	
		第16条	土地争议解决机制
第三章（第17～30条）	土地利用总体规划	第17条	土地利用总体规划的组织
		第18条	下级土地利用总体规划与上级土地利用总体规划之间的关系
		第19条	土地利用总体规划编制原则
		第20条	土地用途
		第21条	土地利用总体规划审批制度
		第22条	土地利用总体规划与其他规划之间的关系
		第23条	
		第24条	
		第25条	
		第26条	
		第27条	土地调查制度
		第28条	土地评级
		第29条	土地统计制度
		第30条	土地管理信息系统建设

续表

<table>
<tr><th>结构</th><th>条文主旨</th><th>具体法条序号</th><th colspan="2">主要内容</th></tr>
<tr><td rowspan="12">第四章
（第 31～42 条）</td><td rowspan="12">耕地保护</td><td>第 31 条</td><td>占用耕地补偿制度</td><td rowspan="12">耕地保护的各种政策与措施</td></tr>
<tr><td>第 32 条</td><td>耕地耕作层</td></tr>
<tr><td>第 33 条</td><td>耕地数量占补平衡政策</td></tr>
<tr><td>第 34 条</td><td>基本农田保护制度</td></tr>
<tr><td>第 35 条</td><td rowspan="8">耕地保护措施</td></tr>
<tr><td>第 36 条</td></tr>
<tr><td>第 37 条</td></tr>
<tr><td>第 38 条</td></tr>
<tr><td>第 39 条</td></tr>
<tr><td>第 40 条</td></tr>
<tr><td>第 41 条</td></tr>
<tr><td>第 42 条</td></tr>
<tr><td rowspan="9">第五章
（第 43～65 条）</td><td rowspan="9">建设用地</td><td>第 43 条</td><td colspan="2">建设用地的来源</td></tr>
<tr><td>第 44 条</td><td colspan="2">建设用地审批与批准程序</td></tr>
<tr><td>第 45 条</td><td colspan="2">土地征收审批程序</td></tr>
<tr><td>第 46 条</td><td colspan="2">土地征收实施程序</td></tr>
<tr><td>第 47 条</td><td colspan="2">土地征收补偿标准</td></tr>
<tr><td>第 48 条</td><td colspan="2" rowspan="4">土地征收安置</td></tr>
<tr><td>第 49 条</td></tr>
<tr><td>第 50 条</td></tr>
<tr><td>第 51 条</td></tr>
</table>

续表

结构	条文主旨	具体法条序号	主要内容
第五章（第 43 ~ 65 条）	建设用地	第 52 条	建设用地申请
		第 53 条	
		第 54 条	
		第 55 条	
		第 56 条	
		第 57 条	
		第 58 条	国有土地使用权收回制度
		第 59 条	农村各种建设用地审批
		第 60 条	
		第 61 条	
		第 62 条	
		第 63 条	
		第 64 条	
		第 65 条	农村集体经济组织收回土地使用权制度
第六章（第 66 ~ 72 条）	监督检查	第 66 条	土地行政主管部门监督检查权
		第 67 条	监督检查措施
		第 68 条	出示检查证件
		第 69 条	合作义务
		第 70 条	土地违法行为处理
		第 71 条	
		第 72 条	

续表

结构	条文主旨	具体法条序号	主要内容
第七章（第73～84条）	法律责任	第73条	各种土地违法行为应当承担的法律责任
		第74条	
		第75条	
		第76条	
		第77条	
		第78条	
		第79条	
		第80条	
		第81条	
		第82条	
		第83条	
		第84条	
第八章（第85～86条）	附则	第85条	外资企业使用土地的特殊规则
		第86条	生效时间

注：此表根据作者提供的文字及《中华人民共和国法律全编2016年版》（阴影部分）整理。

二、《土地管理法》的主要内容

《土地管理法》除《法律责任》《附则》两章外，主要规定了以下几个方面的内容。

（一）立法目的

《土地管理法》第1条规定："为了加强土地管理，维护土地的社会主义公有制，保护、开发土地资源，合理利用土地，切实保护耕地，促进社会经济的可持续发展，根据宪法，制定本法。"这是《土地管理法》对其立法目的的正式宣告。根据这一规定，《土地管理法》的立法目的可以分为以下三个层次。

第一，"维护社会主义公有制"。社会主义公有制是我国根本性的经济制度，也是最为重要的关键性经济形态。尽管我国推进与保护多种所有制的经济形态，但是，基于我国社会主义特征，公有制经济形态必须得到维护与发展。社会主义公有制经济形态在土地这一人类社会生存与发展的客观基础上的表现即为土地公有制，其法律上的表达就是我国实行的土地国家所有制度与农村集体所有制度。以《土地管理法》的形式对土地的开发、利用与保护行为进行各种形式的管理，确定各种社会主体之间以土地为媒介的利益关系——法律权利义务关系，均是基于维护社会主义公有制的需要。

第二，“保护、开发土地资源，合理利用土地，切实保护耕地”。土地作为人类社会生存与发展的客观基础，可以说，没有土地就没有人类。人类文明完全依赖土地。人类为了生存与发展的需要，必须开发、利用土地，因而对土地状态形成一定的压力。因此，为了防止人类活动对土地产生不必要的负面影响，人类社会有必要对开发、利用土地的行为予以一定的规制，使得这种开发、利用的强度被控制在“合理”的范围与程度内。

第三，“促进社会经济的可持续发展”。人类社会经济活动离不开土地，但对土地可能造成的最大威胁也来自这些活动，因此，维持人类社会经济的可持续性，就必须保护土地。

（二）土地公有制及其法权形式

我国《宪法》规定社会主义根本经济制度为“社会主义公有制”，《土地管理法》第 1 条将“维护社会主义公有制”作为其立法目的之一。为了落实这一立法目的，《土地管理法》第 2 条规定“中华人民共和国实行土地的社会主义公有制”，并将之具体化为土地的“全民所有制和劳动群众集体所有制”两种形态。这些具体形态的土地公有制的法权形式即为“土地国家所有权”与“农民集体所有权”。除在《土地管理法》第 2 条规定土地所有制与土地所有权外，该法第二章《土地的所有权与使用权》专门规定了土地上的所有权制度与使用权制度。该法第 8 条规定了土地所有权的范围，即“城市市区的土地”属于国家所有，“农村和城市郊区的土地”“宅基地和自留地、自留山”属于农民集体所有。

为了激励各种社会主体积极从事经济建设，合理平衡国家利益、集体利益和个人利益，我国按照土地所有权与使用权分离的原则，分别设置了国有土地使用权与农村集体土地使用权，允许各种社会主体在符合法定条件的情形下获得相应的土地使用权，从事生产经营活动。在《土地管理法》第五章设专章条文调整因使用建设用地所形成的土地权利义务关系。同时，另行制定《农村土地承包法》调整因使用农用地所形成的权利义务关系。

（三）土地登记制度

土地登记制度，是指县级以上人民政府依法将土地权属、用途、面积等情况登记在专门的簿册上，同时向土地所有者和使用者颁发土地权属证书以确认土地所有权和土地使用权的一种法律制度。为了保护土地权属及其变动中各方当事人的合法权益,减少土地权属变动成本,降低各方矛盾,对土地权属及其变动情形进行登记以公示土地权属状况成为必要。因此,我国《土地管理法》及其后的《农村土地承包法》《物权法》均规定土地登记制度。特别是自2015 年 3 月 1 日起,我国正式施行《不动产登记暂行条例》,建立统一的不动产登记体制,将原本分散的各种不动产登记机构加以整合、统一不动产登记效力。按照《土地管理法》第 11 条的规定,国有土地使用权、农村集体土地所有权与农村集体土地使用权须进行土地登记。

土地登记法律效力主要体现为土地权利推定效力、土地权利变动公示公信力。也就是说,根据土地登记簿册记载推定土地权利人,并且善意第三人可以基于对土地登记的信任依善意取得规则而获得相应的土地权利。

(四)土地用途管制制度

基于土地的稀缺性,为了保护土地,防止土地的滥用与污染,一些土地管理制度较为完善的国家都对土地开发、利用实行严格的管理,根据土地的实际自然状况,划定土地利用的各种区域,限定特殊区域土地的用途,实现经济、社会与环境的协调发展。这些规则统称为“土地用途管制制度”。在我国,土地用途管制制度是指国家为保证土地资源的合理利用,促进经济、社会和环境的协调发展,通过编制土地利用总体规划,规定土地用途,明确土地利用条件,并要求土地的所有者、使用者必须严格按照规划确定的用途与条件使用土地的制度。

落实土地用途管制制度,主要通过以下具体措施:

其一,划定土地用途。根据土地实际条件,将土地划分为农用地、建设用地和未利用地。根据《土地管理法》第 11 条的规定,农用地是指直接用于农业生产的土地,包括耕地、林地、草地、农田水利用地、养殖水面等;建设用地是指建造建筑物、构筑物的土地,包括城乡住宅和公共设施用地、工矿用地、交通水利设施用地、旅游用地、军事设施用地等;未利用地是指农用地和建设用地以外的土地。

其二,编制土地利用规划。各级人民政府应当依据国民经济和社会发展规划、国土整治和资源环境保护的要求、土地供给能力以及各项建设对土地的需求,组织编制土地利用总体规划(第 17 条)。城市总体规划、村庄和集镇规划,应当与土地利用总体规划相衔接,城市总体规划、村庄和集镇规划中建设用地规模不得超过土地利用总体规划确定的城市和村庄、集镇建设用地规模(第 22 条)。土地利用规划一经有权机构批准,具有法定效力,不得随意修改和变更。

其三，用地审批。任何建设项目需要使用土地的，都必须按照《土地管理法》的规定，向有权机构提出申请，不得非法占用土地，不得随意改变土地用途。

其四，耕地占补平衡。非农业建设经批准占用耕地的，按照“占多少，垦多少”的原则，由占用耕地的单位负责开垦与所占用耕地的数量和质量相当的耕地；没有条件开垦或者开垦的耕地不符合要求的，应当按照省、自治区、直辖市的规定缴纳耕地开垦费，专款用于开垦新的耕地（第31条）。

其五，严格保护耕地。除了对占用耕地实行占补平衡外，国家还实行基本农田保护制度。《土地管理法》第四章《耕地保护》专章设立相关条文保护耕地，禁止非法占用耕地、禁止污染和破坏耕地，鼓励土地整理以提高耕地质量，改善农业生产和生态环境（第41条），对遭受破坏、污染的土地实行土地复垦，责令污染、破坏土地的行为者承担土地复垦责任或者缴纳土地复垦费。

其六，严格法律责任。《土地管理法》第七章《法律责任》专章设立相关条文规定非法占用、破坏、转让、买卖、改变用途等违反《土地管理法》的行为应承担的法律责任，促使各个社会成员依法使用土地，防止对土地的滥用。

（五）土地征收补偿制度

我国《宪法》与《土地管理法》均规定国家可以基于公共利益的需要对土地进行征收或者征用并给予补偿。《土地管理法》从第46条到第50条较为详尽地规定了土地征收与补偿的程序、土地征收补偿标准、补偿费的发放以及失地农民的安置等。

（六）建设项目用地申请与审批制度

为了防止建设项目随意占用土地，污染、破坏土地，《土地管理法》规定建设项目用地必须经过审查批准、合法取得土地使用权方能使用土地。建设项目可行性研究论证时，土地行政主管部门可以根据土地利用总体规划、土地利用年度计划和建设用地标准，对建设用地有关事项进行审查，并提出意见。经批准的建设项目需要使用国有建设用地的，建设单位应当持法律、行政法规规定的有关文件，向有批准权的县级以上人民政府土地行政主管部门提出建设用地申请，经土地行政主管部门审查，报本级人民政府批准。同时，实行国有土地有偿使用原则。除了法律规定的以划拨方式取得国有土地使用权外，其他建设单位使用国有土地，必须缴纳国有土地使用费。

（七）土地监督检查制度

为了保证土地使用者依法使用土地，保护宝贵的土地资源，我国实行土地监督检查制度。土地监督检查制度，是指县级以上人民政府土地行政主管部门按照法定程序与方式，依法对违反土地管理法律、法规的行为进行监督检查，并根据违反情形做出相应的法律制裁的制度。《土地管理法》第六章《监督检查》规定了土地监督检查的具体措施、对土地违法行为处理方式等。

三、《土地管理法》在我国环境法体系中的地位

《土地管理法》是我国土地法律体系中的一部重要法律，具有土地基本法的某些形式特征，但不具有环境基本法的地位和法律效力。

（一）《土地管理法》与相关法律之间的关系

我国已经制定大量的土地法律法规，如《农村土地承包法》《城市房地产管理法》《〈土地管理法〉实施条例》《基本农田保护条例》，这些法律法规只调整土地领域某一种类或某种层面的社会关系。《土地管理法》规定了国家对于土地开发、利用与保护活动的各种基本法律制度，如土地所有权制度、土地用途管制制度、国有土地有偿使用制度、土地保护制度。这些基本制度在其他土地法律法规之中得到体现与遵守。

土地既是环境的组成要素，亦是一种须臾不可分离的资源，因此，环境法律与自然资源法律中亦有一些法律条文涉及土地开发、利用与保护。《土地管理法》与这些环境法律、自然资源法律之间存在相互协调、共同保护土地的关系。

（二）立法位阶

《土地管理法》是由全国人民代表大会常务委员会通过的法律，按照《立法法》第 7 条的规定，《土地管理法》属于普通法律，非基本法律。因此，在立法位阶上，《土地管理法》不高于《农村土地承包经营法》。

（三）立法依据

《土地管理法》第 1 条规定，“根据宪法，制定本法”，说明其立法依据为“宪法”。这一规定具有非常丰富的意涵。具体来说，该规定不仅表明制定《土地管理法》的立法者所具有的立法权之渊源，也表明其所制定的《土地管理法》全部的法律条文（法律规范）符合《宪法》，具备应有的合宪性。如果出现《土地管理法》规范与其他法律（包括后制定的法律）规范之间相矛盾、相冲突的情形，亦应根据《土地管理法》与《宪法》中解决法律规范的规范处理。

（四）执行主体

《土地管理法》第 5 条规定，我国实行统分结合的土地监督管理体制，确定由“国务院土地行政主管部门”对“全国土地的管理和监督工作”“统一负责”，“县级以上地方人民政府土地行政主管部门的设置及其职责”由“省、自

治区、直辖市人民政府根据国务院有关规定确定”。2004 年 4 月 21 日，国务院下发《关于做好省级以下国土资源管理体制改革有个问题的通知》，决定在全国实行省级政府以下土地垂直管理体制，强化省一级政府对土地资源管理的职责。

四、《土地管理法》的由来

表 9－2　《土地管理法》的由来

名称	制定机构	颁布时间	构成
《中国人民政治协商会议共同纲领》	第一届中国人民政治协商会议	1949. 9. 29	共 7 章 60 条
《政务院关于处理老解放区市郊农业土地问题的指示》	政务院	1950. 1. 13	共 13 条
《政务院关于铁路留用土地办法》	政务院	1950. 6. 24	共 7 条
《土地改革法》	中央人民政府委员会	1950. 6. 30	共 6 章 40 条
《政务院关于国家建设征用土地办法》	政务院	1953. 12. 5	共 22 条
《宪法》(1954)	第一届全国人民代表大会	1954. 9. 20	共 4 章 106 条
《农业生产合作社示范章程草案》	第一届全国人民代表大会常务委员会	1955. 11. 9	共 12 章 82 条
《高级农业生产合作社示范章程》	第一届全国人民代表大会	1956. 6. 30	共 11 章 64 条
《国家建设征用土地办法》	国务院	1958. 1. 6	共 22 条
《农村人民公社工作条例修正草案》	中国共产党第八届中央委员会	1962. 9. 27	共 9 章 60 条
《国务院关于中外合营企业建设用地的暂行规定》	国务院	1980. 7. 26	共 10 条
《村镇建房用地管理条例》	国务院	1982. 2. 13	共 6 章 25 条
《国家建设征用土地条例》	国务院	1982. 5. 14	共 33 条
《宪法》(1982)	第五届全国人民代表大会	1982. 12. 4	共 4 章 138 条
《土地管理法》	第六届全国人民代表大会常务委员会	1986. 6. 25	共 7 章 57 条
《土地管理法》(1988 年修正)	第七届全国人民代表大会常务委员会	1988. 12. 29	共 7 章 57 条

续表

名称	制定机构	颁布时间	构成
《土地管理法》（1998 年修订）	第九届全国人民代表大会常务委员会	1998.8.29	共 8 章 86 条
《土地管理法》（2004 年修正）	第十届全国人民代表大会常务委员会	2004.8.28	共 8 章 86 条

我国现行的《土地管理法》系根据 2004 年 8 月 28 日第十届全国人民代表大会常务委员会第十一次会议《关于修改〈中华人民共和国土地管理法〉的决定》第二次修改。1986 年 6 月 25 日第六届全国人民代表大会常务委员会第十六次会议通过《土地管理法》，根据 1988 年 12 月 29 日第七届全国人民代表大会常务委员会第五次会议《关于修改〈中华人民共和国土地管理法〉的决定》对该法进行第一次修正，1998 年 8 月 29 日第九届全国人民代表大会常务委员会第四次会议修订《土地管理法》，2004 年 8 月 28 日第十届全国人民代表大会常务委员会第十一次会议对原《土地管理法》进行第二次修正。

在 1986 年 6 月 25 日通过的《土地管理法》之前，我国还实行过如下土地政策与法律。《中国人民政治协商会议共同纲领》（中国人民政治协商会议第一届全体会议于 1949 年 9 月 29 日通过）决定“要有步骤地将封建半封建的土地所有制改变为农民的土地所有制。凡已实行土地改革的地区，必须保护农民已得土地的所有权”。《政务院关于处理老解放区市郊农业土地问题的指示》（1950 年 1 月 13 日）中提到“没收地主土地、征收旧式富农出租土地”。《政务院关于新解放区土地改革及征收公粮问题指示》（1950 年 1 月 13 日）提出“实行土地改革，分配土地”，“在实行分配土地之前，一律实行减租”。《政务院关于铁路留用土地办法》（1950 年 6 月 24 日）规定地方政府可以征买或征购土地以用于铁路建设。1950 年 6 月 28 日，中央人民政府委员会第八次通过了《土地改革法》，明确要没收地主土地，废除地主阶级封建剥削的土地所有制，实行农民的土地所有制。《政务院关于国家建设征用土地办法》（1953 年 11 月 5 日政务院第一百九十二次政务会议通过）规定“国家兴建厂矿、铁路、交通、水利、国防等工程，进行文化教育卫生建设、市政建设和其他建设，需要征用土地的时候，都按照本办法规定办理”，“国家建设征用土地，既应该根据国家建设的实际需要，保证国家建设所必须的土地，又应该照顾当地人民的切身利益，必须对被征用土地者的生产和生活有妥善的安置，如果对被征用土地者一时无法安置，应该等待安置妥善后再行征用，或者另行择地征用”。《宪法》(第一届全国人民代表大会第一次会议于 1954 年 9 月 20 日通过)第 13 条规定,“国家为了公共利益的需要,可以依照法律规定的条件,对城乡土地和其他生产资料实行征购、征用或者收归国有”。《农业生产合作社示范章程草案》(全国人民代表大会常务委员会第二十四次会议于 1955 年 11 月 9 日通过)第 17 条规定“社员的土地必须交给农业生产合作社统一使用”。《高级农业生产合作社示范章程》(第一届全国人民代表大会第三次会议于 1956 年 6 月 30 日通过)第 13 条规定,“入社的农民必须把私有的土地和耕畜、大型农具等主要生产资料转为合作社集体所有”。《国家建设征用土地办法》(国务院全体会议第五十八次会议于 1957 年 10 月 18 日修正,全国人民代表大会常务委员会第九十次会议于 1958 年 1 月 6 日予以批准)规定“为适应国家建设的需要,慎重地妥善地处理国家建设征用土地问题,制定本办法”(第 1 条),“国家兴建厂矿、铁路、交通、水利、国防等工程,进行文化教育卫生建设、市政建设和其他建设需要征用土地的时候,都按照本办法的规定办理”(第 2 条),“国家建设征用土地,既应该根据国家建设的实际需要,保证国家建设所必需的土地,又应该照顾当地人民的切身利益,必针对被征用土地者的生产和生活有妥善的安置。如果对被征用土地者一时无法安置,应该等待安置妥善后再行征用,或者另行择地征用”(第 3 条)。《农村人民公社工作条例修正草案》(中国共产党第八届中央委员会第十次全体会议于 1962 年 9 月 27 日通过)规定,“生产队范围内的土地,都归生产队所有。生产队所有的土地,包括社员的自留地、自留山、宅基地等,一律不准出租和买卖。生产队所有的土地,不经过县级以上人民委员会的审查和批准,任何单位和个人都不得占用。要爱惜耕地。基本建设必须尽可能地不占用或者少占用耕地”。《国务院关于中外合营企业建设用地的暂行规定》(国务院于 1980 年 7 月 26 日发布)规定“中外合营企业用地,不论新征用土地,还是利用原有企业的场地,都应计收场地使用费”,“场地使用费,可以作为中国合营者投资的股本,也可以由中外合营企业按年向当地政府交纳”。《村镇建房用地管理条例》(国务院于 1982 年 2 月 13 日发布)第 1 条规定“为了维护社会主义土地公有制,经济合理利用土地,防止村镇建房乱占滥用耕地,保障农业生产的发展和适应农村建设的需要,特制定本条例”,第 4 条规定“农村人民公社、生产大队、生产队的土地,分别归公社、大队、生产队集体所有。社员对宅基地、自留地、自留山、饲料地和承包的土地,只有按照规定用途使用的使用权,没有所有权。不得在自留地、自留山、饲料地和承包的土地上建房、葬坟、开矿和毁田打坯、烧砖瓦等”。

《国家建设征用土地条例》(国务院于 1982 年 5 月 14 日发布)规定“国家

进行经济、文化、国防建设以及兴办社会公共事业,需要征用集体所有的土地时,必须按照本条例办理"(第2条),"禁止任何单位直接向农村社队购地、租地或变相购地、租地。农村社队不得以土地入股的形式参与任何企业、事业的经营"(第4条),"征用的土地,所有权属于国家,用地单位只有使用权"(第5条)。《宪法》(1982年)第10条规定:"城市的土地属于国家所有。农村和城市郊区的土地,除由法律规定属于国家所有的以外,属于集体所有。宅基地和自留地、自留山,也属于集体所有。国家为了公共利益的需要,可以依照法律规定对土地实行征用。任何组织或者个人不得侵占、买卖、出租或者以其他形式非法转让土地。一切使用土地的组织和个人必须合理地利用土地。"

总结我国自1949年10月1日以后的土地法律制度史,可以发现我国土地所有制从私有制转为公有制,建立了完善的土地用途管制制度、土地征收制度、土地征收补偿制度,土地所有权与土地使用权分离制度,逐步推行土地使用权的市场化。

【作者简介】 胡中华(1972~),汉族,湖北省监利县人,法学博士。现为中国地质大学(武汉)法学系副教授,国土资源部国土法律评价工程重点实验室研究员。主要研究领域为环境法学、民法学。曾出版《环境保护普遍义务论》(专著,法律出版社)、《环境公益诉讼——以制度研究为中心》(合著,中国法制出版社)等,在《现代法学》《法学论坛》《武汉大学学报》(哲学社会科学版)、《华中科技大学学报》(社会科学版)等期刊发表论文三十余篇。联系方式:huzhonghua08@163.com。

第十章 《中华人民共和国矿产资源法》导读

肖国兴

一、《中华人民共和国矿产资源法》概况

《中华人民共和国矿产资源法》(以下简称《矿产资源法》)于1986年3月19日第六届全国人民代表大会常务委员会第十五次会议通过，根据1996年8月29日第八届全国人民代表大会常务委员会第二十一次会议《关于修改〈中华人民共和国矿产资源法〉的决定》第一次修正，根据2009年8月27日第十一届全国人民代表大会常务委员会第十次会议《关于修改部分法律的决定》第二次修正。

表10-1 《矿产资源法》的构成

结构	条文主旨	具体法条序号	主要内容
第一章(第1~11条)	总则	第1条	立法目的
		第2条	适用范围
		第3条	矿产资源权属制度
		第4条	国有企业主体地位
		第5条	矿产资源有偿使用制度
		第6条	矿业权转让限制
		第7条	方针
		第8条	提高科技水平
		第9条	奖励先进
		第10条	民族自治地方
		第11条	矿产资源勘探开采监管

续表

结构	条文主旨	具体法条序号	主要内容
第二章（第11～22条）	矿产资源勘查的登记和开采的审批	第12条	区块登记制度
		第13条	勘查报告审批制度
		第14条	勘查成果审批制度
		第15条	矿山企业建设审批制度
		第16条	
		第17条	计划开采制度
		第18条	
		第19条	维护正常秩序
		第20条	禁采地区
		第21条	关闭矿山
		第22条	保护文化古迹
第三章（第23～28条）	矿产资源的勘查	第23条	区域地质调查
		第24条	综合评价制度
		第25条	
		第26条	特种矿产勘查制度
		第27条	标本资料保存
		第28条	勘查资料有偿使用制度
第四章（第29～34条）	矿产资源的开采	第29条	开采标准
		第30条	综合开采制度
		第31条	安全生产和环境保护义务
		第32条	
		第33条	不得压覆重要矿床
		第34条	矿产品统一收购

续表

结构	条文主旨	具体法条序号	主要内容
第五章（第35～38条）	集体矿山企业和个体采矿	第35条	集体企业和个体采矿的范围
		第36条	
		第37条	提高回收率
		第38条	政府指导
第六章（第39～49条）	法律责任	第39条	各种违法行为的法律责任、争议解决方式、救济措施
		第40条	
		第41条	
		第42条	
		第43条	
		第44条	
		第45条	
		第46条	
		第47条	
		第48条	
		第49条	
第七章（第50～53条）	附则	第50条	外商投资
		第51条	申请补办手续
		第52条	实施细则
		第53条	生效日期

注：此表根据作者提供的文字及《中华人民共和国法律全编2016年版》（阴影部分）整理。

二、《矿产资源法》的主要内容

（一）立法目的

《矿产资源法》第1条规定："为了发展矿业，加强矿产资源的勘查、开发利用和保护工作，保障社会主义现代化建设的当前和长远的需要，根据中华人民共和国宪法，特制定本法。"这是《矿产资源法》对立法目的的直接表达。根据这一规定，《矿产资源法》有以下三个层面的立法目的。

第一，"为了发展矿业"，这是对《矿产资源法》立法目的的集中概括。矿业是因开发利用矿产资源所形成产业,《矿产资源法》规定的矿权制度,矿业管理制度,矿业安全、技术、环保等制度必须以促进矿业发展为根本目的。

第二,"加强矿产资源的勘查、开发利用和保护工作",这是实现矿业发展目的的基本路径。其中"勘查"包括对区域地质的调查和对矿产资源的勘探,主要对应《矿产资源法》第三章《勘查》的内容;"开发利用"包括对矿产资源的开采和使用,主要对应《矿产资源法》第四章《开采》的内容;"保护"包括对生态环境和矿产资源的保护,如该法第 32 条规定,开采矿产资源,必须遵守有关环境保护的法律规定,防止污染环境。第 33 条规定建设铁路、工厂和大型建筑物,非经国务院授权的部门批准,不得压覆重要矿床。

第三,"保障社会主义现代化建设的当前和长远的需要",这是平衡矿产资源开发中当前利益和长远利益的要求。如该法第 17 条规定的计划开采制度,第 30 条规定的综合开采制度,都是对这一立法目的的体现。

(二)矿产资源权属制度

1. 矿产资源所有权制度

我国实行矿产资源单一国家所有权制度,矿产资源所有权与土地所有权分立并存。《矿产资源法》第 3 条第 1 款规定:"矿产资源属于国家所有,由国务院行使国家对矿产资源的所有权。地表或者地下的矿产资源的国家所有权,不因其所依附的土地的所有权或者使用权的不同而改变。"

2. 矿业权制度

(1)探矿权和采矿权的性质和内容

探矿权的性质和内容。《矿产资源法实施细则》第 6 条第 1 款规定:"探矿权,是指在依法取得的勘查许可证规定的范围内,勘查矿产资源的权利。取得勘探许可证的单位或个人称为探矿权人。"根据《矿产资源法实施细则》第 16 条,探矿权人享有下列权利:按照勘查许可证规定的区域、期限、工作对象进行勘查;在勘查作业区及相邻区域架设供电、供水、通讯管线,但不得影响或损害原有的供电、供水设施和通讯管线;在勘查作业区及相邻区域通行;根据工程需要临时使用土地;优先取得勘查作业区内新发现矿种的探矿权;优先取得勘查作业区内矿产资源的采矿权;自行销售勘查中按照批准的工程设计施工回收的矿产品,但国务院规定由指定单位统一收购的矿产品除外。根据《矿产资源法实施细则》第 17 条,探矿权人应当履行下列义务:在规定的期限内开始施工,并在勘查许可证规定的期限内完成勘查工作;向勘查登记管理机关报告开工情况;按照探矿工程设计施工,不得擅自进行采矿活动;在查明主要矿种的同时,对共生、伴生矿产资源进行综合勘查、综合评价;编写矿产资源勘查报告，提交有关部门审批；按照国务院有关规定汇交矿产资源勘查成果档案资料；遵守有关法律、法规关于劳动安全、土地复垦和环境保护的规定；勘查作业完毕，及时封、填探矿作业遗留的井、硐或者采取其他措施，消除安全隐患。

采矿权的性质和内容。《矿产资源法实施细则》第 6 条第 2 款规定："采矿权，是指在依法取得的采矿许可证规定的范围内，开采矿产资源和获得所开采的矿产品的权利。取得采矿许可证的单位或个人称为采矿权人。"根据《矿产资源法实施细则》第 30 条，采矿权人享有下列权利：按照采矿采矿许可证规定的开采范围和期限从事开采活动；自行销售矿产品，但是国务院规定由指定的单位统一收购的矿产品除外；在矿区范围内建设采矿所需的生产和生活设施；根据生产建设的需要依法取得土地使用权；法律、法规规定的其他权利。根据《矿产资源法实施细则》第 31 条，采矿权人应当履行下列义务：在批准的期限内进行矿山建设或开采；有效保护、合理开采、综合利用矿产资源；依法缴纳资源税和矿产资源补偿费；遵守国家有关劳动安全、水土保持、土地复垦和环境保护的法律、法规；接受地质矿产主管部门和有关部门的监督管理，按照规定填报矿产储量表和矿产资源开发利用情况统计报告。

（2）探矿权和采矿权的取得

《矿产资源法实施细则》第 5 条第 1 款规定："国家对矿产资源的勘查、开采实行许可证制度。勘查矿产资源，必须依法申请登记，领取勘查许可证，取得探矿权；开采矿产资源，必须依法申请登记，领取采矿许可证，取得采矿权。"

《矿产资源法》第 5 条规定："国家实行探矿权、采矿权有偿取得的制度；但是，国家对探矿权、采矿权有偿取得的费用，可以根据不同情况规定予以减缴、免缴。具体办法和实施步骤由国务院规定。开采矿产资源，必须按照国家有关规定缴纳资源税和资源补偿费。"

（3）探矿权和采矿权的转让

探矿权和采矿权在符合一定条件时方可转让。《矿产资源法》第 6 条第 1 款规定："除按下列规定可以转让外，探矿权、采矿权不得转让：（一）探矿权人有权在划定的勘查作业区内进行规定的勘查作业，有权优先取得勘查作业区内矿产资源的采矿权。探矿权人在完成规定的最低勘查投入后，经依法批准，可以将探矿权转让他人。（二）已取得采矿权的矿山企业，因企业合并、分立，与他人合资、合作经营，或者因企业资产出售以及有其他变更企业资产产权的情形而需要变更采矿权主体的，经依法批准可以将采矿权转让他人采矿。"

根据《矿产资源法》第16条的规定,国务院地质矿产主管部门和省、自治区、直辖市人民政府地质矿产主管部门是探矿权、采矿权转让的审批机关。国务院地质矿产主管部门负责由其审批发证的探矿权、采矿权转让的审批;省、自治区、直辖市人民政府地质矿产主管部门负责国务院地质矿产主管部门负责审批以外的探矿权、采矿权转让的审批。

(三)矿产资源监督管理体制

我国实行主管和协管相结合的矿产资源监督管理体制。《矿产资源法》第11条规定:"国务院地质矿产主管部门主管全国矿产资源勘查、开采的监督管理工作。国务院有关主管部门协助国务院地质矿产主管部门进行矿产资源勘查、开采的监督管理工作。省、自治区、直辖市人民政府地质矿产主管部门主管本行政区域内矿产资源勘查、开采的监督管理工作。省、自治区、直辖市人民政府有关部门协助同级地质矿产资源勘查、开采的监督管理工作。"

此外,《矿产资源法实施细则》第8条第3、4款规定:"设区的市人民政府、自治州人民政府和县级人民政府及其负责管理矿产资源的部门,依法对本级人民政府批准开办的国有矿山企业和本行政区域内的集体所有制矿山企业、私营矿山企业、个体采矿者以及在本行政区域内从事勘查施工的单位和个人进行监督管理,依法保护探矿权人、采矿权人的合法权益。上级地质矿产主管部门有权对下级地质矿产主管部门违法的或不适当的矿产资源勘查、开采管理行政行为予以改变或撤销。"

(四)矿产资源规划制度

矿产资源规划是有关部门按照法定程序编制的国家对一定时期矿产资源勘查和开发、利用所作出的整体安排。《矿产资源法实施细则》第25条规定:"全国矿产资源规划,在国务院计划行政主管部门指导下,由国务院地质矿产主管部门根据国民经济和社会发展中、长期规划,组织国务院有关主管部门和省、自治区、直辖市人民政府编制,报国务院批准后施行。全国矿产资源规划应当对全国矿产资源的分配作出统筹安排,合理划定中央与省、自治区、直辖市人民政府审批、开发矿产资源的范围。"根据内容不同,全国矿产资源规划可以分为矿产资源勘查规划和矿产资源开发规划。

《矿产资源法实施细则》第15条第1、2款规定:"全国矿产资源中、长期勘查规划,在国务院计划行政主管部门指导下,由国务院地质矿产主管部门根据国民经济和社会发展中、长期规划,在国务院有关主管部门勘查规划的基础上组织编制。全国矿产资源年度勘查计划和省、自治区、直辖市矿产资源年度勘查计划，分别由国务院地质矿产主管部门和省、自治区、直辖市人民政府地址矿产主管部门组织有关主管部门，根据全国矿产资源中、长期勘查规划编制，经同级人民政府计划行政主管部门批准后施行。”

矿产资源开发规划是对矿区的开发建设布局进行统筹安排的规划。《矿产资源法实施细则》第 26 条第 2 ~ 6 款规定：“矿产资源开发规划分为行业开发规划和地区开发规划。矿产资源行业开发规划由国务院有关主管部门根据全国矿产资源规划中分配给本部门的矿产资源编制实施。矿产资源地区开发规划由省、自治区、直辖市人民政府根据全国矿产资源规划中分配给本省、自治区、直辖市的矿产资源编制实施；并作出统筹安排，合理划定省、市、县级人民政府审批、开发矿产资源的范围。矿产资源行业开发规划和地区开发规划应当报送国务院计划行政主管部门、地质矿产主管部门备案。国务院计划行政主管部门、地质矿产主管部门，对不符合全国矿产资源规划的行业开发规划和地区开发规划，应当予以纠正。”

（五）矿产资源勘查管理制度

勘探矿产资源，必须依法申请、经批准取得探矿权，并办理登记。但是，已经依法申请取得采矿权的矿山企业在划定的矿区范围内为本企业的生产而进行的勘查除外。《矿产资源法》第 12 条规定：“国家对矿产资源勘查实行统一的区块登记管理制度。矿产资源勘查登记工作，由国务院地质矿产主管部门负责；特定矿种的矿产资源勘查登记工作，可以由国务院授权有关主管部门负责。矿产资源勘查区块登记管理办法由国务院制定。”

根据《矿产资源法》第 23 ~ 28 条的规定，区域地质调查按照国家统一规划进行。区域地质调查的报告和图件按照国家规定验收，提供有关部门使用。矿产资源普查在完成主要矿种普查任务的同时，应当对工作区内包括共生或者伴生矿产的成矿地质条件和矿床工业远景作出初步综合评价。矿床勘探必须对矿区内具有工业价值的共生和伴生矿产进行综合评价，并计算其储量。未做综合评价的勘探报告不予批准。但是，国务院计划部门另有规定的矿床勘探项目除外。普查、勘探易损坏的特种非金属矿产、流体矿产、易燃易爆易溶矿产和含有放射性元素的矿产，必须采用省级以上人民政府有关主管部门规定的普查、勘探方法，并有必要的技术装备和安全措施。矿产资源勘查的原始地质编录和图件，岩矿心、测试样品和其他实物标本资料，各种勘查标志，应当按照有关规定保护和保存。矿床勘探报告及其他有价值的勘查资料，按照国务院规定实行有偿使用。

(六)矿产资源开采管理制度

开采审批制度。根据《矿产资源法》第 16 条的规定,开采下列矿产资源的,由国务院地质矿产主管部门审批,并颁发采矿许可证:(1)国家规划矿区和对国民经济具有重要价值的矿区内的矿产资源;(2)前项规定区域以外可供开采的矿产储量规模在大型以上的矿产资源;(3)国家规定实行保护性开采的特定矿种;(4)领海及中国管辖的其他海域的矿产资源;(5)国务院规定的其他矿产资源。开采石油、天然气、放射性矿产等特定矿种的,可以由国务院授权的有关主管部门审批,并颁发采矿许可证。上述规定以外的矿产资源其可供开采的矿产的储量规模为中型的,由省、自治区、直辖市人民政府地质矿产主管部门审批和颁发采矿许可证,并由省、自治区、直辖市人民政府地质矿产主管部门汇总向国务院地质矿产主管部门备案。矿产储量规模的大型、中型的划分标准,由国务院矿产储量审批机构规定。

矿产资源开采的具体要求。根据《矿产资源法》第 29 ~ 34 条的规定,开采矿产资源,必须采取合理的开采顺序、开采方法和选矿工艺。矿山企业的开采回采率、采矿贫化率和选矿回收率应当达到设计要求。在开采主要矿产的同时,对具有工业价值的共生和伴生矿产应当统一规划,综合开采,综合利用,防止浪费;对暂时不能综合开采或者必须同时采出而暂时还不能综合利用的矿产以及含有有用组分的尾矿,应当采取有效的保护措施,防止损失破坏。开采矿产资源必须遵守国家劳动安全卫生规定,具备保障安全生产的必要条件。开采矿产资源必须遵守有关环境保护的法律规定,防止污染环境。开采矿产资源应当节约用地。耕地、草原、林地因采矿受到破坏的,矿山企业应当因地制宜地采取复垦利用、植树种草或者其他利用措施。开采矿产资源给他人生产、生活造成损失的,应当负责赔偿,并采取必要的补救措施。在建设铁路、工厂、水库、输油管道、输电线路和各种大型建筑物或者建筑群之前,建设单位必须向所在省、自治区、直辖市地质矿产主管部门了解拟建工程所在地区的矿产资源分布和开采情况。非经国务院授权的部门批准,不得压覆重要矿床。国务院规定由指定的单位统一收购的矿产品,任何其他单位或者个人不得收购;开采者不得向非指定单位销售。

(七)集体所有制矿山企业、私营矿山企业和个体采矿者的特殊规定

《矿产资源法》第五章对集体所有制矿山企业、私营矿山企业和个体采矿者的管理进行了专门规定。《矿产资源法》第 35 条第 1、2 款规定:“国家对集体矿山企业和个体采矿实行积极扶持、合理规划、正确引导、加强管理的方针,鼓励集体矿山企业开采国家指定范围内的矿产资源,允许个人采挖

零星分散资源和只能用作普通建筑材料的砂、石、粘土以及为生活自用采挖少量矿产。矿产储量规模适宜由矿山企业开采的矿产资源、国家规定实行保护性开采的特定矿种和国家规定禁止个人开采的其他矿产资源，个人不得开采。"

对于集体所有者矿山企业、私营矿山企业和个体采矿者可以开采的矿产资源范围，《矿产资源法实施细则》第 38 ~ 41 条进行了详细规定。根据该规定，集体所有制矿山企业和私营企业可以开采下列矿产资源：不适于国家建设大、中型矿山的矿床及矿点；经国有矿山企业同意，并经其上级主管部门批准，在其矿区范围内划出的边缘零星矿产；矿山闭坑后，经原矿山企业主管部门确认可以安全开采的其他矿产资源。个体采矿者可以采挖下列矿产资源：零星分散的小矿体或矿点；只能用作普通建筑材料的砂、石、黏土。矿产储量规模适宜由矿山企业开采的矿产资源、国家规定实行保护性开采的特定矿种和国家规定禁止个人开采的其他矿产资源，个人不得开采。

三、《矿产资源法》在我国环境法体系中的地位

《矿产资源法》是我国环境法体系中的一部重要单行法，理论上属于环境事务法子系统中资源保护法支系统中的矿产资源保护法亚系统。

（一）名称和内容都不是纯粹的环境保护法

从名称上看，《矿产资源法》并不是"矿产资源保护法"；从内容上看，《矿产资源法》不仅包括矿产资源保护与合理利用的规定，还包括矿产资源权属及其流转等与矿产资源保护不直接相关的内容。

（二）立法位阶

《矿产资源法》是由全国人民代表大会常务委员会通过的法律，与《环境保护法》《水污染防治法》《清洁生产促进法》等由全国人大常委会制定的法律具有相同的立法位阶。

（三）立法依据

《矿产资源法》明确宣布依据《宪法》制定。从《矿产资源法》的名称和内容上可以判定，《环境保护法》和《矿产资源法》之间并不存在源与流的关系。

四、《矿产资源法》的由来

表10－2 《矿产资源法》的由来

名称	制定机构	颁布时间	构成
《矿业暂行条例》	政务院	1950.12.22	共5章34条
《矿产资源保护试行条例》	地质部	1965.12.17	共7章29条
《对外合作开采海洋石油资源条例》	国务院	1982.1.30	共4章31条
《矿产资源法》	第六届全国人民代表大会常务委员会	1986.3.19	共7章50条
《矿产资源勘查登记管理暂行办法》	国务院	1987.4.29	共32条
《全民所有制矿山企业采矿登记管理暂行办法》	国务院	1987.4.29	共33条
《矿产资源监督管理暂行办法》	国务院	1987.4.29	共28条
《石油及天然气勘查、开采登记管理暂行办法》	石油工业部	1987.12.24	共26条
《中外合作开采陆上石油资源缴纳矿区使用费暂行规定》	财政部	1990.1.15	共12条
《矿山安全法》	第七届全国人民代表大会常务委员会	1992.11.7	共8章50条
《对外合作开采陆上石油资源条例》	国务院	1993.10.7	共6章31条
《矿产资源补偿费征收管理办法》	国务院	1994.2.27	共22条
《矿产资源法实施细则》	国务院	1994.3.26	共7章46条
《煤炭法》	第八届全国人民代表大会常务委员会	1996.8.29	共8章81条
《矿产资源法》（1996年修正）	第八届全国人民代表大会常务委员会	1996.8.29	共7章53条
《探矿权采矿权转让管理办法》	国务院	1998.2.12	共18条
《矿产资源勘查区块登记管理办法》	国务院	1998.2.12	共42条
《矿产资源法》（2009年修正）	第十一届全国人民代表大会常务委员会	2009.8.27	共7章53条

我国矿产资源法制建设可以大致分为三个阶段：新中国成立初期对的矿产资源法制建设创立期（1950～1965年）、“文化大革命”时期的矿产资源法制建设停滞期（1966～1978年）、改革开放后矿产资源法制建设高峰期（1979年至今）。

第一阶段，为了尽快恢复旧矿区生产和探采新矿区，根据当时国家经济条件及公私并重、公私合营的经济结构，政务院于1950年12月22日通过了《矿业暂行条例》；针对矿产资源保护，1965年年底，国务院公布了《矿产资源保护试行条例》。这两部法规的出台是该阶段最为重要的矿产资源立法活动。除此之外，政府在这一时期还颁布了一系列法规、规章，但内容上以矿产资源勘查管理的规定居多，综合利用、监管方面的规定较少，未能形成完整的矿产资源法律体系。

进入“文化大革命”时期，矿产资源立法基本处于空白状态，全国矿产资源法制建设进入停滞时期。

改革开放后，国家开始重视矿产资源开发、利用的监督管理工作。我国于1986年制定颁布了《矿产资源法》，并于1996年进行了修改，这是这一时期最为重要的矿产资源立法活动。根据《矿产资源法》的规定，国务院及其主管部门于1987年制定了《矿产资源勘查登记管理暂行办法》《全国所有制矿山企业采矿登记管理暂行办法》（1990年修改）《矿产资源监督管理暂行办法》《石油及天然气勘查、开采登记管理暂行办法》；1990年制定了《中外合作开采陆上石油资源缴纳矿区使用费暂行规定》；1994年制定了《矿产资源法实施细则》《矿产资源补偿费征收管理办法》等行政法规；1996年制定了针对煤炭资源开发、利用和保护的《煤炭法》。这一系列法律、法规共同构成了较为完整的矿产资源法律体系，为矿产资源管理工作提供了法律依据。

目前，我国矿产资源管理方面的法律、法规主要有《矿产资源法》（1986年通过，1996年修正）、《矿山安全法》（1992年通过）、《煤炭法》（1996年通过），以及《对外合作开采海洋石油资源条例》《对外合作开采陆上石油资源条例》《矿产资源监督管理暂行办法》《矿产资源补偿费征收管理规定》《矿产资源法实施细则》《矿产资源勘查区块登记管理办法》《探矿权采矿权转让管理办法》等。除此之外，还有一系列关于矿产资源的行政规章、地方法规和地方政府规章。《宪法》《刑法》等相关立法也对矿产资源的开发、利用和保护作出了相应的规定。

【作者简介】 肖国兴(1952～),博士,华东政法大学经济法学院教授、博士生导师。中国法学会能源法研究会副会长兼秘书长,中国法学会环境资源法研究会常务理事、中国法学会经济法学会能源资源专业委员会主任。1988年起先后从事《节能法》《煤炭法》《石油法》《能源法》等立法研究与起草工作,主持并完成《我国煤炭法立法基础理论研究报告》《中国石油法立法研究报告》《中国能源法律制度结构研究报告》《中国能源战略规划与能源法研究报告》《中国能源资源产权制度研究报告》等国家立法研究课题,主笔完成国家规划教材《能源法》和《自然资源法》等著作。联系方式:xgx6889@126.com。

第十一章 《中华人民共和国可再生能源法》导读

张忠民

一、《中华人民共和国可再生能源法》概况

《中华人民共和国可再生能源法》(以下简称为《可再生能源法》)由中华人民共和国第十届全国人民代表大会常务委员会第十四次会议于2005年2月28日通过,自2006年1月1日起施行。随后,根据2009年12月26日第十一届全国人民代表大会常务委员会第十二次会议《关于修改〈中华人民共和国可再生能源法〉的决定》予以修正,以中华人民共和国主席令第二十三号于2009年12月26日公布,自2010年4月1日起施行。

表11-1 《可再生能源法》的构成

结构	条文主旨	具体法条序号	主要内容
第一章(第1~5条)	总则	第1条	立法目的
		第2条	可再生能源的定义和适用对象
		第3条	《中华人民共和国可再生能源法》的适用地域范围
		第4条	可再生能源政策
		第5条	可再生能源的监督管理
第二章(第6~9条)	资源调查与发展规划	第6条	可再生能源的资源调查
		第7条	可再生能源的中长期总量目标
		第8条	可再生能源的开发利用规划
		第9条	编制可再生能源开发利用规划应当遵循的原则、规划的内容以及公众参与

续表

结构	条文主旨	具体法条序号	主要内容
第三章（第10～12条）	产业指导与技术支持	第10条	可再生能源产业发展指导目录
		第11条	可再生能源产品和技术的标准
		第12条	可再生能源开发利用技术和产品的科技研发以及教育培训
第四章（第13～18条）	推广与应用	第13条	可再生能源并网发电
		第14条	再生能源发电全额保障性收购
		第15条	可再生能源独立电力系统
		第16条	开发利用生物质燃料和能源作物
		第17条	太阳能利用系统
		第18条	农村地区的可再生能源开发利用
第五章（第19～23条）	价格管理与费用补偿	第19条	可再生能源发电项目的上网电价
		第20条	可再生能源电价附加补偿
		第21条	电网企业收购可再生能源电量成本回收
		第22条	可再生能源独立电力系统的电价
		第23条	进入城市管网的可再生能源电力和燃气的价格
第六章（第24～27条）	经济激励与监督措施	第24条	可再生能源发展基金的来源、使用和管理
		第25条	可再生能源开发利用项目的信贷
		第26条	可再生能源开发利用项目的税收优惠
		第27条	可再生能源发电资料的保存
第七章（第28～31条）	法律责任	第28条	能源管理部门工作人员的行政责任和刑事责任
		第29条	电网企业收购可再生能源电量所涉及的民事和行政责任
		第30条	经营燃气管网或热力管网的企业所涉及的民事责任和行政责任
		第31条	石油销售企业因生物液体燃料的销售而产生的民事责任和行政责任
第八章（第32～33条）	附则	第32条	用语的定义
		第33条	生效时间

注：此表根据作者提供的文字整理。

二、《可再生能源法》的主要内容

《可再生能源法》内容不多，且大多偏好提倡性的、政策性的“软法”，通过具体权利、义务和责任的制度设计而确立的“硬法”相对较少。总的来说，该法的主要内容集中在如下几个方面。

（一）可再生能源开发利用的政策

《可再生能源法》主要通过在总则中规定立法目的、适用对象以及政策设计三个条款，总体上确立了可再生能源优先发展、推动建立可再生能源市场的能源政策。（1）第1条确立了立法目的，也就是说，可再生能源政策的主要目的是增加能源供应、改善能源结构、保障能源安全和保护环境。（2）第2条确定了可再生能源的种类，包括风能、太阳能、水能、生物质能、地热能、海洋能等非化石能源。因为小水电等项目存在争议，但现实中又大量存在，故而对于水力发电的适用《可再生能源法》并未作出明确的规定，而是授权国务院能源主管部门作出明细。（3）第4条明确了可再生能源的开发利用是能源发展的优先领域，强调确定总量发展目标后运用多重举措建立和发展可再生能源市场。国家发改委2005年编制的《可再生能源产业发展指导目录》（发改能源[2005]2517号）就是对于《可再生能源法》所确立的可再生能源政策的落实和分解，该目录可以指导相关部门制定支持政策和措施，引导相关研究机构和企业的技术研发、项目示范和投资建设方向。

（二）可再生能源的开发利用规划

《可再生能源法》确立了三类可再生能源开发利用规划编制的主体：一是国务院能源主管部门，会同国务院有关部门，根据全国可再生能源开发利用中长期总量目标和可再生能源技术发展状况，编制全国的可再生能源开发利用规划；二是国务院有关部门在各自的职权范围内，制定有利于促进全国可再生能源开发利用中长期总量目标实现的相关规划；三是省、自治区、直辖市人民政府管理能源工作的部门，会同本级政府有关部门根据全国的可再生能源开发利用规划和本行政区内的实际情况以及目标，编制本行政区域内的可再生能源开发利用规划。

与此同时，《可再生能源法》强调编制规划应遵循因地制宜、统筹兼顾、合理布局、有序发展的原则，如此才能对风能、太阳能、水能、生物质能、地热能、海洋能等可再生能源的开发利用作出统筹的安排。至于规划的内容，《可再生能源法》则要求规划应包括发展目标、主要任务、区域布局、重点项目、实施进度、配套电网建设、服务体系和保障措施等。此外，在编制的时候，必须征求有关单位、专家和公众的意见，进行科学论证。

当然，必须强调的是，编制规划的前提和基础是厘清可再生能源资源的情况，须对其进行调查，如此方能根据资源的禀赋确立全国范围或者某个省级行政区域内的可再生能源开发利用中长期总量目标，进而将其作为依据，编制相应的可再生能源开发利用规划。故《可再生能源法》对资源的调查作了规定，见第 6 条和第 7 条。

（三）可再生能源的技术支持

《可再生能源法》要求国务院标准化行政主管部门制定、公布国家可再生能源电力的并网技术标准和其他需要在全国范围内统一技术要求的有关可再生能源技术和产品的国家标准，以此来实现可再生能源技术和产品标准的统一和优化。当然，对于可再生能源的技术研究和产业化发展等，《可再生能源法》强调将其纳入国家科技发展规划和高技术产业发展规划，并从资金支持等方面给予支持，促进技术进步和成果转化。与此同时，重视教育在可再生能源知识和技术上的智力支持作用，《可再生能源法》要求国务院教育行政部门将可再生能源知识和技术纳入普通教育、职业教育课程。

（四）可再生能源的推广应用

《可再生能源法》主要规定了四种可再生能源推广和应用的方式：一是并网发电；二是生物质燃料，包括利用生物质资源生产的燃气和热力，以及生物液体燃料等；三是太阳能利用系统，包括太阳能热水系统、太阳能供热采暖和制冷系统、太阳能光伏发电系统等；四是农村因地制宜的利用方式，包括沼气、户用太阳能、小型风能、小型水能等。

其中，对于并网发电，《可再生能源法》着墨最多，不仅在第 13 条规定了可再生能源并网发电项目的行政许可和招标程序，而且着重在第 14 条规定了可再生能源发电全额保障性收购制度。所谓可再生能源发电全额保障性收购，是指电网企业（含电力调度机构）根据国家确定的上网标杆电价和保障性收购利用小时数，结合市场竞争机制，通过落实优先发电制度，在确保供电安全的前提下，全额收购规划范围内的可再生能源发电项目的上网电量。因为可再生能源并网发电主要关涉两类主体，故《可再生能源法》明确了监管主体和责任主任的权利和义务。（1）对于国务院能源主管部门，须会同国家电力监管机构和国务院财政部门，按照全国可再生能源开发利用规划，确定在规划期内应当达到的可再生能源发电量占全部发电量的比重，制定电网企业优先调度和全额收购可再生能源发电的具体办法，并由国务院能源主管部门会同国家电力监管机构督促落实。（2）对于电网企业，须与按照可再生能源开发利用规划建设,依法取得行政许可或者报送备案的可再生能源发电企业签订并网协议,全额收购其电网覆盖范围内符合并网技术标准的可再生能源并网发电项目的上网电量。发电企业有义务配合电网企业保障电网安全。2016年3月24日,国家发改委发布了《可再生能源发电全额保障性收购管理办法》(发改能源[2016]625号),从适用范围、实施程序、保障措施、监督管理等方面进一步细化和落实了该制度。

与此同时,《可再生能源法》第15条规定了国家扶持在电网未覆盖的地区建设可再生能源独立电力系统,为当地生产和生活提供电力服务;第16条规定了国家鼓励和支持农村地区的可再生能源开发利用。这两个条文对于保障农村和偏远地区的能源供应、提供普遍的能源服务奠定了基础。

(五)可再生能源发电价格

《可再生能源法》第五章规定了价格管理和费用补偿,对于可再生能源发电项目的上网电价、电网企业为收购可再生能源电量而支付的合理的接网费用及相关费用等作出了原则性的规定。2006年1月,国家发改委发布了《可再生能源发电价格和费用分摊管理试行办法》(发改价格[2006]7号),对此进行了详细的规定。(1)适用范围包括风力发电、生物质发电(包括农林废弃物直接燃烧和气化发电、垃圾焚烧和垃圾填埋气发电、沼气发电)、太阳能发电、海洋能发电和地热能发电。(2)可再生能源发电价格实行政府定价和政府指导价两种形式。政府指导价即通过招标确定的中标价格。可再生能源发电价格高于当地脱硫燃煤机组标杆上网电价的差额部分,在全国省级及以上电网销售电量中分摊。(3)可再生能源发电价格和费用分摊标准本着促进发展、提高效率、规范管理、公平负担的原则制定,等等。

(六)可再生能源的经济激励

《可再生能源法》强调对于可再生能源的开发利用进行经济激励,其手法主要有:建立可再生能源发展基金,对于可再生能源开发利用中的关键技术创新等领域进行支持;对于符合产业发展指导目录等条件的项目进行优惠贷款或给予税收优惠。

值得强调的是,可再生能源发展基金的资金来源主要有两项:一是国家财政年度安排的专项资金,二是依法征收的可再生能源电价附加收入。2015年4月2日,财政部下发了《可再生能源发展专项资金管理暂行办法》(财建[2015]87号),对于可再生能源发展专项资金所涉及的中央与地方的权责、支持的范围、使用的方法等作出了详细的规定。2016年1月,财政部、国家发展改革委又下发了《关于提高可再生能源发展基金征收标准等有关问题的通知》(财税[2016]4号),要求自2016年1月1日起,将各省(自治区、直辖市,不含新疆维吾尔自治区、西藏自治区)居民生活和农业生产以外全部销售电量的基金征收标准,由每千瓦时1.5分提高到每千瓦时1.9分。这都是对《可再生能源法》第24条的强化和落实。

三、《可再生能源法》在我国环境法体系中的地位

从学理上说,我国的环境法体系主要由环境基本法和环境单行法构成;其中,环境单行法又主要包括污染防治类立法和资源保护类立法。能源作为自然资源中重要的一类,从文义解释的角度上说,当然可归入资源保护类立法,而不必片面地强调其独立性,尽管能源法与环境法有着诸多不同的特质。

我国的能源立法,在法律的位阶上主要有四部即《中华人民共和国电力法》(1996年实施,2015年修正)、《中华人民共和国煤炭法》(1996年实施,2011年、2013年修正)、《中华人民共和国节约能源法》(2007年修订,2008年实施)、《中华人民共和国可再生能源法》。当下,立法机关正在推动位于能源基本法层面的《中华人民共和国能源法》的制定和出台。

总的来说,《可再生能源法》在能源立法贫乏的背景下,对于可再生能源的开发利用发挥了重要的作用。然而,其作为一部制定也快、修订也快的立法,亦存在不少遗憾,比如政策性意味较浓、法律制度设计色彩不足等。未来,《可再生能源法》理应更加完善:强调基于权利和义务思维的制度设计,而非片面的柔性倡导和管理;强调社会的公众参与,而非公权主体的单向度逻辑;强调与周遭法律部门的配合,而非自身的单方作为。如此,才能使《可再生能源法》落地,使其发挥更大的作用。

四、《可再生能源法》的由来

表11-2 《可再生能源法》的由来

名称	制定机构	颁布时间	构成
《可再生能源法》	第十届全国人民代表大会常务委员会	2005.22.28	共8章33条
《可再生能源法》(2009年修正)	第十一届全国人民代表大会常务委员会	2009.12.26	共8章33条

2004年,为了促进可再生能源的开发利用,增加能源供应,改善能源结构,保障能源安全,保护环境,实现经济和社会的可持续发展,根据全国人大常

委会立法计划的要求，全国人大环境与资源保护委员会经过反复调查、研究和论证，在充分听取各方面意见的基础上，起草了《可再生能源法（草案）》。后来经过全国人大常委会的一次审议和二次审议，并充分吸收了国务院法制办、全国人大法律委员会、地方和中央有关部门及企业的意见，最终于 2005 年 2 月 28 日由全国人大常委会通过并颁布。

《可再生能源法》自实施以来，对加快推动可再生能源的开发利用起到了重要的作用；然而，随着可再生能源产业的快速发展，该法在实施中存在的一些问题也逐步暴露出来。对此，全国人大代表也通过代表议案和代表建议多次反映。为此，全国人大环境与资源保护委员会对于《可再生能源法》实施三年来的情况进行了法律的后评估，形成了后评估报告。报告全面回顾总结了该法实施以来我国可再生能源产业的进展，归纳梳理了法律实施中存在的主要问题，对代表议案和代表建议所提出立法建议的必要性和可行性进行了分析，同时提出了有关法律条文的修改意见。在后评估工作的基础上，围绕有关法律条文修改意见，全国人大环资委组织了数次专家座谈会和国务院有关部门座谈会，并多次赴地方和有关部门进行调研。通过调研、座谈和反复论证，同有关部门和单位反复协调统一，并正式发文征求国务院法制办意见，于 2009 年 7 月 22 日形成了《可再生能源法修正案（草案）》。后又面向社会公开征集意见，在科学和民主立法的基础上，最终于 2009 年 12 月 28 日通过了现行的《可再生能源法》。

【作者简介】　张忠民，男，河南方城人，法学博士，中南财经政法大学法学院副教授，主要从事能源法和环境司法方面的研究。先后获中南财经政法大学法学学士、法学硕士、法学博士和美国佛蒙特法学院环境法硕士等学位；曾参与筹建中华环保联合会、在湖北省汉江中级人民法院挂职锻炼、在美国哥伦比亚大学法学院和美国佛蒙特法学院做访问学者。出版专著《能源契约论》；合作撰写《环境损害赔偿法的理论与实践》《理想与现实：中国环境侵权纠纷现状及救济机制构建》等四部著作；在《法商研究》《法学》《法律科学》《环球法律评论》《人民日报·理论》《中国人口·资源与环境》《环境保护》等报刊上发表论文三十余篇；主持国家社科基金、教育部、财政部等多项课题研究。联系方式：lawzzm@ gmail.com。

第十二章 《中华人民共和国森林法》导读

诸 江

一、《中华人民共和国森林法》概况

《中华人民共和国森林法》(以下简称《森林法》)于1984年9月20日第六届全国人民代表大会常务委员会第七次会议通过,根据1998年4月29日由中华人民共和国第九届全国人民代表大会常务委员会第二次会议《关于修改〈中华人民共和国森林法〉的决定》第一次修正,根据2009年8月27日第十一届全国人民代表大会常务委员会第十次会议《关于修改部分法律的决定》第二次修正。

表12-1 《森林法》的构成

结构	条文主旨	具体法条序号	主要内容
第一章(第1~12条)	总则	第1条	立法目的
		第2条	本法的适用范围
		第3条	森林权属
		第4条	林种划分
		第5条	建设方针
		第6条	科研
		第7条	保护合法权益
		第8条	国家对森林的保护性措施
		第9条	林业工作的主管部门
		第10条	环境监督管理体制
		第11条	全民义务植树
		第12条	奖励先进

续表

结构	条文主旨	具体法条序号	主要内容
第二章（第13～18条）	森林经营管理	第13条	林业主管部门的职责
		第14条	
		第15条	森林、林木、林地使用权转让的限制
		第16条	长远规划
		第17条	林权争议的处理
		第18条	林地占用
第三章（第19～25条）	森林保护	第19条	地方人民政府的森林保护职责
		第20条	森林公安的职责和权限
		第21条	森林防火
		第22条	森林病虫害防治
		第23条	禁止毁林
		第24条	划定自然保护区
		第25条	野生动物保护
第四章（第26～28条）	植树造林	第26条	政府、企事业单位、社会组织和公民的植树造林义务和所造林木的权属
		第27条	
		第28条	
第五章（第29～38条）	森林采伐	第29条	森林采伐的原则
		第30条	生产计划
		第31条	森林采伐的基本规定
		第32条	
		第33条	许可证发放
		第34条	许可证申请
		第35条	采伐主体的更新造林责任
		第36条	监管办法
		第37条	木材运输的管理
		第38条	珍贵树木及制品、衍生物的出口管理

续表

结构	条文主旨	具体法条序号	主要内容
第六章（第 39 ~ 46 条）	法律责任	第 39 条	盗伐、滥伐林木的法律责任
		第 40 条	非法采伐、毁坏珍贵林木
		第 41 条	违法发放证件、文件
		第 42 条	非法买卖涉林证书的法律责任
		第 43 条	非法收购林木的法律责任
		第 44 条	毁林的法律责任
		第 45 条	未完成更新造林任务
		第 46 条	渎职
第七章（第 47 ~ 49 条）	附则	第 47 条	森林法实施办法的制定
		第 48 条	民族自治地方变通或者补充规定的制定
		第 49 条	生效时间

注：此表根据作者提供的文字及《中华人民共和国法律全编 2016 年版》（阴影部分）整理。

二、《森林法》的主要内容

《森林法》除《法律责任》《附则》两章外，主要规定了以下几个方面的内容。

（一）立法目的

《森林法》的立法目的，是根据森林的生态效益、社会效益、经济效益相统一的原则确立的。《森林法》第 1 条规定：“为了保护、培育和合理利用森林资源，加快国土绿化，发挥森林蓄水保土、调节气候、改善环境和提供林产品的作用，适应社会主义建设和人民生活的需要，特制定本法。”按照这一规定，《森林法》的立法目的有以下三个方面的内容。

1. 保护、培育和合理利用森林资源。森林资源作为一种重要的自然资源，包括森林、林木、林地以及林区内的野生动物、植物和微生物共同组成的一个生态系统，具有蓄水保土、调节气候、改善环境和提供林产品等功能，是人类生存和发展不可缺少的环境要素。在我国生态环境面临严峻考验、全球气候变化异常的大背景下，森林关乎生存安全、淡水安全、国土安全、物种安全、气候安全和国际外交战略大局，重要性日益彰显。因此，《森林法》的首要目的是保护、培育森林资源，维护森林的生态功能，体现保护优先的原则。

2. 加快国土绿化。我国是一个少林国家，森林资源相对贫乏。因此，加快国土绿化是我国面临的一项艰巨的历史性任务，也是维护和改善生态环境的根本性措施。制定《森林法》的另一个重要目的是通过法律措施严格限制森林采伐和积极鼓励植树造林，对集体和个人造林、育林给予经济扶持或者长期贷款，实行全民义务植树，重视森林资源的培育，加快国土绿化进程。

3. 适应社会主义建设和人民生活的需要。森林不仅具有极高的生态效益，还能美化环境，提供观光旅游、教育科研场所和充足的林产品，发挥巨大的社会、经济效益。因此，制定《森林法》的又一重要目的是在保护、培育好我国森林资源的前提下，对森林资源进行合理利用，发展林业产业，满足社会主义建设事业和人民生活的需要。

（二）我国的森林管理体制

《森林法》规定的森林管理体制，包括以下两个方面的内容。

1. 林业主管部门。《森林法》第 10 条规定，国务院林业主管部门主管全国林业工作。县级以上地方人民政府林业主管部门，主管本地区的林业工作。乡级人民政府设专职或者兼职人员负责林业工作。国务院林业主管部门（现为国家林业局）负责全国造林绿化、森林资源保护、生物多样性保护、国土荒漠化防治和森林工业的行业管理。地方各级人民政府林业主管部门具体包括省级、地市级、县级人民政府林业主管部门，依法对本地区森林资源的保护、利用、更新实行监督管理。乡级人民政府设立专职或者兼职护林人员，负责本乡（镇）范围内的林业管理工作，其主要职责是巡护森林，制止破坏森林资源的行为。

2. 森林公安。《森林法》第 20 条规定，依照国家有关规定在林区设立的森林公安机关，负责维护辖区社会治安秩序，保护辖区内的森林资源；并可以依据本法规定，在国务院林业主管部门授权的范围内，代行本法第 39 条、第 42～44 条规定的行政处罚权，即对盗伐或滥伐森林或者其他林木的行为、非法买卖林木证书的行为、非法收购盗伐或滥伐林木的行为以及毁林行为行使行政处罚权。

（三）森林、林木、林地的权属

根据《森林法》的规定，我国森林、林木、林地的权属有三种形式。一是国家所有权。我国《宪法》第 9 条明确规定，“矿藏、水流、森林、山岭、草原、荒地、滩涂等自然资源，都属于国家所有，即全民所有；由法律规定属于集体所有的森林、山岭、草原、荒地、滩涂除外”。因此，除由法律规定属于集体所有的，森林资源属于国家所有。二是集体所有权。我国《宪法》第 9 条规定，法律规定属于集体所有的森林,属于集体所有。因此,森林、林木和林地可以由集体依照法律规定享有所有权。三是个人的林木所有权和林地使用权。个人所有的林木,主要是指农村居民在房前屋后、自留地、自留山和农业集体经济组织指定的其他地方种植的树木,在以承包和其他合法方式取得的有使用权的林地上和在承包的荒山、荒地、荒滩上种植的树木(按照承包合同约定归个人所有的)以及城镇居民在自有房屋的庭院内种植的树木。个人的林地使用权,是指承包造林的林地及其他依法取得的林地使用权。在我国,土地只能由国家或者集体所有,个人只能获得林地的使用权。具体来说,林地的使用权在现阶段主要表现为林地的承包经营权。根据《物权法》的规定,承包经营权为一项用益物权,权利人对自己承包的林地享有占有、使用和收益的权利。林地的承包期为30年至70年,特殊林木的林地承包期经国务院林业行政主管部门批准后可以延长。林地承包原则上采取农村集体经济组织内部的家庭承包方式;只有在特殊情况下,即对于荒山等不宜采取家庭承包方式的林地,才采取招标、拍卖、公开协商等方式承包。政策实践中,集体林地的所有权、承包权和经营权实现了分离。集体林地的所有权归集体,承包权属于本集体经济组织的内部成员即农户。农户对其承包的集体林地的经营权,可以进行流转。农户与集体经济组织之间是一种承包经营合同关系,其因承包人身份对集体经济组织享有相应权利和负担相应义务;与第三人之间是一种经营权流转合同关系,对第三人享有长期或一次性收益的权利,负担在约定时段内放弃经营权而交由第三人享有的义务。集体林地经营权流转有利于实现林地的规模经营。

(四)森林的分类经营

根据《森林法》的规定,对森林实行分类经营。

第一,森林的分类,即林种的划分。《森林法》将森林分为防护林、用材林、经济林、薪炭林、特种用途林五类。

1. 防护林,是指以防护为主要目的的森林、林木和灌木丛。按照《森林法》第4条第1项的规定,防护林包括水源涵养林、水土保持林、防风固沙林、护岸林、护路林以及农田防护林、牧场防护林。

2. 用材林,是指以生产木材为主要目的的森林和林木,包括以生产竹材为主要目的的竹林。

3. 经济林,是指以生产果品,食用油料、饮料、调料、工业原料和药材等为主要目的的林木。

4. 薪炭林,是指以生产燃料为主要目的的林木。在我国,发展薪炭林是出于解决农村居民实际生活需要的考虑。目前，随着我国经济的发展和城镇化步伐的加快，农村生活条件和人口结构产生了巨大的变化，专门为生产燃料为主要目的的薪炭林已经不是一种主要的林木类型。

5. 特种用途林，是指以国防、环境保护、科学实验等为主要目的的森林和林木。按照《森林法》第 4 条第 5 项的规定，特种用途林包括国防林、实验林、母树林、环境保护林、风景林，名胜古迹和革命纪念地的林木，自然保护区的森林。

第二，林种的批准与公布。《森林法实施条例》第 8 条规定，国家重点防护林和特种用途林，由国务院林业主管部门提出意见，报国务院批准公布；地方重点防护林和特种用途林，由省、自治区、直辖市人民政府林业主管部门提出意见，报本级人民政府批准公布；其他防护林、用材林、特种用途林以及经济林、薪炭林，由县级人民政府林业主管部门根据国家关于林种划分的规定和本级人民政府的部署组织划定，报本级人民政府批准公布。

第三，分类经营管理和利用、保护制度。实践中，我国将上述五类森林划分为两大类别即生态公益林和商品林。防护林、特种用途林属于生态公益林，用材林、经济林、薪炭林属于商品林。针对两大类别的森林，分别采取不同的经营手段、资金投入和采伐管理措施，将商品林的经营推向市场化，而将生态公益林的建设纳入社会公益事业，采取政府为主、社会参与和受益者补偿的投入机制，由各级政府负责组织建设和管理。例如，用材林、经济林和薪炭林的经营者，依法享有经营权、收益权和其他合法权益；防护林和特种用途林的经营者，有获得森林生态效益补偿的权利。用材林、经济林和薪炭林的森林、林木、林地使用权可以依法转让，也可以依法作价入股或者作为合资、合作造林、经营林木的出资、合作条件；防护林和特种用途林的森林、林木、林地使用权的转让则受到严格限制。

第四，对生态公益林的生态效益补偿。《森林法》第 8 条第 2 款明确规定，国家设立森林生态效益补偿基金，用于提供生态效益的防护林和特种用途林的森林资源、林木的营造、抚育、保护和管理。森林生态效益补偿基金必须专款专用，不得挪作他用；具体办法由国务院规定。国家直接从财政支出设立基金，对生态公益林的所有者实行生态效益补偿，以弥补其因保障生态公益林有效发挥生态效益而遭受的经济损失。

（五）森林采伐

为了有效保护森林资源，《森林法》规定了严格的森林采伐限制措施。

第一，采伐限额制度。国家根据用材林消耗量低于生长量的原则，严格控制森林年采伐量。对允许采伐的成熟用材林，应当根据不同情况分别采取择伐、皆伐和渐伐方式；皆伐应当严格控制，并在采伐的当年或者次年内完成更新造林。防护林和特种用途林中的国防林、母树林、环境保护林、风景林，只准进行抚育和更新性质的采伐。特种用途林中的名胜古迹和革命纪念地的林木、自然保护区的森林，严禁采伐。

第二，采伐许可证制度。《森林法》规定采伐林木必须申请采伐许可证。进行采伐时，应当严格按照采伐许可证规定的地点、面积、株数、树种、方式进行采伐。但有三种情况例外。一是采伐农村居民自留地的林木。二是采伐居民房前屋后的零星林木。“房前屋后”的具体范围，一般是指农村居民一户一宅的宅基地的范围。相对于成片林木而言，“零星林木”一般是指农村居民宅基地范围内的零星分布的林木，只有宅基地范围内的“零星树木”才是属于免办采伐许可证的范围。三是因扑救森林火灾、防洪抢险等紧急情况需要采伐林木的，可以不申请采伐许可证，但在紧急情况结束之日起 30 日内，应将采伐情况向当地县级以上人民政府林业主管部门报告。

第三，采伐后的更新造林义务。采伐林木的单位或者个人，必须按照采伐许可证规定的面积、株数、树种、期限完成更新造林任务，且更新造林的面积和株数不得少于采伐的面积和株数。森林更新后，核发林木采伐许可证的部门应当组织更新单位对更新面积和质量进行检查验收，核发更新验收合格证，作为申请下一年度林木采伐许可证必须提交的文件之一。

（六）森林管理措施

《森林法》规定了一系列的森林管理措施。

1. 森林病虫害防治措施。防治森林病虫害是保护森林的重要措施。我国森林病虫害防治工作实行“预防为主，综合治理”的方针，结合使用良种育林、林木的抚育更新、设立防疫设施等多种措施及时、全面、有效地防治森林病虫害。

2. 森林防火措施。森林防火工作群众性强，涉及面广，必须由当地人民政府统一领导、统一组织、统一指挥。《森林法》第 21 条规定的具体措施包括：规定防火期和防火区；在林区设置防火设施；发生火灾积极组织扑救；对扑救森林火灾负伤、致残、牺牲的职工给予医疗、抚恤等。《森林防火条例》还进一步规定“森林防火工作实行各级人民政府行政领导责任制”。

3. 植物检疫措施。《森林法》第 22 条第 2 款规定，林业主管部门负责规定林木种苗的检疫对象，划定疫区和保护区，对林木种苗进行检疫。对植物进行检疫，主要有两个作用。一是防止疫情扩散。对于局部地区发生植物检疫对象的，应划定为疫区，采取封锁、消灭措施，防止植物检疫对象传出；发生地区已比较普遍的，则应将未发生地区划为保护区，防止植物检疫对象的传入。二是防止外来物种入侵。各口岸植物检疫机构应当按照国家有关进出境植物检疫的法律规定，加强进境植物检疫工作，防止境外森林病虫害和外来物种的传入。

4. 林木运输、加工、经营及出口管理措施。林木的经营利用所带来的经济利益是导致乱砍滥伐行为的主要原因，因此《森林法》对林木采伐利用的全过程均制定了严格的管理措施。除了上述林木采伐限制措施以外，对于林木的运输、加工、经营和出口都规定了相应的监管措施，如木材运输证制度，木材加工、经营许可证制度，珍贵树木或者其制品、衍生物的出口审批制度等。

（七）植树造林

《森林法》第四章专章规定了植树造林，具体包括以下几个方面的内容。

1. 植树造林的责任主体。《森林法》第26条全面规定了植树造林的责任主体。根据该条的规定，各级人民政府应当制定植树造林规划，确定本地区提高森林覆盖率的奋斗目标。各级人民政府应当组织各行各业和城乡居民完成植树造林规划确定的任务。属于国家所有的宜林荒山荒地，由林业主管部门和其他主管部门组织造林。属于集体所有的宜林荒山荒地，由集体经济组织组织造林。国家所有和集体所有的宜林荒山荒地，也可以由集体或者个人承包造林。铁路公路两旁、江河两侧、湖泊水库周围，由各有关主管单位因地制宜地组织造林。工矿区，机关、学校用地，部队营区以及农场、牧场、渔场经营地区，由各该单位负责造林。

各级人民政府要做好组织领导工作，按照“全社会办林业、全民搞绿化”的原则，组织和动员各行各业和城乡居民进行植树造林。各部门、各系统、各单位要按照植树造林规划，各负其责，认真完成植树造林任务。在开展全民义务植树活动中，要按照规定层层落实，确保完成任务。

2. 植树造林的权利归属。为了鼓励植树造林，充分调动各单位和个人造林、育林、护林的积极性，《森林法》第27条根据谁造谁有的原则，明确规定了营造的林木归营造的单位和个人所有。

（八）森林、林木、林地使用权的流转管理

对于森林、林木、林地使用权流转的管理，《森林法》第15条进行了具体规定。首先，界定了转让的范围。用材林、经济林、薪炭林的林木所有权和林地使用权可以有偿转让、作价入股或者作为合资、合作造林、经营林木的出资、合作条件。除上述情形外，其他森林、林木和其他林地使用权不得转让。其次，森林、林木、林地使用权流转的方式包括转让、租赁、转包、互换、入股、抵押等。

值得注意的是，森林、林木、林地使用权的流转不得改变林地用途，也就是不得将林地改为非林地，以防止森林资源因流转而受到破坏。同时，转让双方必须遵守《森林法》关于森林、林木采伐和更新造林的规定，有关的采伐限制不因权属变动而变化。

随着我国市场经济的发展和集体林权制度改革的深入，在国家政策层面，鼓励农村土地承包经营权在公开市场上流转，发展多种形式的适度规模经营，培育新型农业生产经营主体，构建集约化、专业化、组织化、社会化相结合的新型农业经营体系。因此，森林、林木、林地使用权作为生产要素进入市场流转已是大势所趋。

三、《森林法》在我国环境法体系中的地位

（一）《森林法》是环境法的重要组成部分

森林资源不仅可以极大地满足人民生产、生活的需要，而且作为地球表面最重要的生态资源，森林资源对维护生态平衡、保护生态环境发挥着不可替代的巨大作用，是我国实现经济社会可持续发展和推进生态文明建设的环境资源基础。因此，《森林法》是环境法体系的一个重要组成部分，是自然资源保护法子体系中的核心法律。

（二）立法位阶

《森林法》是由全国人民代表大会常务委员会通过的法律，和环境法体系中的《草原法》《渔业法》《野生动物保护法》《矿产资源保护法》等其他环境资源保护法律处于同一位阶。

（三）立法依据

与《草原法》《渔业法》《野生动物保护法》《矿产资源保护法》等资源保护类法律一样，《森林法》没有明确宣布其立法依据。可以判定，《森林法》是直接依据《宪法》和《立法法》的规定制定的。在《森林法》和《草原法》等资源保护法律之间，不存在源与流的关系。

四、《森林法》的由来

表 12－2　《森林法》的由来

名称	制定机构	颁布时间	构成
《土地改革法》	中央人民政府委员会	1950.6.30	共6章40条
《关于禁止砍伐铁路沿线树木的通令》	政务院	1950.6.15	共1条
《各级部队不得自行采伐森林的通令》	政务院、人民革命军事委员会	1950.10.19	共2条
《关于发动群众开展造林、育林、护林工作的指示》	政务院	1953.7.9	共5条
《关于在全国大规模造林的指示》	中共中央、国务院	1958.4.7	共4条
《关于确定林权、保护山林和发展林业的若干政策规定(试行草案)》	中共中央	1961.6.26	共5条
《森林保护条例》	国务院	1963.5.20	共7章43条
《关于加强山林保护管理、制止破坏山林树木的通知》	中共中央、国务院、中央军委、中央文革小组	1967.9.23	共6条
《关于保护森林制止乱砍滥伐的布告》	国务院	1979.1.5	共10条
《森林法(试行)》	第五届全国人民代表大会常务委员会	1979.2.23	共7章42条
《森林法》	第六届全国人民代表大会常务委员会	1984.9.20	共7章42条
《森林法》(1998年修正)	第九届全国人民代表大会常务委员会	1998.4.29	共7章49条
《森林法》(2009年修正)	第十一届全国人民代表大会常务委员会	2009.8.27	共7章49条

现行《森林法》是对1984年《中华人民共和国森林法》[以下简称《森林法》(1984)]的修订。而后者是在1979年第五届全国人民代表大会常务委员会原则通过的《中华人民共和国森林法(试行)》(以下简称《森林法(试行)》)的基础上制定的。在《森林法(试行)》颁布之前,我国还颁布过多部与森林资源保护有关的法律文件。

（一）早期的相关法律规定

为了保护和合理利用森林资源，中华人民共和国成立以来曾制定一系列法规：1950 年 6 月 30 日发布的《中华人民共和国土地改革法》第 18 条，规定大森林收归国有，由人民政府管理经营。同年，还颁布了《关于禁止砍伐铁路沿线树木的通令》《各级部队不得自行采伐森林的通令》。1953 年 9 月 30 日，发布了《政务院关于发动群众开展造林、育林、护林工作的指示》。1958 年，中共中央、国务院发布了《关于在全国大规模造林的指示》。1961 年，中共中央制定了《关于确定林权、保护山林和发展林业的若干政策规定（试行草案）》。1963 年，国务院发布了《森林保护条例》。1967 年，中共中央、国务院颁布了《关于加强山林保护管理、制止破坏山林树木的通知》。1979 年 1 月 15 日，国务院发布了《国务院关于保护森林制止乱砍滥伐的布告》等。这些法规文件，对保护森林资源起到了积极作用。

（二）《森林法（试行）》

《森林法（试行）》是在计划经济体制条件下制定的，是新中国成立以来我国第一部自然资源保护法律。

1979 年 2 月 23 日，第五届全国人民代表大会常务委员会原则通过了《森林法（试行）》，并规定每年 3 月 12 日为中华人民共和国植树节。

《森林法（试行）》由 7 章 42 条构成。7 章依次为《总则》《森林管理》《森林保护》《植树造林》《森林采伐利用》《奖励与惩罚》《附则》。

（三）《森林法》（1984）

在《森林法（试行）》颁布后，国家通过制定相关森林法规，以对《森林法（试行）》做出补充规定。1980 年发布了《中共中央、国务院关于大力开展植树造林的指示》《国务院关于坚决制止乱砍滥伐森林的紧急通知》，1981 年发布了《中共中央、国务院关于保护森林发展林业若干问题的决定》《第五届全国人民代表大会第四次会议关于开展全民义务植树运动的决定》，1982 年发布了《国务院关于开展全民义务植树运动的实施办法》。

在此基础上，1984 年 9 月 20 日第六届全国人民代表大会常务委员会第七次会议通过了《森林法》（1984），自 1985 年 1 月 1 日起开始施行。

《森林法》（1984）由 7 章 42 条构成。7 章依次为《总则》《森林经营管理》《森林保护》《植树造林》《森林采伐》《附则》。

【作者简介】 诸江(1976～　),汉族,湖南邵阳人,法学硕士。现为中南林业科技大学副教授、硕士生导师。主要研究领域为环境法学、林业法学。参与出版《物权法与森林法知识读本》《中国集体林权制度改革培训教材》专著2本,在《求索》《社会主义研究》等报刊发表学术论文二十多篇,主持省部级课题1项、厅级课题多项。联系方式:zhujiang.hn@163.com。

第十三章 《中华人民共和国草原法》导读

刘卫先

一、《中华人民共和国草原法》概况

《中华人民共和国草原法》(以下简称《草原法》)由第九届全国人民代表大会常务委员会第三十一次会议于2002年12月28日修订通过,由中华人民共和国主席江泽民以中华人民共和国主席令第八十二号于2002年12月28日公布,自2003年3月1日起施行。根据2013年6月29日第十二届全国人民代表大会常务委员会第三次会议《关于修改〈中华人民共和国文物保护法〉等十二部法律的决定》第一次修正;根据2015年4月24日第十二届全国人民代表大会常务委员会第十四次会议《关于修改〈中华人民共和国港口法〉等七部法律的决定》第二次修正;根据2016年11月7日中华人民共和国主席令第五十七号《全国人大常委会关于修改〈中华人民共和国对外贸易法〉等十二部法律的决定》修改。

表13-1 《草原法》的构成

结构	条文主旨	具体法条序号	主要内容
第一章(第1~8条)	总则	第1条	立法目的
		第2条	《草原法》的适用范围以及草原的定义
		第3条	方针
		第4条	政府在草原合理利用中的责任
		第5条	社会公众的草原保护义务与监督、检举、控告权利
		第6条	鼓励科研
		第7条	奖励
		第8条	草原监督管理体制

续表

结构	条文主旨	具体法条序号	主要内容
第二章（第 9 ~ 16 条）	草原权属	第 9 条	草原的所有权、使用权及其登记
		第 10 条	
		第 11 条	
		第 12 条	
		第 13 条	草原承包经营权
		第 14 条	
		第 15 条	
		第 16 条	草原的权属争议的处理
第三章（第 17 ~ 25 条）	规划	第 17 条	草原规划的编制体制
		第 18 条	草原规划的原则
		第 19 条	草原规划的主要内容
		第 20 条	规划协调
		第 21 条	规划执行
		第 22 条	草原调查制度
		第 23 条	草原等级评定制度
		第 24 条	草原统计制度
		第 25 条	草原监测预警制度
第四章（第 26 ~ 32 条）	建设	第 26 条	投资草原建设
		第 27 条	多种草地建设
		第 28 条	生产生活设施、水利设施建设
		第 29 条	草种基地建设
		第 30 条	草原防火设施建设
		第 31 条	草原治理
		第 32 条	资金监督

续表

<table>
<tr><th>结构</th><th>条文主旨</th><th>具体法条序号</th><th colspan="2">主要内容</th></tr>
<tr><td rowspan="9">第五章
（第 33 ~
41 条）</td><td rowspan="9">利用</td><td>第 33 条</td><td>草蓄平衡</td><td rowspan="5">草原的放牧性使用</td></tr>
<tr><td>第 34 条</td><td>划区轮牧制度</td></tr>
<tr><td>第 35 条</td><td>牲畜圈养</td></tr>
<tr><td>第 36 条</td><td>轮割轮采制度</td></tr>
<tr><td>第 37 条</td><td>调剂使用</td></tr>
<tr><td>第 38 条</td><td>征收、征用、使用的审批</td><td rowspan="3">草原的占用、征用制度</td></tr>
<tr><td>第 39 条</td><td>征收、征用、使用的补偿</td></tr>
<tr><td>第 40 条</td><td>临时占用</td></tr>
<tr><td>第 41 条</td><td colspan="2">建设性使用</td></tr>
<tr><td rowspan="14">第六章
（第 42 ~
55 条）</td><td rowspan="14">保护</td><td>第 42 条</td><td colspan="2">基本草原保护制度</td></tr>
<tr><td>第 43 条</td><td colspan="2">草原保护区制度</td></tr>
<tr><td>第 44 条</td><td colspan="2">对草原珍稀濒危野生植物和种质资源的保护</td></tr>
<tr><td>第 45 条</td><td colspan="2">以草定畜、草畜平衡制度</td></tr>
<tr><td>第 46 条</td><td colspan="2" rowspan="3">禁牧、休牧、禁垦制度</td></tr>
<tr><td>第 47 条</td></tr>
<tr><td>第 48 条</td></tr>
<tr><td>第 49 条</td><td colspan="2">禁止采挖和破坏植被</td></tr>
<tr><td>第 50 条</td><td colspan="2">采土、采砂、采石、采矿的规定</td></tr>
<tr><td>第 51 条</td><td colspan="2">种植牧草或者饲料作物</td></tr>
<tr><td>第 52 条</td><td colspan="2">开垦经营性旅游活动</td></tr>
<tr><td>第 53 条</td><td colspan="2" rowspan="2">防火、防鼠、防病虫害</td></tr>
<tr><td>第 54 条</td></tr>
<tr><td>第 55 条</td><td colspan="2">禁止非法草原行驶</td></tr>
</table>

续表

结构	条文主旨	具体法条序号	主要内容
第七章（第56～60条）	监督检查	第56条	草原监督管理机构的设置、草原监督检查人员的职权
		第57条	
		第58条	
		第59条	
		第60条	
第八章（第61～73条）	法律责任	第61条	有关行政主体违法行为的法律责任和对各类开发利用草原的违法行为的处罚
		第62条	
		第63条	
		第64条	
		第65条	
		第66条	
		第67条	
		第68条	
		第69条	
		第70条	
		第71条	
		第72条	
		第73条	
第九章（第74～75条）	附则	第74条	对“天然草原”和“人工草地”作出明确界定
		第75条	生效时间

注：此表根据作者提供的文字及《中华人民共和国法律全编2016年版》（阴影部分）整理。

二、《草原法》的主要内容

《草原法》除《法律责任》《附则》两章外，主要规定了以下几个方面的内容。

（一）立法目的

《草原法》第1条规定：“为了保护、建设和合理利用草原，改善生态环境，维护生物多样性，发展现代畜牧业，促进经济和社会的可持续发展，制定本法。”这是《草原法》对立法目的的直接表达。根据这一规定，《草原法》有以下四个层面的立法目的。

第一,“保护、建设和合理利用草原”。这是对《草原法》立法目的的一个概括。其中“保护”主要是指对草原生态环境以及草原资源的保护,对应该法第六章“保护”的内容;“建设”主要指与草原有关的各种建设,对应该法第四章“建设”的内容;“合理利用”是保护与利用的结合,而“利用”主要指对草原的经济性开发利用,对应该法第五章“利用”的内容。第二,“改善生态环境,维护生物多样性”。该层目的单纯为了环境保护,强调对草原生态环境的改善和草原生物多样性的维护。如该法第 44 条规定的“对草原珍稀濒危野生植物和种质资源的保护”、第 46 条规定的“禁止开垦草原”、第 47 条规定的“禁牧”、第 48 条规定的“退耕还草”等都是该层目的的直接体现。第三,“发展现代畜牧业”。该层目的单纯指向经济发展,为畜牧业的发展服务。至于什么是“现代畜牧业”,该法并没有明确规定。但是,根据该法的有关内容可以得知,“现代畜牧业”至少要求以草定蓄,实现草蓄平衡。第四,“促进经济和社会的可持续发展”。该层目的主要表达了《草原法》所追求的最终效果,是对《草原法》实施效果的期待。《草原法》的实施就是对“经济和社会的可持续发展”的“促进”。

(二)保护草原的规定

《草原法》第 2 条第 2 款规定:“本法所称草原,是指天然草原和人工草地。”此条定义的“草原”就是纳入我国《草原法》保护范围之内的草原,包括“天然草原”和“人工草地”两种。

(三)基本原则

《草原法》规定的草原利用和保护工作的基本原则主要包括以下四个方面。

1. 草原的可持续利用和生态、经济、社会的协调发展原则。该法第 3 条规定:“国家对草原实行科学规划、全面保护、重点建设、合理利用的方针,促进草原的可持续利用和生态、经济、社会的协调发展。”它要求国家采取“科学规划、全面保护、重点建设、合理利用的方针”,以实现“草原的可持续利用和生态、经济、社会的协调发展”。

2. 普遍义务原则。任何单位、个人,包括政府,都应当承担保护草原的义务。《草原法》第 4 条规定:“各级人民政府应当加强对草原保护、建设和利用的管理,将草原的保护、建设和利用纳入国民经济和社会发展计划。各级人民政府应当加强保护、建设和合理利用草原的宣传教育。”第 5 条规定,“任何单位和个人都有遵守草原法律法规、保护草原的义务”。

3. 公众参与原则。任何单位和个人都有权对违反草原法律法规、破坏草原的行为进行监督、检举和控告。《草原法》第 5 条规定,任何单位和个人都

"享有对违反草原法律法规、破坏草原的行为进行监督、检举和控告的权利"。

4. 国家鼓励与支持原则。《草原法》第 6 条规定:"国家鼓励与支持开展草原保护、建设、利用和监测方面的科学研究,推广先进技术和先进成果,培养科学技术人才。"第 7 条规定:"国家对在草原管理、保护、建设、合理利用和科学研究等工作中做出显著成绩的单位和个人,给予奖励。"

(四)草原工作的管理体制

《草原法》规定的草原监督管理体制是统分结合的体制,包括以下两个方面的内容。

1. 全国草原监督管理工作由国务院草原行政主管部门负责,县及以上地方人民政府对本行政区域内的草原监督管理工作负责。《草原法》第 8 条第 1、2 款规定:"国务院草原行政主管部门主管全国草原监督管理工作。县级以上地方人民政府草原行政主管部门主管本行政区域内草原监督管理工作。"

2. 乡镇人民政府负责对本行政区域内的草原利用情况进行监督检查,必要时可以设置专职或兼职监督检查员。《草原法》第 8 条第 3 款规定:"乡(镇)人民政府应当加强对本行政区域内草原保护、建设和利用情况的监督检查,根据需要可以设专职或者兼职人员负责具体监督检查工作。"

(五)草原权属制度

《草原法》第二章对草原的所有权、使用权、承包经营权等权属及其变更等作了相应的规定。

1. 草原所有权。按照法律规定,草原属于国家所有或者集体所有。《草原法》第 9 条规定:"草原属于国家所有,由法律规定属于集体所有的除外。国家所有的草原,由国务院代表国家行使所有权。任何单位或者个人不得侵占、买卖或者以其他形式非法转让草原。"

2. 草原使用权。也就是全民所有制单位、集体经济组织等依法获得的对国家所有的草原的使用权利。《草原法》第 10 条规定:"国家所有的草原,可以依法确定给全民所有制单位、集体经济组织等使用。使用草原的单位,应当履行保护、建设和合理利用草原的义务。"

3. 草原承包经营权。也就是集体经济组织内部的家庭或联户对集体所有的草原或者由集体使用的国有草原通过承包合同获得使用经营权利。承包经营权可以依法转让。《草原法》第 13 ~ 15 条对此作了相应的规定。

4. 草原登记制度。草原的权属及其变更都应当进行法定的登记。《草原法》第 11 条规定:"依法确定给全民所有制单位、集体经济组织等使用的国家所有的草原，由县级以上人民政府登记，核发使用权证，确认草原使用权。未确定使用权的国家所有的草原，由县级以上人民政府登记造册，并负责保护管理。集体所有的草原，由县级人民政府登记，核发所有权证，确认草原所有权。依法改变草原权属的，应当办理草原权属变更登记手续。”

5. 草原权属争议的解决机制。《草原法》第 16 条规定：“草原所有权、使用权的争议，由当事人协商解决；协商不成的，由有关人民政府处理。单位之间的争议，由县级以上人民政府处理；个人之间、个人与单位之间的争议，由乡（镇）人民政府或者县级以上人民政府处理。当事人对有关人民政府的处理决定不服的，可以依法向人民法院起诉。在草原权属争议解决前，任何一方不得改变草原利用现状，不得破坏草原和草原上的设施。”

（六）草原规划制度

《草原法》第三章对草原规划相关内容作了规定。

1. 草原规划的编制体制。草原规划编制实行统一与分散相结合的体制。第 17 条规定：“国家对草原保护、建设、利用实行统一规划制度。国务院草原行政主管部门会同国务院有关部门编制全国草原保护、建设、利用规划，报国务院批准后实施。县级以上地方人民政府草原行政主管部门会同同级有关部门依据上一级草原保护、建设、利用规划编制本行政区域的草原保护、建设、利用规划，报本级人民政府批准后实施。经批准的草原保护、建设、利用规划确需调整或者修改时，须经原批准机关批准。”

2. 草原规划的编制原则及主要内容。草原规划编制应当遵守以下五项原则：第一，改善生态环境，维护生物多样性，促进草原的可持续利用；第二，以现有草原为基础，因地制宜，统筹规划，分类指导；第三，保护为主，加强建设，分批改良，合理利用；第四，生态效益、经济效益、社会效益相结合（第 18 条）；第五，草原规划与相关规划相衔接与协调（第 20 条）。

草原规划的内容应当包括“草原保护、建设、利用的目标和措施，草原功能分区和各项建设的总体部署，各项专业规划等”（第 19 条）。

3. 草原调查与等级评定制度。第 22 条规定：“国家建立草原调查制度。县级以上人民政府草原行政主管部门会同同级有关部门定期进行草原调查；草原所有者或者使用者应当支持、配合调查，并提供有关资料。”第 23 条规定：“国务院草原行政主管部门会同国务院有关部门制定全国草原等级评定标准。县级以上人民政府草原行政主管部门根据草原调查结果、草原的质量，依据草原等级评定标准，对草原进行评等定级。”

4. 草原统计制度。第 24 条第 1、2 款规定：“国家建立草原统计制度。县级以上人民政府草原行政主管部门和同级统计部门共同制定草原统计调查办法，依法对草原的面积、等级、产草量、载畜量等进行统计，定期发布草原统计资料。”

5. 草原监测预警制度。第25条规定：“国家建立草原生产、生态监测预警系统。县级以上人民政府草原行政主管部门对草原的面积、等级、植被构成、生产能力、自然灾害、生物灾害等草原基本状况实行动态监测，及时为本级政府和有关部门提供动态监测和预警信息服务。”

（七）草原建设制度

《草原法》第四章规定了草原建设制度。

1. 国家与政府对草原建设的鼓励、支持与引导。本法第26～28条对此作出了明确规定。

2. 草种基地建设。第29条规定：“县级以上人民政府应当按照草原保护、建设、利用规划加强草种基地建设，鼓励选育、引进、推广优良草品种。新草品种必须经全国草品种审定委员会审定，由国务院草原行政主管部门公告后方可推广。从境外引进草种必须依法进行审批。县级以上人民政府草原行政主管部门应当依法加强对草种生产、加工、检疫、检验的监督管理，保证草种质量。”

3. 草原防火设施建设。第30条规定：“县级以上人民政府应当有计划地进行火情监测、防火物资储备、防火隔离带等草原防火设施的建设，确保防火需要。”

4. 草原治理。第31条规定：“对退化、沙化、盐碱化、石漠化和水土流失的草原，地方各级人民政府应当按照草原保护、建设、利用规划，划定治理区，组织专项治理。大规模的草原综合治理，列入国家国土整治计划。”

（八）草原利用制度

《草原法》第五章规定了草原利用制度。

1. 划区轮牧制度。第34条规定：“牧区的草原承包经营者应当实行划区轮牧，合理配置畜群，均衡利用草原。”

2. 轮割轮采制度。第36条规定：“县级以上地方人民政府草原行政主管部门对割草场和野生草种基地应当规定合理的割草期、采种期以及留茬高度和采割强度，实行轮割轮采。”

3. 草原的征用、占用制度。第38～41条对此作了相应规定。

（九）草原保护制度

《草原法》第六章规定了草原保护的有关制度。

1. 基本草原保护制度。第42条规定：“国家实行基本草原保护制度。下列草原应当划为基本草原，实施严格管理：（一）重要放牧场；（二）割草地；（三）用于畜牧业生产的人工草地、退耕还草地以及改良草地、草种基地；

（四）对调节气候、涵养水源、保持水土、防风固沙具有特殊作用的草原；（五）作为国家重点保护野生动植物生存环境的草原；（六）草原科研、教学试验基地；（七）国务院规定应当划为基本草原的其他草原。基本草原的保护管理办法，由国务院制定。”

2. 草原自然保护区制度。第43条规定：“国务院草原行政主管部门或者省、自治区、直辖市人民政府可以按照自然保护区管理的有关规定在下列地区建立草原自然保护区：（一）具有代表性的草原类型；（二）珍稀濒危野生动植物分布区；（三）具有重要生态功能和经济科研价值的草原。”

3. 以草定蓄，草蓄平衡制度。第45条规定：“国家对草原实行以草定畜、草畜平衡制度。县级以上地方人民政府草原行政主管部门应当按照国务院草原行政主管部门制定的草原载畜量标准，结合当地实际情况，定期核定草原载畜量。各级人民政府应当采取有效措施，防止超载过牧。”第33条规定：“草原承包经营者应当合理利用草原，不得超过草原行政主管部门核定的载畜量；草原承包经营者应当采取种植和储备饲草饲料、增加饲草饲料供应量、调剂处理牲畜、优化畜群结构、提高出栏率等措施，保持草畜平衡。草原载畜量标准和草畜平衡管理办法由国务院草原行政主管部门规定。”

4. 退耕还草、禁牧、休牧制度。第47条规定：“对严重退化、沙化、盐碱化、石漠化的草原和生态脆弱区的草原，实行禁牧、休牧制度。”第48条第1款规定：“国家支持依法实行退耕还草和禁牧、休牧。具体办法由国务院或者省、自治区、直辖市人民政府制定。”

5. 禁垦禁采制度。第46条规定“禁止开垦草原”；第49条规定：“禁止在荒漠、半荒漠和严重退化、沙化、盐碱化、石漠化、水土流失的草原以及生态脆弱区的草原上采挖植物和从事破坏草原植被的其他活动。”

6. 草原防火。第53条规定：“草原防火工作贯彻预防为主、防消结合的方针。各级人民政府应当建立草原防火责任制，规定草原防火期，制定草原防火扑火预案，切实做好草原火灾的预防和扑救工作。”

7. 草原鼠害、病虫害和毒害草的防治。第54条规定：“县级以上地方人民政府应当做好草原鼠害、病虫害和毒害草防治的组织管理工作。县级以上地方人民政府草原行政主管部门应当采取措施，加强草原鼠害、病虫害和毒害草监测预警、调查以及防治工作，组织研究和推广综合防治的办法。禁止在草原上使用剧毒、高残留以及可能导致二次中毒的农药。”

8. 机动车辆草原行驶规则。第55条规定：“除抢险救灾和牧民搬迁的机动车辆外，禁止机动车辆离开道路在草原上行驶，破坏草原植被；因从事地质勘探、科学考察等活动确需离开道路在草原上行驶的，应当向县级人民政府草原行政主管部门提交行驶区域和行驶路线方案，并按照报告的行驶区域和行驶路线在草原上行驶。”

（十）草原监督检查制度

《草原法》第七章规定了草原监督检查制度。

1. 草原监督管理机构的设置。第56条第1款规定：“国务院草原行政主管部门和草原面积较大的省、自治区的县级以上地方人民政府草原行政主管部门设立草原监督管理机构，负责草原法律、法规执行情况的监督检查，对违反草原法律、法规的行为进行查处。”

2. 草原监督检查人员的职权。第57条规定：“草原监督检查人员履行监督检查职责时，有权采取下列措施：（一）要求被检查单位或者个人提供有关草原权属的文件和资料，进行查阅或者复制；（二）要求被检查单位或者个人对草原权属等问题作出说明；（三）进入违法现场进行拍照、摄像和勘测；（四）责令被检查单位或者个人停止违反草原法律、法规的行为，履行法定义务。”

三、《草原法》在我国环境法体系中的地位

《草原法》是我国环境法体系中的一部重要单行法，理论上属于环境事务法子系统中资源保护法支系统中的草原资源保护法亚系统。

（一）名称和内容都不是纯粹的环境保护法

从名称上看，《草原法》并不是“草原保护法”；从内容上看，《草原法》尽管大部分内容都是对草原的保护与合理利用的规定，但还夹杂着草原权属及其流转等与草原保护不直接相关的内容。

（二）立法位阶

《草原法》是由全国人民代表大会常务委员会通过的法律，与《环境保护法》《水污染防治法》《清洁生产促进法》等由全国人大常委会制定的法律具有相同的立法位阶。

（三）立法依据

《草原法》没有明确宣布其立法依据。从《草原法》的名称和内容上可以判定，《环境保护法》和《草原法》之间并不存在源与流的关系。

（四）执行主体

《草原法》规定了统分结合的草原监督管理体制，确定由“国务院草原行政主管部门主管全国草原监督管理工作”，“县级以上地方人民政府草原行政主管部门主管本行政区域内草原监督管理工作”，并且“国务院草原行政主管

部门和草原面积较大的省、自治区的县级以上地方人民政府草原行政主管部门设立草原监督管理机构,负责草原法律、法规执行情况的监督检查,对违反草原法律、法规的行为进行查处”,所以《草原法》的执行主体应当是草原行政主管部门及其内部的草原监督管理机构。

四、《草原法》的由来

表 13-2 《草原法》的由来

名称	制定机构	颁布时间	构成
《1956 年到 1967 年全国农业发展纲要》	第二届全国人民代表大会	1960.4.10	共 40 条
《关于保护和改善环境的若干规定(试行)》	国家计委	1973.8.29	共 10 章
《环境保护法(试行)》	第五届全国人民代表大会常务委员会	1979.9.13	共 7 章 33 条
《草原法》	第六届全国人民代表大会常务委员会	1985.6.18	共 23 条
《草原防火条例》	国务院	1993.10.5	共 6 章 36 条
《关于环境保护若干问题的决定》	国务院	1996.8.3	共 10 条
《关于禁止采集和销售发菜制止滥挖甘草和麻黄草有关问题的通知》	国务院	2000.6.14	共 3 条
《关于进一步做好退耕还林还草试点工作的若干意见》	国务院	2000.9.10	共 6 条
《防沙治沙法》	第九届全国人民代表大会常务委员会	2001.8.31	共 7 章 47 条
《关于加强草原保护与建设的若干意见》	国务院	2002.9.16	共 9 条
《退耕还林条例》	国务院	2002.12.14	共 7 章 65 条
《草原法》(2002 年修订)	第九届全国人民代表大会常务委员会	2002.12.28	共 9 章 75 条
《草原法》(2009 年修正)	第十一届全国人民代表大会常务委员会	2009.8.27	共 9 章 75 条
《草原法》(2009 年修正)	第十二届全国人民代表大会常务委员会	2013.6.29	共 9 章 75 条

《草原法》是对1985年的《中华人民共和国草原法》[以下简称《草原法》(1985)]的修正。在《草原法》(1985)颁布实施之前,我国已有规范性法律文件对草原做出相应的规制。例如,1960年全国人大通过的《1956年到1967年全国农业发展纲要》提出"在牧区要保护草原,改良和培植牧草"的要求;1973年国务院《关于保护和改善环境的若干规定》中明确强调"加强草原保护,不得任意破坏";1979年《环境保护法(试行)》第14条明确规定"保护和发展牧草资源。积极规划和进行草原建设,合理放牧,保护和改善草原的再生能力,防止草原退化,严禁滥垦草原,防止草原火灾"。在这些规定的基础上,1985年6月8日第六届全国人大常委会第十八次会议通过了《草原法》。《草原法》(1985)共22条,对草原的权属、管理体制、方针以及具体管理措施等作出了规定。

《草原法》于2002年12月28日修订之前,我国还颁布实施了一系列与草原有关的规范性法律文件,如1993年国务院发布的《草原防火条例》、1996年8月国务院发布的《关于环境保护若干问题的决定》、2000年6月国务院发布的《关于禁止采集和销售发菜制止滥挖甘草和麻黄草有关问题的通知》、2000年9月国务院发布的《关于进一步做好退耕还林还草试点工作的若干意见》、2001年8月第九届全国人大常委会第二十三次会议通过的《防沙治沙法》、2002年6月国务院颁布的《关于草原保护与建设的若干意见》、2002年12月6日国务院通过的《退耕还林条例》等。这些规范性法律文件的有关规定,在一定程度上都是我国《草原法》的基础。

【作者简介】 刘卫先(1978~),汉族,河南商城人,法学博士、博士后。现为中国海洋大学"青年英才工程"岗位副教授。主要研究方向为环境法学基础理论和自然资源法学。出版《后代人权利论批判》《生态整体主义视角下自然资源权体系及实施机制研究》两部学术专著;合著、参编教材多部;在《法学研究》《现代法学》《法制与社会发展》等刊物发表学术论文五十余篇;论文多次被《中国社会科学文摘》《高等学校文科学报文摘》《中国人民大学报刊复印资料》等转载。主持并完成国家社科基金项目一项,博士后基金项目一项,参与其他国家级、省部级项目多项。获得山东省哲学社会科学优秀成果二等奖一项,其他厅级科研成果奖多项。联系方式:liuweixian78@163.com。

第十四章　《中华人民共和国渔业法》导读

田其云

一、《中华人民共和国渔业法》概况

《中华人民共和国渔业法》(以下简称《渔业法》)由中华人民共和国第六届全国人民代表大会常务委员会第十四次会议于1986年1月20日通过,自1986年7月1日起施行。从2000年起对《渔业法》进行修正,经中华人民共和国第十二届全国人民代表大会常务委员会第六次会议于2013年12月28日第四次修正通过。

表14-1　《渔业法》的构成

结构	条文主旨	具体法条序号	主要内容
第一章(第1~9条)	总则	第1条	立法目的
		第2条	适用范围
		第3条	渔业规划
		第4条	渔业科学技术
		第5条	
		第6条	渔业监督管理体制
		第7条	
		第8条	
		第9条	

续表

结构	条文主旨	具体法条序号	主要内容
第二章（第10～20条）	养殖业	第10条	养殖许可管理
		第11条	
		第12条	
		第13条	养殖水域保护
		第14条	
		第15条	
		第16条	水产苗种的管理
		第17条	
		第18条	科学养殖
		第19条	
		第20条	
第三章（第21～27条）	捕捞业	第21条	捕捞总量控制制度
		第22条	
		第23条	捕捞许可制度
		第24条	
		第25条	
		第26条	渔船、渔港监督管理
		第27条	
第四章（第28～37条）	渔业资源的增殖和保护	第28条	渔业增殖监督管理
		第29条	
		第30条	渔业环境保护
		第31条	
		第32条	
		第33条	
		第34条	
		第35条	
		第36条	
		第37条	对珍贵、濒危水生野生动物保护

续表

结构	条文主旨	具体法条序号	主要内容
第五章（第 38 ~ 49 条）	法律责任	第 38 条	对各类违法行为的处罚
		第 39 条	
		第 40 条	
		第 41 条	
		第 42 条	
		第 43 条	
		第 44 条	
		第 45 条	
		第 46 条	
		第 47 条	
		第 48 条	
		第 49 条	
第六章（第 50 条）	附则	第 50 条	生效时间

注：此表根据作者提供的文字整理。

二、《渔业法》的主要内容

《渔业法》除《法律责任》《附则》两章外，主要规定了以下八个方面的内容。

（一）立法目的

《渔业法》第 1 条规定："为了加强渔业资源的保护、增殖、开发和合理利用，发展人工养殖，保障渔业生产者的合法权益，促进渔业生产的发展，适应社会主义建设和人民生活的需要，特制定本法。"这是《渔业法》对立法目的的正式宣告。根据这一规定，《渔业法》有以下四个层面的立法目的。

第一，保护、增殖渔业资源。这个层面是指向渔业资源的。它包括普遍意义上的保护渔业资源，如禁止使用炸鱼、毒鱼、电鱼等破坏渔业资源的方法进行捕捞（第 30 条）；也包括对特定物种的保护，如对白鳍豚等珍贵、濒危水生野生动物实行重点保护（第 37 条）；并对渔业水域统一规划，采取措施，增殖渔业资源（第 28 条）。第二，合理开发利用渔业资源。这个层面是指向开发利用行为的。它包括限制捕捞行为，如国家根据捕捞量低于渔业资源增长量的原则，确定渔业资源的总可捕捞量，实行捕捞限额制度（第22条）；也规范养殖行为，如科学确定养殖密度，合理投饵、施肥、使用药物，不得造成水域的环境污染（第20条）。第三，保障渔业生产者的合法权益。这个层面是指向从事渔业的资格的，明确单位或个人从事养殖业的权利和捕鱼权利。它包括从事渔业养殖的资格，如由人民政府核发养殖证，许可使用水域、滩涂从事养殖生产（第11条）；也包括从事捕捞业的资格，如国家对捕捞业实行捕捞许可证制度（第23条）。第四，促进渔业生产的发展。这是着眼于制定《渔业法》及该法实施的效果这个层面的立法目的。

（二）渔业生产的基本方针

为促进渔业生产发展，《渔业法》明确了渔业生产的方针，实行以养殖为主，养殖、捕捞、加工并举，因地制宜，各有侧重的方针。为贯彻该方针，《渔业法》要求各级人民政府应当把渔业生产纳入国民经济发展计划，采取措施，加强水域的统一规划和综合利用；也要求国家鼓励渔业科学技术研究，推广先进技术，提高渔业科学技术水平，对于在增殖和保护渔业资源、发展渔业生产、进行渔业科学技术研究等方面成绩显著的单位和个人，由各级人民政府给予奖励。

（三）渔业监督管理体制

《渔业法》规定渔业监督管理实行统一领导，分级管理的体制。

国务院渔业行政主管部门主管全国的渔业工作。县级以上地方人民政府渔业行政主管部门主管本行政区域内的渔业工作。县级以上人民政府渔业行政主管部门可以在重要渔业水域、渔港设渔政监督管理机构。县级以上人民政府渔业行政主管部门及其所属的渔政监督管理机构可以设渔政检查人员。渔政检查人员执行渔业行政主管部门及其所属的渔政监督管理机构交付的任务。

海洋渔业，除国务院划定由国务院渔业行政主管部门及其所属的渔政监督管理机构监督管理的海域和特定渔业资源渔场外，由毗邻海域的省、自治区、直辖市人民政府渔业行政主管部门监督管理。

江河、湖泊等水域的渔业，按照行政区划由有关县级以上人民政府渔业行政主管部门监督管理；跨行政区域的，由有关县级以上地方人民政府协商制定管理办法，或者由上一级人民政府渔业行政主管部门及其所属的渔政监督管理机构监督管理。

国家渔政渔港监督管理机构对外行使渔政渔港监督管理权。

此外，渔业行政主管部门和其所属的渔政监督管理机构及其工作人员不得参与和从事渔业生产经营活动。

（四）渔业资源开发许可证管理

管理手段在渔业资源开发利用和保护中发挥着重要作用，有关渔业资源开发的许可证管理是环境许可证制度的一个重要组成部分。《渔业法》第二章规定了养殖许可证管理，第三章规定了捕捞许可证管理。

水产养殖，是指在国家规划确定用于养殖业的水域、滩涂内，在人工控制下，繁殖和养成具有经济价值的水生动植物的产业。国家对水产养殖实行养殖许可证制度，使用者（不论为单位或者个人）使用国家规划确定用于养殖业的全民所有的水域、滩涂的，应当向县级以上地方人民政府渔业行政主管部门提出申请，由本级人民政府核发养殖证，许可其使用该水域、滩涂从事养殖生产。

渔业捕捞，是指在水域中利用各种渔具、渔法、渔船及工艺设备捕获天然生长和人工增殖的鱼类和其他经济动物的产业。国家对捕捞业实行捕捞许可证制度，这是控制捕捞强度、保护和合理利用渔业资源的重要手段之一，也是国际上普遍实行的一项基本的渔业管理制度。从事捕捞作业的单位和个人，必须按照捕捞许可证关于作业类型、场所、时限、渔具数量和捕捞限额的规定进行作业。

具备下列条件的，方可发给捕捞许可证。（1）有渔业船舶检验证书。渔业船舶必须向渔船检验机构申请法定检验：建造或者改造渔业船舶时，申请建造检验；引进外国或者港、澳、台渔业船舶时，申请初次检验；营运中的渔业船舶，申请定期检验；申请建造检验、初次检验的捕捞作业船，申请检验的应当具有渔政部门核发的批准文件。当因发生事故影响船舶适航性能时，改变船舶证书所限定的用途及航区时，检验证书失效时，还必须申请临时检验。渔业船舶检验合格后，渔船检验机构签发相应的检验证书。制造、更新改造、购置、进口的从事捕捞作业的船舶必须经渔业船舶检验部门检验合格后，方可下水作业。（2）有渔业船舶登记证书。凡我国境内的企业法人或者公民的渔业船舶，以及依法成立的三资企业的渔业船舶，都必须进行船舶登记。船舶登记的项目分为所有权登记、国籍登记、抵押权登记、光船租赁登记。办理渔业船舶登记的港口是渔业船舶的船籍港，每艘渔业船舶只能有一个船籍港。船籍港可以由船舶所有人的居住地或者营业地就近选择。渔业船舶只能有一个船名，由登记机关按农业部的统一规定受理。船舶所有人申请渔业船舶所有权登记时，应同时申请渔业船舶国籍证书。渔业船舶依法进行登记，取得中华人民共和国国籍，方可悬挂中华人民共和国国旗航行。凡在境外登记的渔业船舶,未终止或者注销原登记国国籍的,不得取得中华人民共和国国籍。登记机关应将有关渔业船舶登记的内容载入渔业船舶登记簿。允许利害关系人查阅渔业船舶登记。(3)符合国务院渔业行政主管部门规定的其他条件。

国家对渔业捕捞许可证的审批发放实行统一领导、分级管理。所谓统一领导,是指统一规定捕捞许可证管理办法,统一印制捕捞许可证,统一监督管理捕捞许可证的审批发放。所谓分级管理,是指捕捞许可证由国务院渔业行政主管部门和县级以上地方人民政府渔业行政主管部门按照不同作业水域、作业类型、捕捞品种和渔船马力大小实行分级审批发放。依照《渔业法》的规定,使用大型拖网、围网作业的捕捞许可证,由国务院渔业行政主管部门批准发放;其他作业的捕捞许可证,由县级以上地方人民政府渔业行政主管部门批准发放,具体办法由省、自治区、直辖市人民政府规定。

县级以上地方人民政府渔业行政主管部门批准发放的捕捞许可证,应当与上级人民政府渔业行政主管部门下达的捕捞限额指标相适应。国家根据捕捞量低于渔业资源增长量的原则,确定渔业资源的总可捕捞量,实行捕捞限额制度。此外,对实行捕捞限额制度有如下规定:(1)国务院渔业行政主管部门负责组织渔业资源的调查和评估,为实行捕捞限额制度提供科学依据。(2)国务院渔业行政主管部门负责确定国家管辖海域的捕捞限额总量,报国务院批准后逐级分解下达。(3)省、自治区、直辖市人民政府确定位于辖区内的国家确定的重要江河、湖泊的捕捞限额总量,并逐级分解下达。(4)有关省、自治区、直辖市人民政府协商确定跨行政区域的国家确定的重要江河、湖泊的捕捞限额总量,并逐级分解下达;不属于国家确定的重要江河、湖泊的其他淡水区域是否实行或者如何实行限额捕捞制度,由省、自治区、直辖市人民政府规定。(5)捕捞限额总量的分配应当体现公平、公正的原则,分配办法和分配结果必须向社会公开,并接受监督。(6)国务院渔业行政主管部门和省、自治区、直辖市人民政府渔业行政主管部门负责对捕捞限额制度的实施情况进行监督检查,对超过上级下达的捕捞限额指标的,要在次年指标中予以核减。

捕捞许可证不得买卖、出租或以其他形式转让,不得涂改、伪造、变造。

(五)渔业资源开发技术法律规范

技术手段在渔业资源开发利用和保护中也有重要作用,对渔业技术的法律规定贯穿于《渔业法》各章之中。例如,第一章《总则》中规定国家鼓励渔业科学技术研究,推广先进技术,提高渔业科学技术水平;第二章《养殖业》中规定国家鼓励和支持水产优良品种的选育、培育和推广;第三章《捕捞业》中规定国务院渔业行政主管部门负责组织渔业资源的调查和评估,为实行捕捞限额制度提供科学依据;第四章《渔业资源的增殖和保护》中规定禁止在禁渔区、禁渔期进行捕捞,禁止使用小于最小网目尺寸的网具进行捕捞,等等。

渔业资源技术法律规范是有关合理开发、利用和保护渔业资源的技术性措施和要求的法律表达,是在渔业资源法制建设中不断总结归纳实践中应用成熟的各种有关渔业资源技术规范、操作规程、标准等并将其写入渔业资源法律而逐渐形成的。主要包括下列三类规范。

1. 捕捞标准。《渔业法》规定捕捞对象的可捕捞标准,原则上是根据捕捞对象的初次性成熟时的体长、体重和年龄,规定其可捕捞的长度和重量。其目的是使各种捕捞对象至少能有一次产卵机会,以保证捕捞对象的正常繁育,使资源得到充分的补充,确保资源的稳定。水生动物的可捕标准,应当以达到性成熟为原则。对各种捕捞对象应当规定具体的可捕标准(长度或者重量)和渔获物中小于可捕标准部分的最大比重。达到性成熟是最低的捕捞标准,为了保证捕捞对象的群体有最大的、逐年稳定的繁殖能力和最优良的品质,还可根据捕捞对象的生长速度和饵料利用情况来规定其适当的长度和重量。未达到可捕捞标准的,称为幼体。在渔业生产过程中不可避免地要捕获一些幼体,但必须控制幼体在同一品种的渔获物中所占的最大比例。

2. 禁止性规范。在《渔业法》中有不少禁止性规范的规定,要求人们在一定时段一定水域不得从事或不得以某种方法或工具从事开发利用渔业资源的行为,是对渔业资源的严格保护。例如,禁止使用炸鱼、毒鱼、电鱼等破坏渔业资源的方法进行捕捞,禁止制造、销售、使用禁用的渔具,禁止在禁渔区、禁渔期进行捕捞,禁止使用小于最小网目尺寸的网具进行捕捞,捕捞的渔获物中幼鱼不得超过规定的比例,在禁渔区或者禁渔期内禁止销售非法捕捞的渔获物,禁止捕杀、伤害国家重点保护的水生野生动物,等等。

3. 生产规范。生产规范是对开发利用渔业资源发展生产的生产过程进行法律规范,科学地持续利用渔业资源应该有规范化的生产过程,以保障资源高效优质利用。《渔业法》规定,从事养殖生产应当保护水域生态环境,科学确定养殖密度,合理投饵、施肥、使用农药,并由县级以上人民政府渔业行政主管部门加强对养殖生产的技术指导和病害防治。国家鼓励和支持水产优良品种的选育、培育和推广;水产新品种必须经全国水产原种和良种审定委员会审定,由国务院渔业行政主管部门批准后方可推广;水产苗种的进口、出口由国务院渔业行政主管部门或者省、自治区、直辖市人民政府渔业行政主管部门审批；水产种苗的生产由县级以上地方人民政府渔业行政主管部门审批，等等。这类生产规范引导人们规范化地科学利用渔业资源，保护渔业水域环境，其作用和意义不容置疑。

（六）渔业资源有偿使用制度

渔业资源有偿使用制度是经济手段在渔业资源开发中的具体体现，《渔业法》规定集体所有的或者全民所有由农业集体经济组织使用的水域、滩涂，可以由个人或者集体承包，从事养殖生产。按照现行体制，不论是个人还是集体承包经营，都要支付承包费。县级以上人民政府渔业行政主管部门可以向受益的单位和个人征收渔业资源增殖保护费。凡在我国内水、滩涂、领海以及我国管辖的其他海域采捕天然生长和人工增殖水生动植物的单位和个人，必须依照国家规定缴纳渔业资源增殖保护费。征收的渔业资源保护费专门用于增殖和保护渔业资源。

（七）渔业水域生态环境保护

渔业水域，是指我国的内水、滩涂、领海、专属经济区以及我管辖的一切其他海域中鱼、虾、蟹、贝类的产卵场、索饵场、越冬场、回游通道以及鱼、虾、蟹、贝、藻类及其他水生动植物的养殖场所。依照《渔业法》的规定，所谓渔业水域生态环境，可概括为在渔业水域中影响鱼、虾、蟹、贝、藻类等海洋渔业生物生存和发展的各种生态条件的总和。渔业水域生态环境保护的重点是“重要渔业水域”，保护的目的既包括防止渔业水域生态环境的退化，也包括对已经遭到破坏的重要渔业水域生态环境进行整治和恢复。（1）在具有较高经济价值和遗传育种价值的水产种质资源的主要生长繁育区域建立水产种质资源保护区。未经国务院渔业行政主管部门批准，任何单位或者个人不得在水产种质资源保护区内从事捕捞活动。（2）任何单位和个人，在鱼、虾、蟹、贝幼直接引水、用水的，应当采取避开幼苗的密集期、密集区，或者设置网栅等保护措施。（3）在鱼、虾、蟹回游通道建闸、筑坝，对渔业资源有严重影响的，建设单位应当建造过鱼设施或者采取其他补救措施。（4）禁止围湖造田，沿海滩涂未经县级以上人民政府批准，不得围垦；重要的苗种基地和养殖场所不得围垦。（5）进行水下爆破、勘探、施工作业，对渔业资源有严重影响的，作业单位应当事先同有关县级以上人民政府渔业行政主管部门协商，采取措施，防止或者减少对渔业资源的损害；造成渔业资源损失的，由有关县级以上人民政府责令赔偿。（6）发展生态渔业建设，采用生态渔业生产方式，改善海洋生态状况，引进动植物物种，应当进行科学论证，避免对渔业水域生态环境造成危害。(7)在重要渔业水域不得新建排污口和进行污染环境的海岸工程建设。(8)向海域排放含热废水,要避免热污染对水产资源的危害。(9)各级人民政府应当采取措施,保护和改善渔业水域的生态环境,防治污染。

保护渔业水域,增殖渔业资源,用人为的手段和方法,通过促进渔业经济动植物的繁殖和生长,使资源量增加并使最大资源量得以维持。渔业资源增殖的目的,是要充分利用水域中的生产潜力,增加水产品的产量。对象生物的资源增殖量决定于环境容量、初始数量、死亡系数和生长系数等因素。人为地控制和调解其中一个或几个因素,即可实现增殖的目的。(1)县级以上人民政府渔业行政主管部门负责对其管理的渔业水域统一规划,采取措施,增殖渔业资源。(2)在“机动渔船底拖网禁渔区线”外侧建造人工鱼礁的,必须经国务院渔业行政主管部门批准;在“机动渔船底拖网禁渔区线”内侧建造人工鱼礁的,必须经有关省、自治区、直辖市渔业行政主管部门或其授权单位批准。(3)实行渔业资源增殖保护费制度。

渔业水域生态环境保护也包括对渔业资源品种的保护,《渔业法》规定,“重点保护的渔业资源品种”由国务院渔业行政主管部门或者省、自治区、直辖市人民政府渔业行政主管部门规定,国家重点保护的渔业资源品种包括以下几类。(1)鱼类:带鱼、大黄鱼、小黄鱼、兰圆鲹、沙丁鱼、太平洋鲱鱼、鳓鱼、真鲷、黑鲷、二长棘鲷、红笛鲷、梭鱼、鲆、鲽、鳎、石斑鱼、鳕鱼、狗母鱼、金线鱼、鲳鱼、鮸鱼、白姑鱼、黄姑鱼、鲐鱼、马鲛、海鳗。(2)虾蟹类:对虾、毛虾、青虾、鹰爪虾、中华绒螯蟹、梭子蟹、青蟹。(3)贝类:鲍鱼、蛏、蚶、牡蛎、西施舌、扇贝、江瑶、文蛤、杂色蛤、翡翠贻贝、紫贻贝、厚壳贻贝、珍珠贝。(4)海藻类:紫菜、裙带菜、石花菜、江篱、海带、麒麟菜。(5)乌贼、鱿鱼、海参。各省、自治区、直辖市根据本地的渔业资源情况,可以确定地方重点保护的渔业资源品种。县级以上人民政府渔业行政主管部门应当加强对重点保护的渔业资源品种的保护管理,禁止捕捞有重要经济价值的水生动物苗种。因养殖或者其他特殊需要,捕捞有重要经济价值的苗种或者禁捕的怀卵亲体的,必须经国务院渔业行政主管部门或者省、自治区、直辖市人民政府渔业行政主管部门批准,在指定的区域和时间内按照限额捕捞。国家保护水产种质资源及其生存环境,并在具有较高经济价值和遗传育种价值的水产种质资源的主要生长繁殖区域建立水产种质资源保护区。未经国务院渔业行政主管部门批准,任何单位和个人不得在水产种质资源保护区内从事捕捞活动。因养殖或者其他特殊需要,捕捞鳗鲡、鲥鱼、中华绒螯蟹、真鲷、石斑鱼等有重要经济价值的水生动物苗种或者禁捕的怀卵亲体的，必须经国务院渔业行政主管部门或者省、自治区、直辖市人民政府渔业行政主管部门批准，并领取专项许可证件，方可在指定区域和时间内按照批准限额捕捞。捕捞其他有重要经济价值的水生动物苗种的批准权，由省、自治区、直辖市人民政府渔业行政主管部门规定。禁止捕捞中国对虾苗种或者春季亲虾。因养殖需要中国对虾怀卵亲体的，应当限期由养殖单位自行培育。

（八）渔业生产者的合法权益

我国渔业水域和滩涂属国家所有，只有拥有养殖权的单位和个人才能在水域和滩涂上从事养殖活动。养殖权的主体为全民所有制单位、农业集体经济组织、外商投资企业和个人。农业集体经济组织依法使用的全民所有的养殖水域、滩涂，可以由个人或者集体承包，取得承包经营权，从事养殖生产。

养殖证是权属性法律文书。依法领取养殖证的单位或者个人，享有使用水域、滩涂的养殖权，成为养殖权人。养殖权人依法享有按照养殖证规定的水域、滩涂的位置、范围、期限和其他条件，占有、使用该海域、滩涂从事养殖生产，获得或者自行销售养殖的水产品以及法律法规规定的其他权利。县级以上地方人民政府在核发养殖证时，应当优先安排当地的渔业生产者。依法取得的养殖水域、滩涂的使用权和承包经营权受法律保护。

捕捞许可证是国家批准从事捕捞生产的证书。依法领取捕捞许可证，即取得渔业捕捞权，捕捞权人享有按照捕捞许可证关于作业类型、场所、时限、渔具数量和捕捞限额的规定入水捕捞，以及获得和自行销售渔获物取得经济收入的权利。捕捞权可以分为内陆水域捕捞权、近海捕捞权、外海和远洋捕捞权。

三、《渔业法》在我国环境法体系中的地位

《渔业法》是我国环境法体系中的一部部门法，在立法位阶上是由全国人民代表大会常务委员会通过的法律。《渔业法》属于环境法系统下的环境事务法范畴，规范渔业资源开发利用和保护事务，与《矿产资源法》《森林法》《草原法》《水法》等共同构成自然资源法子系统。

四、《渔业法》的由来

表 14-2 《渔业法》的由来

名称	制定机构	颁布时间	构成
《关于渤海、黄海及东海机轮拖网渔业禁渔区的命令》	国务院	1955.6.8	共4条
《水产资源繁殖保护条例》	国务院	1979.2.10	共8章20条
《渔业船舶海损事故调查处理规则(试行)》	国家水产总局	1980.5.30	共11条
《新疆维吾尔自治区水产资源繁殖保护管理条例》	新疆维吾尔自治区第五届人民代表大会常务委员会	1980.11.20	共7章20条
《浙江省海洋水产资源保护试行规定》	浙江省第五届人民代表大会常务委员会	1981.11.1	共8章33条
《上海市水产养殖保护暂行规定》	上海市第七届人民代表大会常务委员会	1982.2.27	共6章22条
《湖南省水产管理暂行条例》	湖南省第五届人民代表大会常务委员会	1982.6.28	共6章32条
《关于公布试行南京市水产资源保护暂行规定的通告》	南京市人民政府	1983.1.13	共6章22条
《海洋捕捞渔船管理暂行办法》	农业部	1983.10.31	共16条
《浙江省淡水渔业生产和资源保护暂行规定》	浙江省第六届人民代表大会常务委员会	1984.11.11	共8章40条
《贵州省渔业生产管理条例》	贵州省第六届人民代表大会常务委员会	1984.4.20	共15条
《广东省渔业许可证发放办法》	广东省水产局	1984.12.20	共13条
《渔业法》	第六届全国人民代表大会常务委员会	1986.1.20	共6章35条
《渔业法》(2000年修正)	第九届全国人民代表大会常务委员会	2000.10.31	共6章50条
《渔业法》(2004年修正)	第十届全国人民代表大会常务委员会	2004.8.28	共6章50条
《渔业法》(2009年修正)	第十一届全国人民代表大会常务委员会	2009.8.27	共6章50条
《渔业法》(2013年修正)	第十二届全国人民代表大会常务委员会	2013.12.28	共6章50条

现行《渔业法》是对1986年的《渔业法》的第四次修正。在1986年的《渔业法》之前，我国还实施过涉及渔业资源保护的相关法律文件。

（一）行政法规和部门规章

为保护水产资源，加强渔业管理，1955年6月8日国务院发布《中华人民共和国国务院关于渤海、黄海及东海机轮拖网渔业禁渔区的命令》，划定了禁渔区的范围，规定17个基点联线以西的我国沿海为禁渔区，备有螺旋推进器的渔轮，拖曳网具以捕捞底层水产动物的渔业（不包括机帆船渔业），都不得在禁渔区内作业，并明确了违反规定的责任。

为了繁殖保护水产资源，发展水产事业，1979年2月10日国务院发布《水产资源繁殖保护条例》，规定了以下几方面内容。第一，水产资源捕捞标准制度，规定水生动物的可捕标准，应当以达到性成熟为原则。对各种捕捞对象应当规定具体的可捕标准（长度或重量）和渔获物中小于可捕标准部分的最大比重。捕捞时应当保留足够数量的亲体，使资源能够稳定增长。第二，科学养殖制度，各地应当因地制宜采取各种措施，如改良水域条件、人工投放苗种、投放鱼巢、灌江纳苗、营救幼鱼、移植驯化、消除敌害、引种栽植等，增殖水产资源。第三，禁渔区和禁渔期制度，对某些重要鱼虾贝类产卵场、越冬场和幼体索饵场，应当合理规定禁渔区、禁渔期。第四，限制捕捞工具和方法，各种主要渔具，应当按不同捕捞对象，分别规定最小网眼（箔眼）尺寸。禁止制造或出售不合规定的渔具。严禁炸鱼、毒鱼、滥用电力捕鱼。第五，渔业水域环境保护，禁止向渔业水域排弃有害水产资源的污水、油类、油性混合物等污染物质和废弃物。修建水利工程，要注意保护渔业水域环境。在鱼、蟹等洄游通道筑坝，要相应地建造过鱼设施。第六，规定了监管体制和违反《水产资源繁殖保护条例》的法律责任。

为了查明渔业船舶海损事故原因、分清责任、保障安全生产，1980年5月30日，原国家水产总局发布《渔业船舶海损事故调查处理规则（试行）》，主要规定了以下几方面内容。第一，明确了渔业船舶海损事故类型和报告制度，渔业船舶发生海损事故，应尽速向就近渔港监督部门提出扼要报告（或电报），并在进入第一个港口48小时内向渔监送交海损事故报告书。第二，规定了渔监在调查、处理海损事故时的监管职责。第三，规定了海损事故纠纷处理和损失分担方式。

为了加强对海洋捕捞渔船的管理，严格控制捕捞强度，有效地保护近海渔业资源，1983年10月31日原农牧渔业部发布《海洋捕捞渔船管理暂行办法》，主要规定了以下几方面内容。第一，规定了渔船登记管理制度，凡从事海洋捕捞生产的国营企业、集体社队或联户、个人所有渔船，必须按规定内容向当地渔政部门申请登记。渤海、黄海、东海一律不得新增和引进捕捞渔船，南海也必须严格控制新增捕捞渔船。对现有的近海捕捞渔船的更新，必须实行更新一艘淘汰一艘的办法。利用外海渔业资源、开发利用新品种、借鉴外国技术等需要新造或引进捕捞渔船时，必须事先办理报批手续。第二，规定了捕捞许可管理，所有渔业船舶必须备有渔政、渔港监督、渔船检验及公安部门核发的渔业许可证、渔船检验证、职务船员考试合格证，以及船舶户口簿和出海船民证、临时出海船民证，方可出海生产。第三，规定了违反管理办法的法律责任。

（二）地方法规和规范性文件

为保护湖南省水产资源，发展水产事业，1982 年 6 月 24 日湖南省第五届人民代表大会常务委员会第十六次会议通过《湖南省水产管理暂行条例》。第一，明确了动员各方面力量，充分利用各种水面，实行以养为主，养殖、增殖、捕捞、种植相结合的方针。第二，规定了水产资源种类和可捕捞标准。第三，规定了禁渔区、禁渔期制度。第四，规定了水环境保护制度，禁止向江河、湖泊、水库、鱼塘等水域排放不合排污标准的废水、废渣及其他废弃物。第五，建立渔业生产责任制和科学养殖制度。第六，建立小流域管理制度，在水产、渔政部门的指导下，健全群众性的湖、河管理委员会和其他护鱼联防组织，加强渔业管理。第七，实行限额捕捞和渔业许可证制度。第八，明确规定了违法的法律责任。

《湖南省水产管理暂行条例》是对渔业生产规定全面的地方法规，其他省市区也相继出台了规范渔业生产的地方法规和规范性文件。例如，为了繁殖保护水产资源，发展水产事业，结合新疆维吾尔自治区的具体情况，1980 年 9 月 26 日新疆维吾尔自治区第五届人民代表大会常务委员会第六次会议通过《新疆维吾尔自治区水产资源繁殖保护管理条例》；为了繁殖保护和合理利用海洋水产资源和淡水渔业资源，发展浙江省海洋渔业生产和促进淡水渔业的发展，1981 年 11 月 1 日浙江省第五届人民代表大会常务委员会第十一次会议通过《浙江省海洋水产资源保护试行规定》，1984 年 11 月 11 日浙江省第六届人民代表大会常务委员会第十次会议通过《浙江省淡水渔业生产和资源保护暂行规定》；为了保护水产养殖，发展上海市的水产事业，1982 年 2 月 27 日上海市第七届人民代表大会常务委员会第十九次会议通过《上海市水产养殖保护暂行规定》。这些地方法规对禁渔区和禁渔期，捕捞方式方法、标准、禁止性规定，监督管理，渔业水域环境保护及法律责任等进行了规定。再如，为了开发利用和保护贵州省水产资源，发展渔业生产，1984 年 4 月 20 日贵州省第六届人民代表大会常务委员会第七次会议通过《贵州省渔业生产管理条例》，规定了以下几方面内容：第一，承包经营，对包括江河、湖泊、池塘、山塘、水库、稻田等一切渔业水域的渔业生产实施承包经营管理。第二，科学养殖，积极开展技术服务，建立以水产站为指导、水产技术人员为骨干的技术推广体系，积极培育、引进、推广优良鱼种，加强鱼苗、鱼种生产和运销管理，建立苗种经营许可证制度。第三，实施渔业许可证制度，对于在大型水库、湖泊和主要江河捕鱼的专业渔民，发给长期使用的渔业许可证；对于季节性捕鱼的非专业渔民和来我省捕鱼的外省渔民，发给临时渔业许可证。同样，为维护渔业生产秩序，保护和合理利用水产资源，1984 年 12 月 20 日原广东省水产局发布《广东省渔业许可证发放办法》，结合广东省实际情况实施渔业许可证制度，规定凡从事海洋、江河捕捞渔业的国营企业、区乡集体、联户和个人，必须向所在县渔政站或水产局提出申请，经审查批准取得渔业许可证后方准进行生产；并规定了没有渔业许可证而从事捕捞生产的渔船承担的法律责任。1983 年 1 月 13 日南京市人民政府关于公布试行南京市水产资源保护暂行规定的通告，等等。

（三）1986 年《渔业法》及其修正

为进一步加强渔业资源的保护，增殖、开发和合理利用，促进渔业生产，保护渔业生产者的合法权益，在总结渔业资源保护法制建设成就的基础上，1986 年颁布的《渔业法》由 6 章 35 条构成，6 章依次为《总则》《养殖业》《捕捞业》《渔业资源的增殖和保护》《法律责任》《附则》。2000 年第一次修正的《渔业法》仍为 6 章，增加了 15 条，由 6 章 50 条构成。2004 年第二次修正只是微调，仅对第 16 条第 1 款进行了修改。根据 2009 年 8 月 27 日第十一届全国人民代表大会常务委员会第十次会议《关于修改部分法律的决定》第三次修正。2013 年第四次修正仍是微调，仅对第 23 条第 2 款进行了修改。

【作者简介】　田其云（1966～　），汉族，重庆北碚人，博士。现为中国海洋大学教授、博士生导师、环境法与生态文明研究所副所长。主要研究领域有自然资源保护法、生态保护法、能源法。曾出版《我国海洋生态恢复法律制度研究》《海洋渔业资源恢复法律制度研究》等学术著作，在《现代法学》《法学杂志》《学术研究》等期刊发表学术论文约四十篇。主持并完成国家社科基金项目、教育部重大招标项目之子项目等多项。担任中国能源法学研究会常务理事、中国环境资源法学研究会理事、山东省法学会环境资源法学研究会副会长、山东省生态文明研究会常务理事等学术职务。联系方式：tianqy@ ouc. edu. cn。

第十五章 《中华人民共和国野生动物保护法》导读

郑艺群

一、《中华人民共和国野生动物保护法》概况

《中华人民共和国野生动物保护法》(以下简称《野生动物保护法》)由中华人民共和国第十二届全国人民代表大会常务委员会第二十一次会议于2016年7月2日修订通过,由中华人民共和国主席习近平以中华人民共和国主席令第四十七号于2016年7月2日公布,自2017年1月1日起施行。

表15-1 《野生动物保护法》的构成

结构	条文主旨	具体法条序号	主要内容
第一章(第1~9条)	总则	第1条	立法目的
		第2条	《野生动物保护法》的适用范围、野生动物和野生动物及其制品的定义
		第3条	野生动物的权属
		第4条	基本原则
		第5条	栖息地保护和社会参与
		第6条	公民权利义务
		第7条	野生动物的管理部门
		第8条	宣传教育与舆论监督
		第9条	奖励

续表

<table>
<tr><th>结构</th><th>条文主旨</th><th>具体法条序号</th><th colspan="2">主要内容</th></tr>
<tr><td rowspan="10">第二章
（第 10 ~ 19 条）</td><td rowspan="10">野生动物及其栖息地保护</td><td>第 10 条</td><td rowspan="2">野生动物保护目录制度</td><td>分类分级保护</td></tr>
<tr><td>第 11 条</td><td rowspan="2">野生动物重要栖息地档案和名录制度</td></tr>
<tr><td>第 12 条</td><td>野生动物及栖息地的调查、监测、评估</td></tr>
<tr><td>第 13 条</td><td colspan="2" rowspan="6">野生动物行政主管部门和建设项目单位在野生动物及其栖息地保护中的责任</td></tr>
<tr><td>第 14 条</td></tr>
<tr><td>第 15 条</td></tr>
<tr><td>第 16 条</td></tr>
<tr><td>第 17 条</td></tr>
<tr><td>第 18 条</td></tr>
<tr><td>第 19 条</td><td colspan="2">野生动物损害补偿制度</td></tr>
<tr><td rowspan="11">第三章
（第 20 ~ 41 条）</td><td rowspan="11">野生动物管理</td><td>第 20 条</td><td>禁止妨碍野生动物生息繁衍活动</td><td rowspan="11">野生动物保护的相关制度、禁止违法经营利用行为、野生动物及其制品进出口制度</td></tr>
<tr><td>第 21 条</td><td>特许猎捕证制度</td></tr>
<tr><td>第 22 条</td><td>对猎捕非国家重点保护野生动物行为的管理</td></tr>
<tr><td>第 23 条</td><td>狩猎证制度</td></tr>
<tr><td>第 24 条</td><td>猎捕工具和方法限制</td></tr>
<tr><td>第 25 条</td><td>人工繁育许可证制度</td></tr>
<tr><td>第 26 条</td><td>人工繁育要求</td></tr>
<tr><td>第 27 条</td><td>允许进出口证明书制度</td></tr>
<tr><td>第 28 条</td><td>对人工繁育技术成熟稳定的动物的特殊管理</td></tr>
<tr><td>第 29 条</td><td>利用野生动物及其制品原则要求</td></tr>
<tr><td>第 30 条</td><td>禁止生产经营和滥食野生动物及其制品</td></tr>
</table>

续表

结构	条文主旨	具体法条序号	主要内容	
第三章（第 20～41 条）	野生动物管理	第 31 条	违法出售、收购、利用野生动物及其制品发布广告或者相关信息、提供交易场所的禁止性规定	野生动物保护的相关制度、禁止违法经营利用行为、野生动物及其制品进出口制度
		第 32 条		
		第 33 条	野生动物及其制品运输、携带、寄递的规定	
		第 34 条	有关部门职责分工	
		第 35 条	进出口管理	
		第 36 条	执法国际合作与国内协调机制	
		第 37 条	境外引进野生动物物种及安全防范措施	
		第 38 条	野生动物放生	
		第 39 条	禁止伪造、变造批准文件	
		第 40 条	外国人野外考察管理	
		第 41 条	地方人大管理办法	
第四章（第 42～57 条）	法律责任	第 42 条	对各类违法行为的处罚	
		第 43 条		
		第 44 条		
		第 45 条		
		第 46 条		
		第 47 条		
		第 48 条		
		第 49 条		
		第 50 条		
		第 51 条		
		第 52 条		
		第 53 条		
		第 54 条		

续表

结构	条文主旨	具体法条序号	主要内容
第四章（第42～57条）	法律责任	第55条	对各类违法行为的处罚
		第56条	
		第57条	
第五章（第58条）	附则	第58条	生效时间

注：此表根据作者提供的文字及《中华人民共和国法律全编2016年版》（阴影部分）整理。

二、《野生动物保护法》的主要内容

《野生动物保护法》除《法律责任》《附则》两章外，主要规定了以下几个方面的内容：

（一）立法目的

《野生动物保护法》第1条规定："为保护野生动物，拯救珍贵、濒危野生动物，维护生物多样性和生态平衡，推进生态文明建设，制定本法。"这是《野生动物保护法》宣告的立法目的。根据这一规定，《野生动物保护法》有以下三个层面的立法目的。第一层面，该法立法目的首先是"为保护野生动物，拯救珍贵、濒危野生动物"，这个层面主要针对珍贵、濒危野生动物要通过立法予以保护和拯救。这一层面的相关立法关注对野生动物本身的保护和拯救。第二层面是"维护生物多样性和生态平衡"这一层面的相关立法关注野生动物对生物多样性以及生态系统平衡的价值。第三层面是"推进生态文明建设，制定本法"，该层面点明了制定《野生动物保护法》的实施效果是为了推进我国生态文明建设。总之，从第1条规定可知，野生动物可以提供生态服务价值对维护生态多样性和生态平衡具有重要作用。因此，对野生动物立法不仅是为了保护野生动物，更重要的是为了维护生态平衡，保存生态价值以推进我国生态文明建设。

（二）适用范围和野生动物、野生动物及其制品的界定

《野生动物保护法》第2条规定："在中华人民共和国领域及管辖的其他海域，野生动物保护及相关活动，适用本法。"这一条款规定了该法的适用范围。第2条同时还界定了野生动物、野生动物及其制品的定义。本法规定保护的野生动物，是指"珍贵、濒危的陆生、水生野生动物和有重要生态、科学、社会价值的陆生野生动物。本法规定的野生动物及其制品，是指野生动物的

整体(含卵、蛋)、部分及其衍生物”。“珍贵、濒危的水生野生动物以外的其他水生野生动物的保护,适用《中华人民共和国渔业法》的规定。”

(三)关于野生动物资源的权属规定

国家为保护野生动物,拯救珍贵、濒危野生动物,维护生物多样性和生态平衡,推进生态文明建设,改变长期以来人们对野生动物所持的“野生无主、谁猎谁有”的观念,我国《野生动物保护法》规定野生动物资源归国家所有。虽然野生动物资源的所有权为国有,但《野生动物保护法》亦规定国家保护依法从事野生动物科学研究、人工繁育等保护及相关活动的组织和个人的合法权益。国家对野生动物实行保护优先、规范利用、严格监管的方针,鼓励开展野生动物科学研究。同时,在野生动物保护和科学研究方面成绩显著的组织和个人,由政府给予奖励。任何组织和个人都有保护野生动物及其栖息地的义务。禁止违法猎捕野生动物、破坏野生动物栖息地。任何组织和个人都有权向有关部门举报或控告违反本法的行为。

(四)关于野生动物保护的行政管理体制

《野生动物保护法》第7条规定:“国务院林业、渔业主管部门分别主管全国陆生、水生野生动物保护工作。县级以上地方人民政府林业、渔业主管部门分别主管本行政区域内陆生、水生野生动物保护工作。”

(五)关于野生动物及其栖息地保护的具体法律措施

1.《野生动物保护法》第10条规定,国家对野生动物实行分类分级保护

第13条规定:“县级以上人民政府及其有关部门在编制有关开发利用规划时,应当充分考虑野生动物及其栖息地保护的需要,分析、预测和评估规划实施可能对野生动物及其栖息地保护产生的整体影响,避免或者减少规划实施可能造成的不利后果。”

“禁止在相关自然保护区域建设法律法规规定不得建设的项目。机场、铁路、公路、水利水电、围堰、围填海等建设项目的选址选线,应当避让相关自然保护区域、野生动物迁徙洄游通道;无法避让的,应当采取修建野生动物通道、过鱼设施等措施,消除或者减少对野生动物的不利影响。”

“建设项目可能对相关自然保护区域、野生动物迁徙洄游通道产生影响的,环境影响评价文件的审批部门在审批环境影响评价文件时,涉及国家重点保护野生动物的,应当征求国务院野生动物保护主管部门意见;涉及地方重点保护野生动物的,应当征求省、自治区、直辖市人民政府野生动物保护主管部门意见。”

2. 对珍贵、濒危野生动物实行重点保护

《野生动物保护法》第 10 条规定："国家对珍贵、濒危的野生动物实行重点保护。国家重点保护的野生动物分为一级保护野生动物和二级保护野生动物。国家重点保护野生动物名录，由国务院野生动物保护主管部门组织科学评估后制定，并每五年根据评估情况确定对名录进行调整。国家重点保护野生动物名录报国务院批准公布。地方重点保护野生动物，是指国家重点保护野生动物以外，由省、自治区、直辖市重点保护的野生动物。地方重点保护野生动物名录，由省、自治区、直辖市人民政府组织科学评估后制定、调整并公布。"第 15 条规定："国家或者地方重点保护野生动物受到自然灾害、重大环境污染事故等突发事件威胁时，当地人民政府应当及时采取应急救助措施。"第 17 条规定："国家加强对野生动物遗传资源的保护，对濒危野生动物实施抢救性保护。"

3. 划定自然保护区，保护野生动物栖息地

《野生动物保护法》第 11 条规定："县级以上人民政府野生动物保护主管部门，应当定期组织或者委托有关科学研究机构对野生动物及其栖息地状况进行调查、监测和评估，建立健全野生动物及其栖息地档案。"第 12 条规定："国务院野生动物保护主管部门应当会同国务院有关部门，根据野生动物及其栖息地状况的调查、监测和评估结果，确定并发布野生动物重要栖息地名录。省级以上人民政府依法划定相关自然保护区域，保护野生动物及其重要栖息地，保护、恢复和改善野生动物生存环境。对不具备划定相关自然保护区域条件的，县级以上人民政府可以采取划定禁猎（渔）区、规定禁猎（渔）期等其他形式予以保护。"

4. 监视、监测环境对野生动物的影响

《野生动物保护法》第 14 条规定："各级野生动物保护主管部门应当监视、监测环境对野生动物的影响。由于环境影响对野生动物造成危害时，野生动物保护主管部门应当会同有关部门进行调查处理。"

5. 监测野生动物疫源疫病

《野生动物保护法》第 16 条规定："县级以上人民政府野生动物保护主管部门、兽医主管部门，应当按照职责分工对野生动物疫源疫病进行监测，组织开展预测、预报等工作，并按照规定制定野生动物疫情应急预案，报同级人民政府批准或者备案。县级以上人民政府野生动物保护主管部门、兽医主管部门、卫生主管部门，应当按照职责分工负责与人畜共患传染病有关的动物传染病的防治管理工作。"

6. 加强对野生动物遗传资源的保护

《野生动物保护法》第17条规定："国家加强对野生动物遗传资源的保护，对濒危野生动物实施抢救性保护。国务院野生动物保护主管部门应当会同国务院有关部门制定有关野生动物遗传资源保护和利用规划，建立国家野生动物遗传资源基因库，对原产我国的珍贵、濒危野生动物遗传资源实行重点保护。"

（六）关于野生动物管理的法律规定

1. 野生动物猎捕管理

（1）《野生动物保护法》第20条规定："在相关自然保护区域和禁猎（渔）区、禁猎（渔）期内，禁止猎捕以及其他妨碍野生动物生息繁衍的活动，但法律法规另有规定的除外。"

（2）《野生动物保护法》第21条规定："禁止猎捕、杀害国家重点保护野生动物。因科学研究、种群调控、疫源疫病监测或者其他特殊情况，需要猎捕国家一级保护野生动物的，应当向国务院野生动物保护主管部门申请特许猎捕证；需要猎捕国家二级保护野生动物的，应当向省、自治区、直辖市人民政府野生动物保护主管部门申请特许猎捕证。"

（3）实行猎捕许可证制度。《野生动物保护法》第22条规定："猎捕非国家重点保护野生动物的，应当依法取得县级以上地方人民政府野生动物保护主管部门核发的狩猎证，并且服从猎捕量限额管理。"第23条规定："猎捕者应当按照特许猎捕证、狩猎证规定的种类、数量、地点、工具、方法和期限进行猎捕。持枪猎捕的，应当依法取得公安机关核发的持枪证。"

（4）《野生动物保护法》第24条规定："禁止使用毒药、爆炸物、电击或者电子诱捕装置以及猎套、猎夹、地枪、排铳等工具进行猎捕，禁止使用夜间照明行猎、歼灭性围猎、捣毁巢穴、火攻、烟熏、网捕等方法进行猎捕，但因科学研究确需网捕、电子诱捕的除外。前款规定以外的禁止使用的猎捕工具和方法，由县级以上地方人民政府规定并公布。"

2. 野生动物经营利用管理的有关规定

（1）实行人工繁育许可证制度。《野生动物保护法》第25条规定："国家支持有关科学研究机构因物种保护目的人工繁育国家重点保护野生动物。前款规定以外的人工繁育国家重点保护野生动物实行许可制度。人工繁育国家重点保护野生动物的，应当经省、自治区、直辖市人民政府野生动物保护主管部门批准，取得人工繁育许可证，但国务院对批准机关另有规定的除外。人工繁育国家重点保护野生动物应当使用人工繁育子代种源，建立物种系谱、繁育档案和个体数据。”

(2)《野生动物保护法》第 27 条规定:“禁止出售、购买、利用国家重点保护野生动物及其制品。因科学研究、人工繁育、公众展示展演、文物保护或者其他特殊情况,需要出售、购买、利用国家重点保护野生动物及其制品的,应当经省、自治区、直辖市人民政府野生动物保护主管部门批准,并按照规定取得和使用专用标识,保证可追溯,但国务院对批准机关另有规定的除外。实行国家重点保护野生动物及其制品专用标识的范围和管理办法,由国务院野生动物保护主管部门规定。出售、利用非国家重点保护野生动物的,应当提供狩猎、进出口等合法来源证明。

(3)《野生动物保护法》第 33 条规定:“运输、携带、寄递国家重点保护野生动物及其制品、本法第二十八条第二款规定的野生动物及其制品出县境的,应当持有或者附有本法第二十一条、第二十五条、第二十七条或者第二十八条规定的许可证、批准文件的副本或者专用标识,以及检疫证明。运输非国家重点保护野生动物出县境的,应当持有狩猎、进出口等合法来源证明,以及检疫证明。

(4)《野生动物保护法》第 35 条规定:“中华人民共和国缔结或者参加的国际公约禁止或者限制贸易的野生动物或者其制品名录,由国家濒危物种进出口管理机构制定、调整并公布。进出口列入前款名录的野生动物或者其制品的,出口国家重点保护野生动物或者其制品的,应当经国务院野生动物保护主管部门或者国务院批准,并取得国家濒危物种进出口管理机构核发的允许进出口证明书。依法实施进出境检疫。海关凭允许进出口证明书、检疫证明按照规定办理通关手续。涉及科学技术保密的野生动物物种的出口,按照国务院有关规定办理。”

(5)《野生动物保护法》第 37 条规定:“从境外引进野生动物物种的,应当经国务院野生动物保护主管部门批准。从境外引进列入本法第三十五条第一款名录的野生动物,还应当依法取得允许进出口证明书。依法实施进境检疫。海关凭进口批准文件或者允许进出口证明书以及检疫证明按照规定办理通关手续。从境外引进野生动物物种的,应当采取安全可靠的防范措施,防止其进入野外环境,避免对生态系统造成危害。确需将其放归野外的,按照国家有关规定执行。”

3. 保障野生动物福利

(1)《野生动物保护法》第 26 条规定:“人工繁育国家重点保护野生动物应当有利于物种保护及其科学研究,不得破坏野外种群资源,并根据野生动物习性确保其具有必要的活动空间和生息繁衍、卫生健康条件,具备与其繁育目的、种类、发展规模相适应的场所、设施、技术,符合有关技术标准和防疫要求,不得虐待野生动物。”

(2)《野生动物保护法》第29条规定:“利用野生动物及其制品的,应当以人工繁育种群为主,有利于野外种群养护,符合生态文明建设的要求,尊重社会公德,遵守法律法规和国家有关规定。野生动物及其制品作为药品经营和利用的,还应当遵守有关药品管理的法律法规。”

4. 野生动物及其制品交易管理

(1)《野生动物保护法》第30条规定:“禁止生产、经营使用国家重点保护野生动物及其制品制作的食品,或者使用没有合法来源证明的非国家重点保护野生动物及其制品制作的食品。”

(2)《野生动物保护法》第31条规定:“禁止为出售、购买、利用野生动物或者禁止使用的猎捕工具发布广告。禁止为违法出售、购买、利用野生动物制品发布广告。”

(3)《野生动物保护法》第31条规定:“禁止网络交易平台、商品交易市场等交易场所,为违法出售、购买、利用野生动物及其制品或者禁止使用的猎捕工具提供交易服务。”

三、《野生动物保护法》在我国环境法体系中的地位

《野生动物保护法》是我国环境法体系的组成部分,是一部单行性的专门环境法律,在环境法体系中具有十分重要的地位。

(一)立法位阶

《野生动物保护法》是由全国人民代表大会常务委员会通过的法律。其效力位阶低于基本法。

(二)立法依据

《野生动物保护法》没有明确宣布其立法依据。

(三)执行主体

《野生动物保护法法》规定了统分结合的野生动物保护和管理体制,确定由“国务院林业、渔业主管部门”分别主管“全国陆生、水生野生动物管理工作”,县级以上地方人民政府林业、渔业主管部门分别主管本行政区域内陆生、水生野生动物保护工作。

四、《野生动物保护法》的立法概况

表 15－2 《野生动物保护法》的由来

名称	制定机构	颁布时间	构成
《关于积极保护和合理利用野生动物资源的指示》	国务院	1962.9.14	共5条
《关于停止珍贵野生动物收购和出口的通知》	外贸部	1973.12.26	共1条
《水产资源繁殖保护条例》	国务院	1979.2.10	共8章20条
《关于加强鸟类保护，执行中日候鸟保护协定的请示》	林业部、外交部、外贸部、财政部、国务院环境保护领导小组、国家城市建设总局、中国科学院、共青团中央	1981.9.14	共5条
《关于严格保护珍贵稀有野生动物的通令》	国务院	1983.4.13	共6条
《森林和野生动物类型自然保护区管理办法》	林业部	1985.7.6	共17条
《野生动物保护法》	第七届全国人民代表大会常务委员会	1988.11.8	共5章42条
《野生动物保护法》(2004年修正)	第十届全国人民代表大会常务委员会	2004.8.28	共5章42条
《野生动物保护法》(2009年修正)	第十一届全国人民代表大会常务委员会	2009.8.27	共5章42条
《野生动物保护法》(2016年修订)	第十二届全国人民代表大会常务委员会	2016.7.2	共5章58条

早在1962年，国务院颁布了《关于积极保护和合理利用野生动物资源的指示》；1973年外贸部发出的《关于停止珍贵野生动物收购和出口的通知》；同年，林业部草拟了《野生动物资源保护条例》；1979年国务院颁布了《水产资源繁殖保护条例》；1981年国务院批转了林业部《关于加强鸟类保护，执行中日候鸟保护协定的请示》；1983年国务院发出《关于严格保护珍贵稀有野生动物的通令》；1985年国务院公布了《森林和野生动物类型自然保护区管理办法》；1988年11月8日全国人大通过了《中华人民共和国野生动物保护法》，规定

我国野生动物保护事业的总方针:“加强资源保护,积极驯养繁殖,合理开发利用”,该法已于 2004 年、2009 年、2016 年次对该法进行了修正,2004 年 12 月,国务院批准颁布了《国家一、二级重点保护野生动物名录》,该名录规定保护的动物达 335 种(其中一级保护野生动物 97 种、二级 238 种);此外,我国还陆续制定了《关于野生动植物进出口管理收费的通知》(1988 年)、《国家重点保护野生动物驯养繁殖许可证管理办法》(1991 年)、《进出境动植物检疫法》(1991 年)、《陆生野生动物保护实施条例》(1992 年)、《陆生野生动物资源保护管理费收费办法》(1992 年)、《水生野生动物保护实施条例》(1993 年)、《国务院关于禁止犀牛角和虎骨贸易的通知》(1993 年)、《进出境动植物检疫法实施条例》(1996 年)、《濒危野生动植物进出口管理条例》(2006 年)等相关法律、法规及部门规章。到目前为止,我国共制定与野生动物保护相关的法律文件 175 件,其中法律 5 件《中华人民共和国野生动物保护法》(2016 年修正)、《中华人民共和国野生动物保护法》(2009 年修正)、《中华人民共和国野生动物保护法》(2004 年修正)、《中华人民共和国野生动物保护法》(1988 年制定)、《全国人大常委会关于惩治捕杀国家重点保护的珍贵、濒危野生动物犯罪的补充规定》(失效)共计法律 5 件;执行法共计 163 件,其中专门条例(行政法规、部委规章、部门规范性文件)34 件,如行政法规《陆生野生动物保护实施条例》(2011 年修订)、《陆生野生动物保护实施条例》《水生野生动物保护实施条例》(2013 年修订)、《水生野生动物保护实施条例》《水生野生动物保护实施条例》(2011 年修订),部委规章、部门规范性文件如《森林和野生动物类型自然保护区管理办法》《国家重点保护野生动物驯养繁殖许可证管理办法》(2015 年修订)、《国家重点保护野生动物驯养繁殖许可证管理办法》《水生野生动物利用特许办法》(2013 年修订)、《水生野生动物利用特许办法》《陆生野生动物疫源疫病监测防控管理办法》《引进陆生野生动物外来物种种类及数量审批管理办法》(2015 年修订)、《引进陆生野生动物外来物种种类及数量审批管理办法》《国家重点保护野生动物名录》《非法捕杀国家重点保护珍贵、濒危陆生野生动物案立案标准》等;地方专门法(地方性法规与地方政府规章)129 件,如《安徽省实施〈中华人民共和国野生动物保护法〉办法》(2015 年修订)、《甘肃省实施安徽省实施〈中华人民共和国野生动物保护法〉办法》(2010 年修订)、《广东省野生动物保护管理条例》(2012 年 7 月修正)、《黑龙江省野生动物保护条例》(2015 年修正)、《河北省陆生野生动物保护条例》(2015 年修订)、《江苏省野生动物保护条例》等;司法解释 1 件即《最高人民法院关于审理破坏野生动物资源刑事案件具体应用法律若干问题的解释》;法律前身6件即《全国人大常委会关于惩治捕杀国家重点保护的珍贵、濒危野生动物犯罪的补充规定》(失效)、《国务院关于公布第二批国家级森林和野生动物类型自然保护区的通知》《国务院关于积极保护和合理利用野生动物资源的指示》《国务院关于坚决制止乱捕滥猎和倒卖、走私珍稀野生动物的紧急通知》《国务院关于严格保护珍贵稀有野生动物的通令》《森林和野生动物类型自然保护区管理办法》。

【作者简介】 郑艺群(1971～　),汉族,安徽绩溪人,法学博士,现为福州大学法学院副教授,硕士生导师。兼任中国法学会环境资源法学研究会理事,福建省法学会环境资源与城乡建设法学研究会副秘书长。主要研究领域有环境法学、法哲学。在《现代法学》《东南学术》《海南大学学报》等核心刊物上公开发表论文十余篇。主持了福建省教育厅、福建省社会科学规划项目和福建省环保厅环保科技项目,参与数项国家社科基金项目和司法部项目的研究工作。作为子项目的负责人参与了国家社科基金重大项目的研究工作,作为副主编参与了由厦门大学出版的本科教材《环境法学》和法律硕士教材《环境法》的编撰工作。学术论著《环境法哲学》(第二作者)2013年获福建省第十届社会科学优秀成果二等奖。《科学发展观与法律发展:法学方法论的生态化》(第二作者)荣获2009年福建省第八届社会科学优秀成果一等奖。

第十六章 《中华人民共和国水土保持法》导读

杨朝霞

一、《中华人民共和国水土保持法》概况

《中华人民共和国水土保持法》(以下简称《水土保持法》)由中华人民共和国第十一届全国人大常委会第十八次会议于2010年12月25日修订通过，由中华人民共和国主席胡锦涛以中华人民共和国主席令第三十九号颁布，自2011年3月1日起施行。

《水土保持法》作为我国水土保持工作的专门法，是我国生态法律部门法中的典型代表，其与《土地管理法》《农业法》《水法》《防沙治沙法》《森林法》《草原法》《农村土地承包法》等相关法律法规中有关水土保持的法律规范一起，共同组成了我国的水土保持法律体系。

表16-1 《水土保持法》的构成

结构	条文主旨	具体法条序号	主要内容
第一章 (第1~9条)	总则	第1条	立法目的
		第2条	适用范围、水土保持概念
		第3条	水土保持的工作方针
		第4条	目标责任制和考核奖惩制度
		第5条	管理体制
		第6条	宣传和教育
		第7条	科研和技术推广
		第8条	单位和个人义务和监督举报权利
		第9条	表彰奖励

续表

结构	条文主旨	具体法条序号	主要内容
第二章（第 10 ~ 15 条）	规划	第 10 条	水土保持规划编制的依据、原则、内容、程序
		第 11 条	
		第 12 条	
		第 13 条	
		第 14 条	
		第 15 条	
第三章（第 16 ~ 29 条）	预防	第 16 条	加强生态建设预防和减轻水土流失的政府职责、滑坡危险区和泥石流易发区的划定、植被及植物保护带的保护、水土保持设施的管理与维护
		第 17 条	
		第 18 条	
		第 19 条	
		第 20 条	
		第 21 条	
		第 22 条	
		第 23 条	
		第 24 条	
		第 25 条	
		第 26 条	
		第 27 条	
		第 28 条	
		第 29 条	
第四章（第 30 ~ 39 条）	治理	第 30 条	水土保持重点工程建设和运行管护、生态效益补偿制度、水土流失治理措施
		第 31 条	
		第 32 条	
		第 33 条	
		第 34 条	
		第 35 条	

续表

结构	条文主旨	具体法条序号	主要内容
第四章（第 30 ~ 39 条）	治理	第 36 条	水土保持重点工程建设和运行管护、生态效益补偿制度、水土流失治理措施
		第 37 条	
		第 38 条	
		第 39 条	
第五章（第 40 ~ 46 条）	监测和监督	第 40 条	水土保持监测工作的性质、经费保障、动态监测、公告、生产建设项目监测义务及资质要求、相关主管部门和管理机构的监督检查职责、水土流失纠纷解决机制
		第 41 条	
		第 42 条	
		第 43 条	
		第 44 条	
		第 45 条	
		第 46 条	
第六章（第 47 ~ 58 条）	法律责任	第 47 条	有关行为的法律责任和对各类违法行为的处罚
		第 48 条	
		第 49 条	
		第 50 条	
		第 51 条	
		第 52 条	
		第 53 条	
		第 54 条	
		第 55 条	
		第 56 条	
		第 57 条	
		第 58 条	
第七章（第 59 ~ 60 条）	附则	第 59 条	对地方水土保持工作机构的授权
		第 60 条	生效时间

注：此表根据作者提供的文字整理。

二、《水土保持法》的主要内容

《水土保持法》除《法律责任》《附则》两章外，主要规定了以下几个方面的内容。

（一）立法目的

《水土保持法》第1条规定："为了预防和治理水土流失，保护和合理利用水土资源，减轻水、旱、风沙灾害，改善生态环境，保障经济社会可持续发展，制定本法。"这是《水土保持法》对立法目的的正式宣告。根据这一规定，《水土保持法》有以下四个层面的立法目的。

1. 预防和治理水土流失。加快水土流失防治进程、维护和改善生态环境是当前我国生态环境建设的一项重要而紧迫的战略任务。预防和治理水土流失总的指导思想：一是对生态环境良好但水土流失潜在威胁较大的区域，依据实际情况，采取禁止和限制开发等保护性措施，尽可能减少对地表的扰动，控制水土流失的发生和发展（第18条、第20～21条等）；二是对可能产生水土流失的人为活动，包括农业生产活动以及基础设施建设、矿产资源开发、城镇建设等各类生产建设活动，实行严格监管，最大限度地减少人为水土流失及可能发生的危害（第24～25条、第38条等）；三是对历史原因和自然因素造成的水土流失进行综合治理，提高土地生产力，恢复生态环境（第34～35条、第37条等）。

2. 保护和合理利用水土资源。这是针对水土资源本身而言的。《水土保持法》第8条规定，"任何单位都有保护水土资源、预防和治理水土流失的义务"。合理利用水土资源则要求我们要改变落后、粗放和无节制的利用方式，摒弃重开发、轻保护，重眼前、轻长远的传统观念和做法，坚持保护与开发相结合，实现水土资源的可持续利用（第22～23条等）。

3. 减轻水、旱、风沙灾害，改善生态环境。水土流失破坏土地资源，造成土地退化，降低水源涵养能力，大量泥沙淤积江河湖库，加剧水、旱、风沙灾害，恶化生态环境。只有从源头上减少水、旱、风沙灾害发生的频率，降低危害程度，才能有效防治水土流失，达到维护和改善生态环境的目的。《水土保持法》第35条关于水力、风力、重力侵蚀地区的水土流失预防和治理的规定，第39条关于鼓励和支持在山区、丘陵区、风沙区以及容易发生水土流失的其他区域采取免耕、等高耕作、轮耕轮作、草田轮作、间作套种、封禁抚育、轮封轮牧、舍饲圈养等措施的规定，就体现了这一立法目的。

4. 保障经济社会可持续发展。这是《水土保持法》的终极目的或根本目的。所谓可持续发展(sustainable development),根据世界环境与发展委员会(WCED)的经典报告《我们共同的未来》,是指既满足当代人的需求,又不对后代人满足其需求的能力构成危害的发展。换言之,可持续发展的核心依然是发展,但要求在保持资源和环境永续利用的前提下,实现经济和社会的发展。这就要求我们既要达到发展经济的目的,又要保护好人类赖以生存的水土资源和生态环境,使子孙后代能够永续发展和安居乐业。

(二)《水土保持法》规定的水土保持的法律概念

《中国水利百科全书·水土保持分册》指出,水土保持(soil and water conservation)是防治水土流失,保护、改良与利用水土资源,维护和提高土地生产力,以利于充分发挥水土资源的生态效益、经济效益和社会效益,建立良好生态环境的事业。《水土保持法》第 2 条第 2 款规定:“本法所称水土保持,是指对自然因素和人为活动造成水土流失所采取的预防和治理措施。”可见,水土保持至少包括四层含义,即自然水土流失的预防、自然水土流失的治理、人为水土流失的预防、人为水土流失的治理。

1. 水土流失,是指在水力、风力、重力及冻融等自然营力和人类活动作用下,水土资源和土地生产能力的破坏和损失,包括土地表层侵蚀及水的损失。

2. 自然因素,是指水力、风力、重力及冻融等侵蚀营力。这些营力造成的水土流失分别为水力侵蚀、风力侵蚀、重力侵蚀、冻融侵蚀和混合侵蚀。

3. 水力侵蚀,是指土壤及其母质在降雨、径流等水体作用下,发生解体、剥蚀、搬运和沉积的过程,包括面蚀、沟蚀等。

4. 风力侵蚀,是指风力作用于地面而引起土粒、沙粒飞扬、跳跃、滚动和堆积的过程。沙尘暴是风力侵蚀的一种极端表现形式。

5. 重力侵蚀,是指土壤及其母质或基岩在重力作用下,发生位移和堆积的过程,包括崩塌、泻流和滑坡等形式。

6. 冻融侵蚀,是指土体和岩石经反复冻融作用而破碎、发生位移的过程。

7. 混合侵蚀,是指在两种或两种以上营力共同作用下形成的一种侵蚀类型,如崩岗、泥石流等。

8. 人为活动造成的水土流失即人为水土流失,也指人为侵蚀,是由人类活动如开矿、修路、工程建设以及滥伐、滥垦、滥牧、不合理耕作等造成的水土流失。

(三)水土保持的工作方针

《水土保持法》第 3 条规定:“水土保持工作实行预防为主、保护优先、全面规划、综合治理、因地制宜、突出重点、科学管理、注重效益的方针。”水土保持工作开展的总则是水土保持工作方针，它体现了以下四个层面的含义。

1. 预防为主，保护优先。从环境保护工作的原理和经验来看，事前的预防往往比事后的治理更有效率；从自然资源的可持续利用来看，“保护”应当具有高于“利用”的优先性——只有在“保护”的基础上才能实现“利用”的永续。正是基于这样的认识，《水土保持法》将“预防为主，保护优先”确立为首要的基本原则，并在第三章《预防》中作出了全面的规定。其中，该法关于开办可能造成水土流失之生产建设项目的生产建设单位应当编制水土保持方案的规定，可谓这一原则的集中体现（第24～25条）。

2. 全面规划，综合治理。《水土保持法》规定，对水土流失防治工作必须进行全面规划，统筹水土流失的预防和治理、统筹水土资源的保护和利用，并对水土流失的状况、水土流失类型区划分、水土流失防治目标、任务和措施等各个方面进行整体部署（第13条）。对已发生水土流失的治理，必须坚持以小流域为单元，综合运用工程措施、植物措施、耕种措施和农业技术措施等手段，对山水田林路村进行综合治理（第30条、第35～36条）。

3. 因地制宜，突出重点。所谓“因地制宜”，是指要根据不同地区和流域的水土流失情况，因害设防、因害施治，提高水土保持防治工作的针对性。例如，对于风力、水力、重力侵蚀地区、饮用水保护区、陡坡地区等不同地区的水土保持问题，《水土保持法》规定了差别化和针对性的防治措施（第35～37条等）。所谓“突出重点”，是指水土保持工作要厘清轻重缓急，抓住重点，有主有次、有先有后，不可眉毛胡子一把抓、平均用力。例如，《水土保持法》规定，要划定并公告重点预防区和重点治理区，加强重点工程建设，加大生态修复力度（第12条、第30条等）。

4. 科学管理，注重效益。这是指水土保持工作要讲究策略和技巧，应当引入科学的管理方法和先进的技术手段，注重工作实效的提高，不可蛮干、傻干。例如，《水土保持法》第二章中关于水土保持规划的编制要遵循统筹协调、分类指导的原则的规定（第10条）和第三章中关于水土保持方案的编制应当包括水土流失预防和治理的范围、目标、措施和投资等内容的规定（第25条）等，都体现了这一原则。

（四）水土保持的管理体制

《水土保持法》规定的水土保持管理体制是统分结合的体制，包括以下四个方面的内容。

1. 在政府职司划分方面水行政主管部门统一监督管理，其他部门在其职权范围内做好水土保持工作。《水土保持法》第5条第3款规定：“县级以上地方人民政府水行政主管部门主管本行政区域的水土保持工作。”

2. 在国家确定的重要江河、湖泊的管理上，由国务院水行政主管部门设立的流域管理机构在其职责范围内做好水土保持工作。《水土保持法》第 5 条第 2 款规定：“国务院水行政主管部门在国家确定的重要江河、湖泊设立的流域管理机构（以下简称流域管理机构），在所管辖范围内依法承担水土保持监督管理职责。”

3. 在地方相关部门管理职责划分上，其有关部门依据各自的职责履行监督管理职责。《水土保持法》第 5 条第 4 款规定：“县级以上地方人民政府林业、农业、国土资源等有关部门按照各自职责，做好有关的水土流失预防和治理工作。”

4. 全国水土保持工作由国务院水行政主管部门实施统一监督管理，县级以上地方人民政府水行政主管部门、流域管理机构、其他有关部门在国务院水行政主管部门统一监督管理下实施水土保持监督管理或在本行政区实施统一监督管理。《水土保持法》第 5 条第 1 款规定：“国务院水行政主管部门主管全国的水土保持工作。”

（五）水土保持的行政、技术、经济和社会手段

1. 水土保持的行政手段，指政府或其水行政主管部门、其他相关部门，就一般或个别水土保持事项、一般或个别监管对象、一般或个别水土资源利用和保护行为，依法运用其职权而作出有关抽象和具体行政行为。《水土保持法》规定的此类手段主要有行政规划（第 10 条）、行政审批（第 15 条、第 25 条）、行政检查（第 29 条）、行政强制（第 44 条）、行政裁决（第 46 条）、行政处罚（第 48 条等）等。

2. 水土保持的技术手段，指运用科学与技术手段对水土资源开发利用行为及其影响、水土流失状况实施监测、调查、评估、预防、修复等的科学技术手段。《水土保持法》规定的此类手段主要有封育保护、自然修复（第 17 条、第 20 ~ 21 条），组织单位和个人植树种草、扩大林草覆盖面积（第 18 条、第 22 条），涵养水源、编制水土保持方案（第 25 条、第 28 条），水土保持监测（第 40 ~ 41 条）等。

3. 水土保持的经济手段，指综合运用财政、税收、收费、补偿等经济方面的手段。《水土保持法》规定的此类手段主要有生态效益补偿（第 31 条）、缴纳水土保持补偿费（第 32 条）等。

4. 水土保持的社会手段，指运用专家、公众、媒体等社会力量参与水土保持工作。《水土保持法》规定的此类手段主要有公众举报、专家参与编制水土

保持规划、参与水土流失治理（第9～10条、第13条、第33条）等。

（六）水土保持规划的编制原则、内容和程序

1.水土保持规划遵循统筹协调、分类指导的原则编制。《水土保持法》第10条规定："水土保持规划应当在水土流失调查结果及水土流失重点预防区和重点治理区划定的基础上，遵循统筹协调、分类指导的原则编制。"第11条的第1～2款体现了这一原则。

2.水土保持规划的内容应当全面周到、普特结合、系统协调。《水土保持法》第13条第1款规定"水土保持规划的内容应当包括水土流失状况、水土流失类型区划分、水土流失防治目标、任务和措施等"，力求全面周到。《水土保持法》第13条第2款规定"水土保持规划包括对流域或者区域预防和治理水土流失、保护和合理利用水土资源作出的整体部署，以及根据整体部署对水土保持专项工作或者特定区域预防和治理水土流失作出的专项部署"，力求在一般中兼顾特殊，重视对特别问题的处理。《水土保持法》第13条第3款规定"水土保持规划应当与土地利用总体规划、水资源规划、城乡规划和环境保护规划等相协调"，力求各类规划之间的系统协调。

3.水土保持规划的编制应征求专家和公众意见。《水土保持法》第13条第4款规定"编制水土保持规划，应当征求专家和公众的意见"。

4.水土保持规划的编制、修改和批准应遵循法定的行政程序。《水土保持法》第14条第1款规定："县级以上人民政府水行政主管部门会同同级人民政府编制水土保持规划，报本级人民政府或者其授权的部门批准后，由水行政主管部门组织实施。"若事后需要修改还须报原批准机关批准。此外，可能造成水土流失的建设、开发方面的规划，还应在报请审批前征求本级人民政府水行政主管部门的意见。

（七）水土流失预防和治理工作的措施、制度

《水土保持法》第三、四章规定了若干预防和治理水土流失问题的措施、制度。

1.预防和减少水土流失的封育保护、自然修复措施（第16条）。

2.取土、挖砂、采石、开垦、砍伐、去草、采集、种植、选线、选址等生产建设和开发利用活动的禁止、限制措施（第17～18条、第20～24条等）。

3.水土保持方案。第25条规定："在山区、丘陵区、风沙区以及水土保持规划确定的容易发生水土流失的其他区域开办可能造成水土流失的生产建设项目，生产建设单位应当编制水土保持方案，报县级以上人民政府水行政主管部门审批，并按照经批准的水土保持方案，采取水土流失预防和治理措施。没

有能力编制水土保持方案的,应当委托具备相应技术条件的机构编制。水土保持方案应当包括水土流失预防和治理的范围、目标、措施和投资等内容。水土保持方案经批准后,生产建设项目的地点、规模发生重大变化的,应当补充或者修改水土保持方案并报原审批机关批准。水土保持方案实施过程中,水土保持措施需要作出重大变更的,应当经原审批机关批准。”第 26 条进一步规定:“依法应当编制水土保持方案的生产建设项目,生产建设单位未编制水土保持方案或者水土保持方案未经水行政主管部门批准的,生产建设项目不得开工建设。”

4.“三同时”制度。第 27 条规定:“依法应当编制水土保持方案的生产建设项目中的水土保持设施,应当与主体工程同时设计、同时施工、同时投产使用;生产建设项目竣工验收,应当验收水土保持设施;水土保持设施未经验收或者验收不合格的,生产建设项目不得投产使用。”

5. 综合利用制度。本制度是指应当编制水土保持方案的生产建设项目,其生产建设活动中排弃的砂、石、土、矸石、尾矿、废渣等应当综合利用,不能综合利用的,应当专门存放,保证不产生新的危害(第 28 条)。

6. 水土保持方案跟踪检查制度(第 29 条)。

7. 水土保持重点工程措施,指对水土流失重点预防区和重点治理区要加强水土保持重点工程的建设和运行管护(第 30 条)。

8. 生态效益补偿制度。第 31 条规定:“国家加强江河源头区、饮用水水源保护区和水源涵养区水土流失的预防和治理工作,多渠道筹集资金,将水土保持生态效益补偿纳入国家建立的生态效益补偿制度。”

9. 水土保持补偿收费制度。这是指在容易发生水土流失的区域从事破坏水土保持功能的生产建设活动,应当缴纳水土保持补偿费,专项用于水土流失的预防和治理(第 32 条)。

10. 鼓励承包治理“四荒”(第 33 条)。

11. 对水力、风力、重力侵蚀地区的综合治理措施。对水力侵蚀地区采取工程措施、植物措施和保护性耕作等措施,对风力侵蚀地区采取轮封轮牧、植树种草、设置人工沙障和网格林带等措施,对重力侵蚀地区采取监测、径流排导、削坡减载、支挡固坡、修建拦挡工程等措施,以建立综合防护体系(第 34 条)。

12. 饮用水水源保护措施。在饮用水水源保护区,采用预防保护、自然修复、综合治理、设置植物过滤带、开展清洁小流域建设、推广沼气、减少化肥和农药污染等措施,保护饮用水源(第 36 条)。

13. 陡坡地和坡耕地的保护措施。对陡坡地的退耕还林、还草措施，对坡耕地的修建梯田、坡面水系整治、蓄水保土耕作措施(第 37 条)。

14. 地表土及其植被的保护。对生产建设活动所占用土地的地表土进行分层剥离、保存和利用，对废弃的砂、石、土、矸石、尾矿、废渣等存放地采取拦挡、坡面防护、防洪排导等措施，对生产建设后裸露土地植树种草，对闭库尾矿库进行复垦等(第 38 条)。

15. 山区、丘陵区、风沙区等水土流失易发区域的有益措施(第 39 条)。

(八)水土保持的监测和监督

1. 水土保持监测的建设和保障。水土保持监测是一项重要的基础性工作，其所监测的数据和成果需要服务于政府、社会和公众。要加快完善监测网络建设，全面开展水土流失动态监测工作(第 40 条)。

2. 水土保持自行监测制度。有严重水土流失风险的大中型生产建设项目，有自行进行水土保持监测的法定义务，且须保证监测质量(第 41 条)。

3. 政府水土保持监测公告职责。有关水行政主管部门应当对水土流失的类型、面积、强度、分布状况、变化趋势以及危害、防治等情况的监测结果进行公告(第 42 条)。

4. 水土保持监督检查制度。各级水行政主管部门和流域管理机构有依法定程序开展水土保持监督检查的法定职责，并有权进行调查、取证，也有权对实施违法行为的工具及施工机械、设备采取查封、扣押的强制措施(第 44 条)。

5. 纠纷的裁决。不同行政区域之间发生水土流失纠纷应当协商解决，若协商不成则由共同的上一级人民政府裁决(第 46 条)。

三、《水土保持法》的由来

表 16-2 《水土保持法》的由来

名称	制定机构	颁布时间	构成
《水土保持暂行纲要》	国务院	1957.7.25	共 21 条
《水土保持工作条例》	国务院	1982.6.30	共 6 章 33 条
《水土保持法》	第七届全国人民代表大会常务委员会	1991.6.29	共 6 章 42 条
《关于加强水土保持工作的通知》	国务院	1993.1.19	共 4 条

续表

名称	制定机构	颁布时间	构成
《水土保持法实施条例》	国务院	1993.8.1	共6章35条
《水土保持法》(2009修正)	第十一届全国人民代表大会常务委员会	2009.8.27	共6章42条
《水土保持法》(2010修订)	第十一届全国人民代表大会常务委员会	2010.12.25	共7章60条

我国是一个历史悠久的农业大国,也是世界上水土流失最为严重的国家之一。这不仅与我国强烈的新构造运动、多山的地形特点和降水不稳定等诸多自然因素有关,更与我国农业开发历史久远、人口众多等诸多人文因素密切相关。从最新的情况来看,据2013年《第一次全国水利普查公报》显示,我国水土流失面积达294.91万平方公里,占国土总面积的30.72%。因水土流失,全国年均损失耕地100万亩,黄土高原严重区每年流失表土1厘米以上,东北黑土地连年变薄,一些地方的黑土层甚至已流失殆尽。

为了防止水土流失,早在1957年,国务院就发布了《水土保持暂行纲要》。1982年,国务院发布了《水土保持工作条例》,终于使我国的水土保持工作有了基本的法律依据。

1987年,全国人大常委会法制工作委员会将水土保持工作列入立法规划并成立起草小组,随后在经过起草小组广泛深入调查的基础上,形成初稿报送国务院,再由有关部门对送审稿进行修改后形成草案。

1991年2月20日,国务院总理李鹏以国函[1991]9号文向全国人大常委会提出审议议案。常委会对草案进行初步审议后,将该草案发送各省、自治区、直辖市和中央有关部门以及部分科研院校征求意见。1991年6月7日、8日和12日召开会议,根据委员们的审议意见和地方、部门对草案的意见,审议了草案并提出了修改稿,最后决定将草案修改稿提请全国人大常委会审议。

1991年6月29日,第七届全国人大常委会第二十次会议举行全体会议,草案修改稿获表决通过。国家主席杨尚昆于1991年6月29日发布第49号主席令,公布了《水土保持法》,并于当日起开始实施。该法的颁布,标志着我国的水土保持立法体系初步建成,大大推进了全国水土保持工作全面步入法治化的轨道。

1993年8月,国务院发布了《水土保持法实施条例》,进一步细化了水土保持措施。1993年,国务院发布《关于加强水土保持工作的通知》(国发[1993]5号)指出,水土保持是山区发展的生命线,是国土整治、江河治理的根本，是国民经济和社会发展的基础，是我国必须长期坚持的一项基本国策。

《水土保持法》颁布实施后，对于预防和治理水土流失、保护和合理利用水土资源、改善农业生产条件和生态环境、促进我国经济社会可持续发展发挥了重要作用。然而，二十多年来，我国经济社会发生了重大而深刻的变化，原《水土保持法》在很多方面已不适应新形势、新任务对水土保持工作提出的新要求，迫切需要修订。

2005 年至 2008 年，水利部组织开展了水土保持法修订的研究起草工作，2008 年 9 月向国务院上报了《水土保持法（修订草案送审稿）》。2010 年 7 月 21 日，温家宝总理主持召开了国务院常务会议，会议审议通过了《水土保持法（修订草案送审稿）》。2010 年 7 月 24 日，温家宝总理签署了国务院关于提请审议《水土保持法（修订草案）》的议案。同年 8 月 23 日，在第十一届全国人大常委会第十六次会议上水利部周英副部长作了关于《水土保持法（修订草案）》的说明。第十一届全国人大常委会第十六次、第十八次会议对《水土保持法（修订草案）》进行了两次审议，并于 2010 年 12 月 25 日由第十一届全国人大常委会第十八次会议表决通过，中华人民共和国主席令第三十九号颁布，自 2011 年 3 月 1 日起施行。修订后的《水土保持法》共 7 章 60 条，较原《水土保持法》增加了 1 章 18 条。

【作者简介】 杨朝霞（1976～ ），男，湖南湘潭人，中国政法大学环境学博士，武汉大学环境法学硕士，湘潭大学环境工程（法学第二专业）学士。曾为吉首大学讲师，现为北京林业大学生态法研究中心副主任，法学系副主任，副教授，硕导。中国网“观点中国”专栏作者。2004 年开始研习环境法学，先后在《光明日报》《法学评论》《法学论坛》《紫光阁》等发表论文八十余篇，出版《环境法的新发展》等著作和教材十余部，获国家社科基金项目《环境权的证成、构造和救济研究》等课题近 20 项。自 2012 年以来，就环境法领域的诸多专业问题，接受中央电视台、北京电视台、辽宁卫视、新华社、中央人民广播电台等视听媒体的专家访谈达十多次，接受《人民日报》《光明日报》《经济日报》《法制日报》《中国环境报》和新华网、中国网、澎湃新闻网等报纸和网络媒体采访达一百一十来次。参与《环境保护法》《野生动物保护法》《循环经济促进法》《大气污染防治法》和《湿地保护条例（征求意见稿）》《北京市水土保持条例》等近十项法律法规的制定和修改工作。连续 4 年来负责中国法学会《中国法治建设年度报告》“生态文明法治建设”专章的编写。2011 年和 2013 年先后两次获中国环境科学学会环境法学分会“励青环境法学奖”三等奖。爱好音乐，曾获“湘渝鄂黔”四省边区声乐大赛通俗组三等奖，中国政法大学校园歌手大赛亚军等荣誉。联系方式：yzx1113@ 163. com。

第十七章 《中华人民共和国防沙治沙法》导读

郭 武

一、《中华人民共和国防沙治沙法》概况

《中华人民共和国防沙治沙法》(以下简称《防沙治沙法》)由第九届全国人民代表大会常务委员会第二十三次会议于 2001 年 8 月 31 日修订通过,由时任中华人民共和国主席江泽民以中华人民共和国主席令第五十五号于 2001 年 8 月 31 日公布,自 2002 年 1 月 1 日起施行。

表 17－1 《防沙治沙法》的构成

结构	条文主旨	具体法条序号	主要内容
第一章(第 1 ~ 9 条)	总则	第 1 条	立法目的
		第 2 条	调整范围
		第 3 条	基本原则
		第 4 条	国务院及沙化地区地方各级人民政府防沙治沙工作的管理体制
		第 5 条	
		第 6 条	单位和个人的防沙治沙义务
		第 7 条	国家对防沙治沙工作的支持推广
		第 8 条	奖励制度
		第 9 条	宣传教育
第二章(第 10 ~ 13 条)	防沙治沙规划	第 10 条	地位及主要内容
		第 11 条	程序
		第 12 条	编制的依据和要求
		第 13 条	防沙治沙规划与土地利用总体规划的关系

续表

结构	条文主旨	具体法条序号	主要内容
第三章（第14～22条）	土地沙化的预防	第14条	土地沙化情况监测和预报
		第15条	
		第16条	对固沙植物的管护
		第17条	
		第18条	加强对草原的管理和建设
		第19条	加强流域和区域水资源的管理和利用
		第20条	防止过度开垦造成土地沙化
		第21条	对开发建设活动进行环境影响评价
		第22条	封禁保护
第四章（第23～31条）	沙化土地的治理	第23条	综合治理
		第24条	公益性治沙活动
		第25条	群众性治沙
		第26条	营利性治沙
		第27条	沙化土地治理方案具体内容
		第28条	营利性治沙的治理者义务和权利
		第29条	营利性治沙验收的程序和要求
		第30条	沙化土地地区有关单位的治理责任
		第31条	农村集体经济组织集中治沙
第五章（第32～37条）	保障措施	第32条	资金安排
		第33条	优惠政策
		第34条	
		第35条	经济补偿
		第36条	优惠政策
		第37条	使用和监督

续表

结构	条文主旨	具体法条序号	主要内容
第六章（第38～45条）	法律责任	第38条	对封禁区植被破坏的处罚
		第39条	使用人、承包人造成土地沙化的责任
		第40条	违法治沙处罚（一）
		第41条	违法治沙处罚（二）
		第42条	擅自治理的处罚
		第43条	予以行政处分的行为
		第44条	截挪治沙资金的处罚
		第45条	对监管人违法行为的处罚
第七章（第46～47条）	附则	第46条	本法中所涉及的其他法律
		第47条	生效时间

注：此表根据作者提供的文字及《中华人民共和国法律全编2016年版》（阴影部分）整理。

二、《防沙治沙法》的主要内容

《防沙治沙法》除《法律责任》《附则》两章外，主要规定了以下几个方面的内容。

（一）立法目的

《防沙治沙法》第1条规定："为预防土地沙化，治理沙化土地，维护生态安全，促进经济和社会的可持续发展，制定本法。"根据本条规定，《防沙治沙法》的立法目的主要包括以下内容。

1."预防土地沙化"。预防土地沙化是制定《防沙治沙法》的首要目的。《防沙治沙法》第三章中对预防土地沙化的主要措施作出专门规定。本法所称土地沙化是指"因人类不合理活动所导致的天然沙漠扩张和沙质土壤上植被及覆盖物被破坏，形成流沙及沙土裸露的过程"（第2条第3款）。沙化地区的生态环境十分脆弱，植被一旦遭受破坏就很难恢复。因此，保护现有林木植被是防沙治沙工作的首要任务。

2."治理沙化土地"。沙化土地"包括已经沙化的土地和具有明显沙化趋势的土地。具体范围由国务院批准的全国防沙治沙规划确定"（第2条第4款）。预防土地沙化与治理沙化土地是本法直接的立法目的。

3."维护生态安全"。维护生态安全是防沙治沙的基本要求。生态环境是人类生存和发展的基本条件，是经济、社会发展的基础。保护生态环境、实现可持续发展是我国现代化建设中必须始终坚持的一项基本方针。防沙治沙是保护和建设生态环境的重要方面，只有大力加强预防土地沙化和治理沙化土地工作，才能保护和改善生存条件，维护生态安全。

4."促进我国经济和社会的可持续发展"。促进我国经济和社会的可持续发展是防沙治沙法的根本目标。防沙治沙是一项生态环境建设与经济发展紧密结合的工作。《防沙治沙法》通过调动全社会各方面力量，紧紧围绕我国防沙治沙工作所面临的突出问题，协调长远利益与当前利益、全局与局部的关系，促进生态效益、经济效益与社会效益的协调统一。

（二）调整范围

《防沙治沙法》第 2 条第 1 款规定："在中华人民共和国境内，从事土地沙化的预防、沙化土地的治理和开发利用活动，必须遵守本法。"主要包含两层含义。

1. 本法适用的地域范围。《防沙治沙法》在我国境内适用，但不适用于香港和澳门两个特别行政区。

2. 本法适用的主体范围。包括一切从事土地沙化的预防、沙化土地的治理和开发利用活动的单位或个人。"单位"包括我国的法人、其他组织、外资企业以及其他组织；"个人"包括中国公民个人（包括农牧民、个体承包户）以及外国人。

（三）基本原则

防沙治沙工作的基本原则依据我国防沙治沙工作实际情况所制定，贯穿于整个防沙治沙工作始终。依据《防沙治沙法》第 3 条的规定，防沙治沙工作应当遵循以下原则。

1. 统一规划，因地制宜，分步实施，坚持区域防治与重点防治相结合。全国的"防沙治沙工作实行统一规划"（第 10 条），防沙治沙规划的"具体实施方案应纳入国民经济和社会发展五年计划年度计划"（第 10 条），地方政府"应当依据上一级人民政府的防沙治沙规划，组织编制本行政区域的防沙治沙规划"（第 11 条），按照防沙治沙规划"因地制宜地采取人工造林种草、飞机播种造林种草、封沙育林育草和合理调配生态用水等措施，恢复和增加植被"（第 23 条），对于"规划期内不具备治理条件的以及因保护生态的需要不宜开发利用的连片沙化土地，应当规划为沙化土地封禁保护区"（第 12 条）。

2. 预防为主，防治结合，综合治理。预防为主，保护植被是防沙治沙工作的首要任务；防治结合，通过"种植多年生灌木和草本植物"（第 16 条），保护现有植被,有效地预防土地沙化,减少沙化土地的危害;同时采取生物措施、工程措施与农艺措施相结合,各种治理措施科学配置,发挥治理的综合效益。

3. 保护和恢复植被与合理利用自然资源相结合。保护和恢复植被与合理利用自然资源相结合,就是要处理好生态效益与经济效益的关系。防沙治沙是一项以生态效益为主,生态效益与社会效益、经济效益紧密结合的工作。在保护和恢复植被的基础上,合理利用自然资源对调动全社会力量共同参与防沙治沙是十分必要的。

4. 遵循生态规律,依靠科技进步。防沙治沙工作一方面要遵循生态规律,另一方面也要依靠科技进步,进行科学治沙。“国家支持防沙治沙的科学研究和技术推广工作,发挥科研部门、机构在防沙治沙工作中的作用,培养防沙治沙专门技术人员,提高防沙治沙的科学技术水平”(第 7 条)。只有依靠科技进步,才能使治沙更有成效,加快治沙进程。“国家根据防沙治沙的需要,组织设立重点科研项目和示范、推广项目,并对有关防沙治沙方面的科学研究与技术推广给予政策优惠”(第 36 条)。沙化土地所在地区各级政府还应“开展防沙治沙知识的宣传教育,增强公民的防沙治沙意识,提高公民防沙治沙的能力”(第 9 条)。

5. 改善生态环境与帮助农牧民脱贫致富相结合。对于“采取退耕还林还草、植树种草或者封育措施治沙的土地使用权人和承包经营权人,按照国家有关规定,享受人民政府提供的政策优惠”(第 25 条)。“草原地区的地方各级人民政府,应当加强草原的管理和建设,由农(牧)业行政主管部门负责指导、组织农牧民建设人工草场,控制载畜量,调整牲畜结构,改良牲畜品种,推行牲畜圈养和草场轮牧,消灭草原鼠害、虫害,保护草原植被,防止草原退化和沙化”(第 18 条)。通过发挥沙化土地所在地区的资源优势,落实国家相关优惠政策,调动广大农牧民的防沙治沙的积极性,保障防沙治沙工程有效实施。

6. 国家支持与地方自力更生相结合,政府组织与社会各界参与相结合,鼓励单位、个人承包防治。防沙治沙法规定对已经沙化的土地范围内实行“单位责任制”(第 30 条)。“国务院和沙化土地所在地区的地方各级人民政府应当在本级财政预算中按照防沙治沙规划通过项目预算安排资金,用于本级人民政府确定的防沙治沙工程。在安排扶贫、农业、水利、道路、矿产、能源、农业综合开发等项目时,应当根据具体情况,设立若干防沙治沙子项目”(第 32 条)。同时大量的防沙治沙工程必须依靠社会力量,国家和地方政府通过政策支持、组织、引导,鼓励单位、个人承包防治,“县级人民政府依法根据土地承包合同向治理者颁发土地使用权证书,保护集体所有沙化土地治理者的土地使用权”(第34条)。

7. 保障防沙治沙者的合法权益。保障防沙治沙者的合法权益的原则,就是治沙者按照符合防沙治沙规划的治理方案进行治理,所取得的收益受国家法律保护,任何单位和个人不得侵犯。

(四)防沙治沙的管理体制

《防沙治沙法》规定了统分结合的管理体制,确定由国务院统一领导,“国务院林业行政主管部门负责组织、协调、指导全国防沙治沙工作。国务院林业、农业、水利、土地、环境保护等行政主管部门和气象主管机构,按照有关法律规定的职责和国务院确定的职责分工,各负其责,密切配合”(第5条);沙化土地所在地区的县级以上地方人民政府应当对防沙治沙工作实施统一组织、领导,共同做好本行政区域的防沙治沙工作。

(五)防沙治沙规划的规定

防沙治沙规划是从事防沙治沙活动的基本依据,应当“实行统一规划”,“对遏制土地沙化扩展趋势,逐步减少沙化土地的时限、步骤、措施等作出明确规定,并将具体实施方案纳入国民经济和社会发展五年计划和年度计划”(第10条),确保防沙治沙规划的实施。

1. 防沙治沙规划的编制和审批。根据《防沙治沙法》第11条,防沙治沙规划分为国家、省(自治区、直辖市)和市、县三个等级。“防沙治沙规划的修改,须经原批准机关批准;未经批准,任何单位和个人不得改变防沙治沙规划。”

2. 防沙治沙规划的编制依据和要求。《防沙治沙法》第12条规定,“编制防沙治沙规划,应当根据沙化土地所处的地理位置、土地类型、植被状况、气候和水资源状况、土地沙化程度等自然条件及其所发挥的生态、经济功能,对沙化土地实行分类保护、综合治理和合理利用”,“在规划期内不具备治理条件的以及因保护生态的需要不宜开发利用的连片沙化土地,应当规划为沙化土地封禁保护区,实行封禁保护”。

3. 防沙治沙规划的主要内容。根据《防沙治沙法》第10条第2款的规定,防沙治沙规划应当对“遏制土地沙化扩展趋势,逐步减少沙化土地的时限、步骤、措施等作出明确规定,并将具体实施方案纳入国民经济和社会发展五年计划和年度计划”。

4. 防沙治沙规划与土地利用总体规划的关系。防沙治沙规划是土地利用专项规划的一种,是针对防沙治沙的特殊情况制定的,因此,“防沙治沙规划应当与土地利用总体规划相衔接”，不得与其冲突。同时，“防沙治沙规划中确定的沙化土地用途，应当符合本级人民政府的土地利用总体规划”（第13条）。

（六）土地沙化预防的规定

《防沙治沙法》第三章坚持预防为主的原则，规定了土地沙化的预防，主要包括以下内容。

1. 土地沙化的监测和预报。第14～15条规定了监测体系的三个层次的内容，共同组成了全国开展防沙治沙的整个监测体系。

(1)全国范围内沙化土地的宏观监测。“国务院林业行政主管部门组织其他有关行政主管部门对全国土地沙化情况进行监测、统计和分析，并定期公布监测结果”（第14条）。

(2)地方监测（或者现场监测）。县级以上地方人民政府林业或者其他有关行政主管部门应当按照土地沙化监测技术规程，对沙化土地进行监测；县级以上地方人民政府林业或者其他有关行政主管部门，应当将监测结果向本级人民政府以及上一级林业主管部门或者其他有关行政主管部门报告。

(3)相对独立的灾害天气监测预报。“各级气象主管机构应当组织对气象干旱和沙尘暴天气进行监测、预报，发现气象干旱或者沙尘暴天气征兆时，应当及时报告当地人民政府。收到报告的人民政府应当采取预防措施，必要时公布灾情预报，并组织林业、农（牧）业等有关部门采取应急措施，避免或者减轻风沙危害”（第15条）。

2. 加强植被的营造和管护。(1)“沙化土地所在地区的县级以上地方人民政府应当按照防沙治沙规划，因地制宜地营造防风固沙林网、林带，种植多年生灌木和草本植物”，“对防风固沙林网、林带只允许抚育更新性质的采伐，采伐前必须在其附近预先形成接替林网和林带”，“对林木更新困难地区已有的防风固沙林网、林带，不得批准采伐”（第16条）。(2)“沙化土地所在地区的县级人民政府，应当制定植被管护制度，严格保护植被，并根据需要在乡（镇）、村建立植被管护组织，确定管护人员”，“在沙化土地范围内，各类土地承包合同应当包括植被保护责任的内容”，“禁止在沙化土地上砍挖灌木、药材及其他固沙植物”（第17条）。

3. 加强草原的管理和建设，实行以草定畜制度。第18条规定：“草原地区的地方各级人民政府，应当加强草原的管理和建设，由农（牧）业行政主管部门负责指导、组织农牧民建设人工草场，控制载畜量，调整牲畜结构，改良牲畜品种，推行牲畜圈养和草场轮牧，消灭草原鼠害、虫害，保护草原植被，防止草原退化和沙化。草原实行以产草量确定载畜量的制度。由农（牧）业行政主管部门负责制定载畜量的标准和有关规定，并逐级组织实施，明确责任，确保完成。”

4. 加强流域和区域水资源的统一调配和管理，合理利用水资源。“在编制流域和区域水资源开发利用规划和供水计划时，必须考虑整个流域和区域植被保护的用水需求，防止因地下水和上游水资源的过度开发利用，导致植被破坏和土地沙化”，“沙化土地所在地区的地方各级人民政府应当节约用水，发展节水型农牧业和其他产业”（第19条）。

5. 防止开垦造成土地沙化。第20条规定：“沙化土地所在地区的县级以上地方人民政府，不得批准在沙漠边缘地带和林地、草原开垦耕地；已经开垦并对生态产生不良影响的，应当有计划地组织退耕还林还草。”

6. 对开发建设活动进行环境影响评价。“在沙化土地范围内从事开发建设活动的，必须事先就该项目可能对当地及相关地区生态产生的影响进行环境影响评价，依法提交环境影响报告；环境影响报告应当包括有关防沙治沙的内容”（第21条）。

7. 封禁保护。第22条规定：“在沙化土地封禁保护区范围内，禁止一切破坏植被的活动。禁止在沙化土地封禁保护区范围内安置移民。对沙化土地封禁保护区范围内的农牧民，县级以上地方人民政府应当有计划地组织迁出，并妥善安置。沙化土地封禁保护区范围内尚未迁出的农牧民的生产生活，由沙化土地封禁保护区主管部门妥善安排。未经国务院或者国务院指定的部门同意，不得在沙化土地封禁保护区范围内进行修建铁路、公路等建设活动。”

（七）沙化土地治理的规定

《防沙治沙法》第四章规定了沙化土地治理，包括以下五个方面的内容。

1. 因地制宜、综合治理。第23条规定：“沙化土地所在地区的地方各级人民政府，应当按照防沙治沙规划，组织有关部门、单位和个人，因地制宜地采取人工造林种草、飞机播种造林种草、封沙育林育草和合理调配生态用水等措施，恢复和增加植被，治理已经沙化的土地。”

2. 开展公益性治沙活动。第24条第1款规定：“国家鼓励单位和个人在自愿的前提下，捐资或者以其他形式开展公益性的治沙活动。”第2款规定：“县级以上地方人民政府林业或者其他有关行政主管部门，应当为公益性治沙活动提供治理地点和无偿技术指导。”第3款规定：“从事公益性治沙的单位和个人，应当按照县级以上地方人民政府林业或者其他有关行政主管部门的技术要求进行治理，并可以将所种植的林、草委托他人管护或者交由当地人民政府有关行政主管部门管护。”

3. 对土地使用权人和承包经营权人治沙活动的管理。第 25 条第 1 款规定:“使用已经沙化的国有土地的使用权人和农民集体所有土地的承包经营权人,必须采取治理措施,改善土地质量,确实无能力完成治理任务的,可以委托他人治理或者与他人合作治理。委托或者合作治理的,应当签订协议,明确各方的权利和义务。”

第 2 ~ 3 款规定“沙化土地所在地区的地方各级人民政府及其有关行政主管部门、技术推广单位,应当为土地使用权人和承包经营权人的治沙活动提供技术指导。采取退耕还林还草、植树种草或者封育措施治沙的土地使用权人和承包经营权人,按照国家有关规定,享受人民政府提供的政策优惠。”

4. 对营利性治沙活动的管理。第 26 ~ 29 条规定了对营利性治沙活动的具体管理内容和程序:(1)从事营利性治沙活动的单位和个人,“应当先与土地所有权人或者使用权人签订协议,依法取得土地使用权”。(2)“治理活动开始之前,治理者应当向治理项目所在地的县级以上地方人民政府林业行政主管部门或者县级以上地方人民政府指定的其他行政主管部门提出治理申请”,并提交被治理土地权属的合法证明文件和治理协议,符合防沙治沙规划的治理方案,以及治理所需的资金证明,并“按照治理方案进行治理”。(3)“治理者完成治理任务后,应向县级以上地方人民政府受理治理申请的行政主管部门提出验收申请”。经验收合格的,应当发给治理合格证明文件;经验收不合格的,治理者应当继续治理。

5. 实行单位治理责任制。“已经沙化的土地范围内的铁路、公路、河流和水渠两侧,城镇、村庄、厂矿和水库周围,实行单位治理责任制,由县级以上地方人民政府下达治理责任书,由责任单位负责组织造林种草或者采取其他治理措施”(第 30 条)。此外,农村集体经济组织可以在“成员自愿的前提下,对已经沙化的土地进行集中治理”,“农村集体经济组织及其成员投入的资金和劳力,可以折算为治理项目的股份、资本金,也可以采取其他形式给予补偿”(第 31 条)。

(八)防沙治沙保障措施的规定

防沙治沙不仅需要国家和地方人民政府的政策和财政支持,也需要社会各界广泛集资,《防沙治沙法》第五章规定了以下保障措施。

1. 防沙治沙的财政支持。第 32 条规定,“国务院和沙化土地所在地区的地方各级人民政府应当在本级财政预算中按照防沙治沙规划通过项目预算安排资金,用于本级人民政府确定的防沙治沙工程”。

2. 防沙治沙的政策优惠。(1)“国务院和省、自治区、直辖市人民政府应当制定优惠政策,鼓励和支持单位和个人防沙治沙”(第33条)。(2)“使用已经沙化的国有土地从事治沙活动的,经县级以上人民政府依法批准,可以享有不超过七十年的土地使用权”(第34条)。(3)“国家根据防沙治沙的需要”,“对有关的科学研究与技术推广给予资金补助、税费减免等政策优惠”(第36条)。

3. 防沙治沙资金使用的监督。第37条规定:“任何单位和个人不得截留、挪用防沙治沙资金。县级以上人民政府审计机关,应当依法对防沙治沙资金使用情况实施审计监督。”

表17-2 《防沙治沙法》的由来

名称	制定机构	颁布时间	构成
《关于大力开展植树造林的指示》	中共中央、国务院	1980.3.5	共6条
《关于批准〈联合国关于在发生严重干旱和/或荒漠化的国家特别是在非洲防治荒漠化的公约〉的决定》	第八届全国人民代表大会常务委员会	1996.12.23	共1条
《防沙治沙法》	第九届全国人民代表大会常务委员会	2001.8.31	共7章47条
《关于进一步加强防沙治沙工作的决定》	国务院	2005.9.8	共29条

三、《防沙治沙法》在我国环境法体系中的地位

《防沙治沙法》在环境保护法律体系中属于单行自然资源法律,是对宪法和自然资源基本法的进一步具体化。为预防土地沙化,治理沙化土地,维护生态安全,促进经济和社会的可持续发展,2001年第九届全国人民代表大会常务委员会第二十三次会议通过了本法。

我国是世界上土地沙化危害最严重的国家之一,现阶段在防沙治沙工作中虽然取得了一定成效,但土地沙化的形势依然十分严峻,土地沙化的蔓延和加剧对我国经济和社会的可持续发展产生了巨大威胁。沙化土地的不断扩张不仅仅是由于气候变化、自然灾害等自然原因引起的,不合理的人为活动对土地沙化影响更为巨大,为了限制人为破坏植被的行为,《森林法》《草原法》《水土保持法》等法律分别对防沙治沙工作做出了原则性的规定,并取得一定成效,但并不能从根本上遏制土地沙化,究其原因,主要是对缺少防沙治沙问题的针对性、系统性规定。《防沙治沙法》的颁布,为防沙治沙工程提供了更有

针对性、更为严格的措施，对保护生态环境、做好防沙治沙工作、实施西部大开发战略、促进我国的经济和社会的可持续发展具有重要意义。

【作者简介】 郭武（1980～ ），甘肃兰州人，祖籍甘肃通渭，甘肃政法学院民商经济法学院副教授、副院长，法学博士、博士后研究人员，美国佛蒙特法学院（Vermont Law School）访问学者，台湾“中央研究院”法律学研究所访问学者，世界自然保护同盟（IUCN）土著民环境、习惯法与人权专家委员会委员，中国环境资源法研究会理事，中国环境科学学会环境法分会会员，甘肃省同人行律师事务所兼职律师，2013～1014年受国家首届“双千计划”选派担任甘肃省高级人民法院民二庭副庭长，长期从事环境法学专业的教学与研究工作，主要研究领域是环境法学方法论、环境习惯法与气候变迁问题。在《法学评论》《清华法治论衡》《中国人口资源与环境》等专业学术期刊、报刊发表学术论文三十余篇，合著或参与编写法学专著和教材6部，主持完成国家、省社科基金项目、省属高校基本科研业务费项目、省高等学校科研项目四项，作为主要合作者参与教育部人文社会科学重点研究基地武汉大学环境法研究所重大项目、教育部项目、甘肃省省属高校基本科研业务费专项资金项目十余项，先后获度甘肃省高教社科成果一等奖、甘肃省第十二届社科成果二等奖等学术科研奖励十余项。博士学位论文《论环境习惯法的现代价值》荣获2012年度台湾中达环境法优秀博士学位论文奖和2013年度湖北省优秀博士学位论文奖。联系方式：guowu－el@ hotmail. com。

第十八章 《中华人民共和国环境影响评价法》导读

李爱年 肖 爱

一、《中华人民共和国环境影响评价法》的概况

（一）《中华人民共和国环境影响评价法》立法过程

“环境影响评价”的概念是1964年在加拿大召开的国际环境质量评价会议上首次提出的。1969年，美国的《国家环境政策法》首次以法律的形式规定了环境影响评价制度。此后大多数国家都相继确立了该项法律制度。加拿大、英国、日本以及我国等国家和地区都制定了专门的环境影响评价法。

1978年中共中央在批转国务院关于《环境保护工作汇报要点》的报告中，首次提出了进行环境影响评价工作的意向。1979年9月颁布的《环境保护法（试行）》，在第6条、第7条对环境影响评价作出了具体的规定。此后，在有关法律、法规和规章中，都对环境影响评价制度作了规定。1998年11月，国务院颁布了《建设项目环境保护管理条例》，专章规定建设项目的环境影响评价制度（第二章，共10条）。2000年11月，全国人大环境与资源保护委员会向全国人大常委会提出了《中华人民共和国环境影响评价法（草案）》。经过反复修改和九届全国人大常委会三次审议，在2002年10月28日举行的九届全国人大常委会第三十次会议的全体会议上通过了《中华人民共和国环境影响评价法》（以下简称《环境影响评价法》），于2003年9月1日起施行。2016年7月2日，第十二届全国人民代表大会常务委员会第二十一次会议对该法作出9条修改，自2016年9月1日起施行。

表 18－1 《环境影响评价法》的由来

名称	制定机构	颁布时间	构成
《环境保护工作汇报要点》	国务院	1978.12.31	共3条
《环境保护法(试行)》	第五届全国人民代表大会常务委员会	1979.9.13	共7章33条
《建设项目环境保护管理条例》	国务院	1998.11.29	共5章34条
《环境影响评价法》	第九届全国人民代表大会常务委员会	2002.10.28	共5章38条
《环境影响评价法》(2016年修正)	第十二届全国人民代表大会常务委员会	2016.7.2	共5章37条

(二)《环境影响评价法》的基本框架

表 18－2 《环境影响评价法》的构成

结构	条文主旨	具体法条序号	主要内容
第一章(第1~6条)	总则	第1条	立法目的
		第2条	环境影响评价概念
		第3条	适用范围
		第4条	环境影响评价原则
		第5条	鼓励环境影响评价科学研究
		第6条	环境影响评价信息共享
第二章(第7~15条)	规划的环境影响评价	第7条	综合性规划、专项规划的环评形式、范围、内容、征求公众意见、报送审批、存档备查以及对环境有重大影响的规划实施后的跟踪评价
		第8条	
		第9条	
		第10条	
		第11条	
		第12条	
		第13条	
		第14条	
		第15条	

续表

结构	条文主旨	具体法条序号	主要内容
第三章（第16～28条）	建设项目的环境影响评价	第16条	建设项目环境影响评价分类管理制度、环境影响后评价制度、环境影响跟踪检查制度、环境影响评价资质管理制度等主要制度，以及建设项目环境影响评价文件的基本内容、编制主体、编制程序、申报审批程序
		第17条	
		第18条	
		第19条	
		第20条	
		第21条	
		第22条	
		第23条	
		第24条	
		第25条	
		第26条	
		第27条	
		第28条	
第四章（第29～34条）	法律责任	第29条	规划编制机关、规划审批机关、建设单位、建设项目审批部门、建设项目环境影响评价服务机构、负责预审和审核审批建设项目环境影响评价文件的部门、环境保护行政主管部门或者其他部门的工作人员违反《环境影响评价法》行为的法律责任
		第30条	
		第31条	
		第32条	
		第33条	
		第34条	
第五章（第35～37条）	附则	第35条	县级人民政府编制的规划的环境影响评价
		第36条	军事设施建设项目的环境影响评价
		第37条	生效时间

注：此表根据作者提供的文字整理。

二、《环境影响评价法》是我国最重要的综合性环境单行法

环境影响评价制度是我国最基本的环境法律制度，也是最能体现和贯彻预防为主原则的根本制度。《环境影响评价法》综合了污染防治和资源保护

两方面的要求对环境影响评价的范围、主体、程序、责任等作了较全面的规定，是我国环境影响评价制度的基本法律依据。

《环境影响评价法》吸收了《建设项目环境保护管理条例》中关于建设项目环境影响评价的内容并予以拓展完善，2009 年 8 月 12 日国务院又根据《环境影响评价法》制定了《规划环境影响评价条例》。这两个文件加上地方关于环境影响评价的专门法规和规章都是环境影响评价制度立法的主要组成部分。

三、《环境影响评价法》的基本内容

（一）立法目的

《环境影响评价法》第 1 条规定："为了实施可持续发展战略，预防因规划和建设项目实施后对环境造成不良影响，促进经济、社会和环境的协调发展，制定本法。"根据这一规定，《环境影响评价法》有三个立法目的。

1. 实施可持续发展战略。在各类决策中充分考虑环境因素才能从头源头上预防人类行为对环境的破坏。《环境影响评价法》严格要求规划和建设项目决策、实施前就必须充分考虑环境保护，从而保障和促进可持续发展战略的实施。

2. 预防因规划和建设项目实施后对环境造成不良影响。规划和建设项目实施后可能对环境造成不良影响，《环境影响评价法》要求在决策前就必须对这些影响进行分析、预测和评估，并提出相应的对策和措施，预防可能的不良影响。

3. 促进经济、社会和环境的协调发展。随着科学技术的发展，规划和建设项目等人类集体行为对环境的影响越来越大。《环境影响评价法》从源头上预防和减轻人类行为对经济和社会发展的负面影响，促进经济、社会和环境协调发展。

（二）"环境影响评价"的概念与范围

《环境影响评价法》第 2 条规定："本法所称环境影响评价，是指对规划和建设项目实施后可能造成的环境影响进行分析、预测和评估，提出预防或者减轻不良环境影响的对策和措施，进行跟踪监测的方法与制度。"

根据这一定义，必须进行环境影响评价的包括"规划和建设项目"，第 8 条和第 9 条对必须进行环境影响评价的"规划"的范围、第 16 条对必须进行环境影响评价的"建设项目"的范围做出了规定，也确定了我国环境影响评价的分类管理制度。

这一定义还进一步明确：在规划和建设项目的源头就必须对其“可能造成的环境影响”进行“分析、预测和评估”，提出有关“对策和措施”，并进行“跟踪监测”。

（三）环境影响评价的分类管理

《环境影响评价法》根据环境影响评价对象特性差异将环境影响评价分为规划的环境影响评价和建设项目的环境影响评价，并分别在第二章和第三章中予以规定。

1. 规划的环境影响评价。规划的环境影响评价分为综合性规划的环境影响评价和专项规划的环境影响评价（如表 18－3 所示）。

表 18－3 规划环评的分类与比较

类型	依据	评价的主体	适用范围	组织环评的时间	环评的形式
综合性规划的环境影响评价	第 7 条	国务院有关部门、设区的市级以上地方人民政府及其有关部门	这些主体自己组织编制的土地利用的有关规划，区域、流域、海域的建设、开发利用规划	在规划编制过程中	有关环境影响的篇章或者说明
专项规划的环境影响评价（非指导性规划）	第 8 条	国务院有关部门、设区的市级以上地方人民政府及其有关部门	这些主体自己组织编制的工业、农业、畜牧业、林业、能源、水利、交通、城市建设、旅游、自然资源开发的有关专项规划	在该专项规划草案上报审批前	环境影响报告书

第 8 条还规定，专项规划中的指导性规划按照第 7 条的规定进行环境影响评价。

2. 建设项目的环境影响评价

《环境影响评价法》第 16 条根据建设项目实施后对环境可能造成的影响的大小将建设项目环境影响评价分为三类：可能造成重大环境影响的，应当编制环境影响报告书，对产生的环境影响进行全面评价；可能造成轻度环境影响的，应当编制环境影响报告表，对产生的环境影响进行分析或者专项评价；对环境影响很小，不需要进行环境影响评价的，应当填报环境影响登记表。

（四）环境影响评价的原则

《环境影响评价法》第 4 条规定，“环境影响评价必须客观、公开、公正，综合考虑规划或者建设项目实施后对各种环境因素及其所构成的生态系统可能造成的影响,为决策提供科学依据。”

“客观”,是指环境影响评价必须从事实出发,坚持实事求是的原则,不得带有任何主观的偏见,应当运用科学的方法对客观的各种环境因素进行评价。“公开”,是指除了法定需要保密的情形外,环境影响评价活动应当依法向社会公开,征求有关单位、专家和公众的意见,吸收公众参与。“公正”,是指环境影响评价有关单位和人员应当严格依照法律、法规、规章规定的程序和方法,不偏不倚地进行环境影响评价活动。如第10条以及第21条关于环境影响评价中要“附具对有关单位、专家和公众的意见采纳或者不采纳的说明”的规定、第13条对设区的市级以上人民政府在作出专项规划审批决策前应召集有关部门代表和专家组成审查小组进行审查的规定、第19条关于建设项目环境影响评价技术服务机构不得与有关审批部门存在任何利益关系的规定、第20条关于任何单位和个人不得为建设单位指定环境影响评价机构的规定,等等。这些规定都是为了保障环境影响评价“客观、公开、公正”原则的贯彻落实。

(五)环境影响评价的公众参与

公众参与是环境影响评价的重要组成部分,是环境影响评价科学、合理的基本保障。《环境影响评价法》第5条要求“国家鼓励有关单位、专家和公众以适当方式参与环境影响评价”。根据第11条和第21条,关于公众参与环境影响评价的组织者,规划的环境影响评价的公众参与由专项规划的编制机关组织,建设项目环境影响评价由建设单位组织。凡是“可能造成不良环境影响并直接涉及公众环境权益”的专项规划、“对环境可能造成重大影响、应当编制环境影响报告书的建设项目”,“除国家规定需要保密的情形外”,都必须组织公众参与。参与的时机是专项规划草案“报送审批前”、“建设项目环境影响报告书报批前”。参与方式是“论证会、听证会,或者采取其他形式”;《规划环境影响评价条例》第13条进一步规定了“调查问卷、座谈会、论证会、听证会等形式”。参与的内容是有关单位、专家和公众对环境影响报告书提出意见。公众参与的保障措施是要求规划编制机关或者建设单位报批的环境影响报告书中应当“附具对意见采纳或者不采纳的说明”。《环境保护法》也非常重视公众参与的保障,如第56条规定建设单位应当在编制环评报告书时“向可能受影响的公众说明情况,充分征求意见”,“负责审批建设项目环境影响评价文件的部门”发现建设项目未充分征求公众意见的,“应当责成建设单位征求公众意见。”

（六）环境影响评价文件的形式和内容

依照《环境影响评价法》的规定，环境影响评价文件主要有：综合性规划的有关环境影响的篇章或者说明（第7条）、专项规划的环境影响报告书（第8条）、建设项目的环境影响报告书（表）以及环境影响登记表（第16条）。

综合性规划的有关环境影响的篇章或者说明的主要内容是：对规划实施后可能造成的环境影响做出分析、预测和评估，提出预防或者减轻不良环境影响的对策和措施（第7条）。

专项规划的环境影响报告书的内容是：实施该规划对环境可能造成的影响分析、预测和评估；预防或者减轻不良环境影响的对策和措施；环境影响评价的结论（第8条）。

建设项目环境影响报告书的内容是：建设项目概况；建设项目周围环境现状；建设项目对环境可能造成影响的分析、预测和评估；建设项目环境保护措施及其技术、经济论证；建设项目对环境影响的经济损益分析；对建设项目实施环境监测的建议；环境影响评价的结论。建设项目环境影响报告表和环境影响登记表的内容和格式，由国务院环境保护行政主管部门制定（第17条）。

（七）环境影响评价的程序

1. 综合性规划环境影响评价程序

综合性规划的编制机关在规划编制过程中组织环境影响评价，编写有关环境影响的篇章或者说明，作为规划草案的组成部分一并报送规划审批机关。对未编写有关环境影响的篇章或者说明的规划草案，审批机关不予审批。

2. 专项规划环境影响评价程序

在该专项规划草案上报审批前，规划编制机关组织环境影响评价，听取公众意见，并向审批该专项规划的机关提出环境影响报告书。专项规划的编制机关在报批规划草案时，应将环境影响报告书一并附送审批机关审查；未附送环境影响报告书的，审批机关不予审批。设区的市级以上人民政府在审批专项规划草案、做出决策前，应当指定环境保护行政主管部门或者其他部门召集有关部门代表和专家组成审查小组，对环境影响报告书进行审查。审查小组应当提出书面审查意见。由省级以上人民政府有关部门负责审批的专项规划，应根据原国家环境保护总局2003年公布的《专项规划环境影响报告书审查办法》以及《关于进一步规范专项规划环境影响报告书审查工作的通知》（环办［2007］140号）的规定，对其环境影响报告书进行审查。对环境有重大影响的规划实施后，规划编制机关应当及时组织环境影响跟踪评价，并将评价结果报告审批机关；发现有明显不良环境影响的，应当及时提出改进措施。

设区的市级以上人民政府或者省级以上人民政府有关部门在审批专项规划草案时,应将环境影响报告书结论以及审查意见作为决策的重要依据。在审批中未采纳环境影响报告书结论以及审查意见的,应当做出说明,并存档备查。

3. 建设项目环境影响评价程序

建设单位委托具有相应环境影响评价资质的机构编制环境影响报告书(表),并组织公众参与,听取有关意见,然后,根据原国家环境保护总局2005年11月23日发布的《建设项目环境影响评价审批程序规定》以及2009年环保部发布的《建设项目环境影响评价文件分级审批规定》(部令第5号)报有审批权的环境保护行政主管部门审批。建设项目环境影响评价文件经批准后,建设项目的性质、规模、地点或者采用的生产工艺发生重大变化的,建设单位应当重新报批建设项目的环境影响评价文件。建设项目环境影响评价文件自批准之日起超过5年该项目才决定开工建设的,其环境影响评价文件应当报原审批部门重新审核。

在项目建设、运行过程中产生不符合经审批的环境影响评价文件的情形的,建设单位应当组织环境影响后评价,采取改进措施,并报原环境影响评价文件审批部门和建设项目审批部门备案;原环境影响评价文件审批部门也可以责成建设单位进行环境影响的后评价,采取改进措施。

广受诟责的"限期补办"环境影响评价(原《环境影响评价法》第31条)被2014年修订的《环境保护法》第19条彻底修正,该条规定:"未依法进行环境影响评价的开发利用规划,不得组织实施;未依法进行环境影响评价的建设项目,不得开工建设。"2016年修正的《环境影响评价法》重申,建设项目环境影响评价文件未依法通过审查、批准的,"建设单位不得开工建设"(第25条),并规定了相应的法律责任(第31条)。

(八)环境影响评价的主体与责任

根据《环境影响评价法》,环境影响评价涉及多类主体,不同主体有不同的职责,相应地会承担不同的法律责任(如表18-4所示)。

表 18－4　环评主体职责与法律责任

类型	主体	主体类型	职责	违法情形	法律责任形式
综合性规划环评	国务院有关部门、设区市级以上地方政府及其有关部门	规划编制主体；环评文件编制主体	在组织编制综合性规划的过程中组织环评；编写该规划有关环境影响的篇章或者说明（第 7 条）。	规划编制机关未组织环评，或组织环评时弄虚作假或者有失职行为，造成环评严重失实的。	对直接负责的主管人员和其他直接责任人员，由上级机关或者监察机关依法给予行政处分（第 29 条）
专项规划环评	国务院有关部门、设区市级以上地方政府及有关部门	规划编制主体；环评文件编制、报送主体	在组织编制专项规划的过程中组织环评（第 8 条）； 向审批该专项规划的机关提出环境影响报告书（第 8 条）； 组织公众参与（第 9 条）； 在报批规划草案时，将环境影响报告书附送审批机关审查（第 12 条）； 对环境有重大影响的规划实施后及时组织环境影响跟踪评价（第 15 条）。		

续表

类型	主体	主体类型	职责	违法情形	法律责任形式
专项规划环评	设区的市级以上政府或省级以上政府有关部门	规划审批机关	指定环保主管部门或者其他部门召集、组织审查小组,对环境影响报告书进行审查。审查小组应当提出书面审查意见(第13条); 将环境影响报告书结论以及审查意见作为规划决策的重要依据(第14条); 组织环境影响跟踪评价(第15条)。	违法批准规划。	对直接负责的主管人员和其他直接责任人员,由上级机关或者监察机关依法给予行政处分(第30条)。
建设项目环评	具有相应环评资质的机构	环评文件编制机构	受委托编制环境影响报告书或者环境影响报告表(第20条)。	在环评工作中不负责任或者弄虚作假,致使环评文件失实的。	由环保主管部门降低其资质等级或者吊销其资质证书,并处所收费用1~3倍罚款;构成犯罪的,依法追究刑事责任(第33条)。

续表

类型	主体	主体类型	职责	违法情形	法律责任形式
建设项目环评	建设单位	环评文件报批主体	组织编制环评文件（第16条）；报批环境影响报告书前组织公众参与（第20条）；报批建设项目的环评报告书（表）、申请备案环评登记表（第22条、第24条）；实施审批部门审批意见中提出的环境保护对策措施（第26条）；组织环境影响后评价，采取改进措施，并报原环评文件审批部门和建设项目审批部门备案（第27条）。	未依法报批或重新报批建设项目环评文件，擅自开工建设；环评报告书（表）未经批准或重新审核同意，擅自开工建设。	由县级以上环保主管部门责令停止建设，根据违法情节和危害后果，处建设项目总投资额1%～5%的罚款，并可以责令恢复原状；对建设单位直接负责的主管人员和其他直接责任人员，依法给予行政处分（第31条）。
				未依法备案建设项目环境影响登记表。	由县级以上环保主管部门责令备案，处五万元以下的罚款（第31条）。

续表

类型	主体	主体类型	职责	违法情形	法律责任形式
建设项目环评	环保主管部门	环评文件审批主体	审批建设项目的环评文件(第22条、第24条); 可以责成建设单位进行环境影响后评价,采取改进措施(第27条); 对建设项目投入生产或者使用后所产生的环境影响进行跟踪检查,并追究相关责任(第27条); 审核和审批环评文件不得收取任何费用(第22条)。	在审批、备案环境影响评价文件中收取费用。	由其上级机关或者监察机关责令退还;情节严重的,对直接负责的主管人员和其他直接责任人员依法给予行政处分(第33条)。
				工作人员徇私舞弊,滥用职权,玩忽职守,违法批准建设项目环境影响评价文件。	依法给予行政处分;构成犯罪的,依法追究刑事责任(第34条)。

《海洋环境保护法》(2013年修改了3处,2016年修改了19处)还规定了环境影响评价的另一个主体,即海洋行政主管部门。该法对“海岸工程建设项目”和“海洋工程建设项目”分别规定了环境影响评价:“海岸工程建设项目”的环境影响评价由环境保护主管部门负责审批,但是,在批准前“必须征求海洋、海事、渔业行政主管部门和军队环境保护部门的意见”(第43条),“未依法进行环境影响评价的”,依照《环境影响评价法》的规定处理(第79条);而“海洋工程建设项目”由海洋工程建设项目单位对海洋环境进行科学

调查，编制海洋环境影响报告书（表），并在建设项目开工前，报海洋行政主管部门审查批准。海洋行政主管部门在批准之前，"必须征求海事、渔业行政主管部门和军队环境保护部门的意见"（第47条），海洋工程建设项目单位违反编制和报批海洋环境影响报告书（表）有关规定，进行海洋工程建设项目的，由海洋行政主管部门责令其停止施工，根据违法情节和危害后果，处建设项目总投资额1%～5%的罚款，并可以责令恢复原状（第82条）。

【作者简介】　李爱年（1963～　），女，汉族，湖南益阳人，哲学博士，中国社会科学院法学所环境与资源法学博士后（2006年出站）。现为湖南师范大学二级教授，博士生导师，环境资源法学博士点、硕士点学术带头人，环境资源法学重点学科负责人，生态文明研究院骨干专家，法学院副院长。教育部人文社会科学重点研究基地武汉大学环境法研究所兼职教授。

主要研究领域有环境法学、经济法学、环境伦理学。曾出版《自然资源保护法初论》《环境法的伦理审视》《生态效益补偿制度研究》《法治保障生态化：从单一到多维》等学术著作10余部，主编湖南省法学统编教材《环境法学》等教材10余部。在《光明日报》《现代法学》《法学评论》《中国软科学》等刊物发表《环境法不能直接调整人与自然关系》《关于征收生态效益补偿存在的立法问题及完善的建议》等论文60余篇。论文多次被《新华文摘》《高等学校文科学报文摘》《中国人民大学报刊复印资料》等转载。主持国家社科基金重点项目2项、省部级课题近10项、服务地方法治建设的委托项目近20项。担任中国环境资源法学研究会常务理事，中国环境资源法学教学研究委员会副主任委员，中国环境科学学会环境法学分会副主任委员（副会长），湖南省法学会常务理事、学术委员会委员，湖南省环境资源法学研究会会长，湖南省生态文明研究会常务理事，湖南省"六五"普法讲师团成员，湖南省检察院首届人民监督员，长沙市第十二届人民代表大会常务委员会立法咨询委员会委员，长沙市侨联法律顾问委员会委员。入选湖南省第二批"121人才工程"第三层次人才，湖南省"芙蓉百岗明星"。

肖爱（1971～　），男，侗族，法学博士。现为湖南师范大学副教授，湖南省环境与资源保护法学研究会副秘书长。主持完成国家社科基金项目1项，在研国家社科基金项目1项；主持司法部法治建设与法学理论研究部级科研项目1项；先后主持湖南省社科基金项目2项。在《政治与法律》《法学杂志》等刊物发表学术论文30余篇，论文多次被《新华文摘》《高等学校文科学报文摘》《中国人民大学报刊复印资料》及中国社会科学网、中华人民共和国国史网、国研网等权威媒体全文转载或摘编。参编参著专业书籍10余本。

第十九章 《中华人民共和国清洁生产促进法》导读

张建伟 田亦尧

一、《中华人民共和国清洁生产促进法》概况

《中华人民共和国清洁生产促进法》(以下简称《清洁生产促进法》)2002年6月29日第九届全国人民代表大会常务委员会第二十八次会议通过,根据2012年2月29日第十一届全国人民代表大会常务委员会第二十五次会议《关于修改〈中华人民共和国清洁生产促进法〉的决定》修正,自2012年7月1日起施行。

表19-1 《清洁生产促进法》的构成

结构	条文主旨	具体法条序号	主要内容
第一章(第1~6条)	总则	第1条	立法目的
		第2条	清洁生产的定义
		第3条	适用范围
		第4条	环境监督管理体制
		第5条	
		第6条	基本方针

续表

结构	条文主旨	具体法条序号	主要内容
第二章（第7～17条）	清洁生产的推行	第7条	清洁生产的政策与规划制定
		第8条	
		第9条	清洁生产预算制度
		第10条	清洁生产的信息服务
		第11条	国家指导、辅助措施
		第12条	
		第13条	
		第14条	
		第15条	
		第16条	
		第17条	信息公开制度
第三章（第18～29条）	清洁生产的实施	第18条	环境影响评价
		第19条	企业清洁生产义务
		第20条	
		第21条	
		第22条	
		第23条	
		第24条	
		第25条	
		第26条	
		第27条	
		第28条	企业清洁生产权利
		第29条	

续表

结构	条文主旨	具体法条序号	主要内容
第四章（第30～34条）	鼓励措施	第30条	清洁生产的鼓励制度、支持政策制度
		第31条	
		第32条	
		第33条	
		第34条	
第五章（第35～39条）	法律责任	第35条	有关行为的法律责任和对各类违法行为的处罚
		第36条	
		第37条	
		第38条	
		第39条	
第六章（第40条）	附则	第40条	生效时间

注：此表根据作者提供的文字及《中华人民共和国法律全编2016年版》（阴影部分）整理。

二、《清洁生产促进法》的主要内容

《清洁生产促进法》除《法律责任》《附则》两章外，主要规定了以下几个方面的内容。

（一）立法目的

对于“为什么要清洁生产”的问题，《清洁生产促进法》第1条规定：“为了促进清洁生产，提高资源利用效率，减少和避免污染物的产生，保护和改善环境，保障人体健康，促进经济与社会可持续发展，制定本法。”这是《清洁生产促进法》对立法目的的法律表述。根据这一规定，《清洁生产促进法》有以下三个层面的立法目的。

第一是“促进清洁生产，提高资源利用效率，减少和避免污染物的产生”，这是对清洁生产的“清洁”目的的直观表述，也是从立法开篇中明确清洁不是没有污染，而是以提高效率减少排放为目的的相对清洁。第二是“保护和改善环境，保障人体健康”，这是本法的直接目的，贯穿于本法各条的核心标准即在于减少污染保持良好环境，而评判污染减少或环境良好程度又是以人民群众的生活体验为标准，以保障人体健康为底线。第三是“促进经济与社会可持续发展”，清洁生产的目的不是清洁到不存在污染的片面思路，更不是为清洁而停止生产，而是通过法律手段鼓励企业用更科学更环保的生产手段可持续发展。

（二）清洁生产的释义

关于“什么是清洁生产”的问题，本法第 2 条指出：“本法所称清洁生产，是指不断采取改进设计、使用清洁的能源和原料、采用先进的工艺技术与设备、改善管理、综合利用等措施，从源头削减污染，提高资源利用效率，减少或者避免生产、服务和产品使用过程中污染物的产生和排放，以减轻或者消除对人类健康和环境的危害。”

首先，清洁生产，本意为“更清洁的生产”。清洁生产的实质，是贯彻污染预防原则，从生产设计、能源与原材料选用、工艺技术与设备维护管理等社会生产和服务的各个环节实行全过程控制，从生产和服务源头减少资源的浪费，促进资源的循环利用，控制污染的产生，实现经济效益和环境效益的统一。此外，如前所述它是一个相对的概念，所谓清洁生产技术和工艺、清洁产品、清洁能源和原料都是同现有常规技术、工艺、产品、能源和原料相比较而言的。

其次，本法的适用范围是以联合国环境规划署对清洁生产的定义为主要参考确定的。适用的范围包含了全部生产和服务领域。本法这样规定，一是因为目前国内外对清洁生产的认识已经突破了传统的工业生产领域，农业、服务业等领域也已开始推行清洁生产；二是本法规定的政府职责是以支持、鼓励措施为主，这个范围宜宽不宜窄，事实上也没有必要对不同的生产领域制定不同清洁生产促进法；三是由于清洁生产的推行是一个渐进的过程，法律应当为其未来的发展留下空间，如果规定过窄，反而会对今后清洁生产的推行造成障碍。

最后，考虑到法律的可操作性，本法着重对工业生产领域的清洁生产推行和实施作了具体规定，对农业、服务业等领域实施清洁生产，只提了原则要求。对于公民个人在生活领域如何消费产品的问题，本法没有涉及。这样设计，既可以满足当前工业领域推行清洁生产的迫切需要，也可以为今后在其他领域推行清洁生产提供法律依据和活动空间。尤其是在公民在生活领域的消费义务的设置或者称环境公民义务的探索方面，本法还可以有更多伸展的空间。

（三）清洁生产的管理体制

关于清洁生产“谁来管”的问题，本法第 4 条规定：“国家鼓励和促进清洁生产。国务院和县级以上地方人民政府，应当将清洁生产促进工作纳入国民经济和社会发展规划、年度计划以及环境保护、资源利用、产业发展、区域开发等规划。”第 5 条规定：“国务院清洁生产综合协调部门负责组织、协调全国的清洁生产促进工作。国务院环境保护、工业、科学技术、财政部门和其他有关部门,按照各自的职责,负责有关的清洁生产促进工作。县级以上地方人民政府负责领导本行政区域内的清洁生产促进工作。县级以上地方人民政府确定的清洁生产综合协调部门负责组织、协调本行政区域内的清洁生产促进工作。县级以上地方人民政府其他有关部门,按照各自的职责,负责有关的清洁生产促进工作。”

这是一种央地共举、多部门协作的统分结合的管理体制。首先,本法结合国内外清洁生产管理及立法现状从宏观层面明确和突出了政府的引导和服务功能。其次,考虑到清洁生产不同于单纯的污染控制,不能仅仅依靠单一部门的监督管理,而是需要政府从多个角度、多个环节对生产经营者进行引导、鼓励、支持和规范。因此,本法在推行清洁生产的体制问题上,强调了有关部门之间的密切配合。最后,在本法 2012 年修改时,为解决国务院机构改革带来的现行法执法主体或者主体名称变化的问题,对有关条款均做出了相应修改,并为今后机构改革留有空间。一是根据国务院“三定方案”和中编办两个文件要求,在第 5 条中补充完善了各有关部门的名称;二是将原法中许多条款规定的“经济贸易行政主管部门”修改为清洁生产综合管理部门,突出职能要求、弱化部门名称,以保持法律中执法主体名称的相对稳定性;三是工业和信息化部门兼有一部分清洁生产的管理职能,财政、商务、税务等部门也具有相应的管理职能,而原法均未予以明确,《修正案》进行了必要的修改、补充。

（四）政府及其有关主管部门推行清洁生产的责任

清洁生产“促进”的主要力量来自于政府的大力支持与推行。政府的一般性激励手段包括编制规划（第 8 条）、提供必要的信息服务（第 10 条）、制定相关引导目录和标准（第 11 ~ 13 条）、加强推广示范及教育培训（第 14 ~ 15 条）、政府采购（第 16 条）、信息公开与公众监督（第 17 条）。

同时,在本法 2012 年修订时,着重加强了政府的财政税收等经济激励手段用以激活市场积极性（第 7 条和第 9 条）。其中第 9 条规定:“中央预算应当加强对清洁生产促进工作的资金投入,包括中央财政清洁生产专项资金和中央预算安排的其他清洁生产资金,用于支持国家清洁生产推行规划确定的重点领域、重点行业、重点工程实施清洁生产及其技术推广工作,以及生态脆弱地区实施清洁生产的项目。中央预算用于支持清洁生产促进工作的资金使用的具体办法,由国务院财政部门、清洁生产综合协调部门会同国务院有关部门制定。县级以上地方人民政府应当统筹地方财政安排的清洁生产促进工作的资金,引导社会资金,支持清洁生产重点项目。”

这是根据当年全国人大常委会检查反映的重要意见，为了保证清洁生产推行规划和强制性清洁生产审核的有效实施，为之提供必要的资金支持，《修正案》增加了第9条国家设立中央财政清洁生产资金（包括部分中央预算内安排的节能减排项目资金和中央财政清洁生产专项资金等）的规定，明确了该资金主要用于支持国家清洁生产推行规划确定的重点领域清洁生产工作的实施；重点支持列入清洁生产强制性审核、实施清洁生产效果明显、完成节能减排指标份额较大的项目；优先支持生态脆弱地区生态保护有明确目标和措施需要实施清洁生产的项目。为了保证该项资金有效、合理利用，《修正案》第9条还就有关该资金使用的具体管理办法，明确由国务院财政、清洁生产综合管理部门会同国务院环境保护、工业、建设、农业等行政主管部门制定。同时，该条还对地方人民政府统筹地方财政安排的清洁生产资金和社会其他资金，重点支持清洁生产推行规划确定的重点项目的职责作出了明确规定。

（五）生产经营者的清洁生产义务

清洁生产的具体实施是在“生产”环节，因此还是有赖于市场主体的充分参与，除了政府充分调动政策工具激发企业参与热情，也应当运用法律手段设置必要的义务规范企业生产活动，尤其是高污染、高耗能、资源密集型企业更应当履行其企业清洁生产义务。本法第三章《清洁生产的实施》，规定了对生产经营者的清洁生产要求。如环境影响评价（第18条）、企业技术改造的清洁生产要求（第19条）、产品和包装物设计的清洁生产要求（第20条）、产品材料的成分标注（第21条）、农业实施清洁生产的基本要求（第22条）、服务业、建筑业的清洁生产要求（第23～24条）、废弃物回收（第25～26条）、清洁生产审核（第27条）、自愿进一步削减污染物排放（第28条）、企业自我监督与公众监督（第29～30条）。

在这些条文内容设计中，对生产经营者的清洁生产要求分为指导性要求、强制性要求和自愿性规定三种类型。其中，指导性的要求不附带法律责任。属于此类要求的法律规定包括有关建设和设计活动优先考虑采用清洁生产方式；按照清洁生产要求进行技术改造；普通企业的清洁生产审核等。自愿性的规定主要是鼓励企业自愿实施清洁生产，改善企业及其产品的形象，相应可以依照有关规定得到奖励和享受政策优惠。属于此类的规定包括企业自愿申请环境管理体系认证等。强制性的要求规定了生产经营者必须履行的义务，其中包括：对部分产品和包装物要进行标识和强制回收；部分企业要进行强制性的清洁生产审核；对污染严重的企业要求定期公布主要污染物排放情况等。本法关于指导性的要求比重较大，强制性规范比重较小，这样设计突出了“促进法”的特点，淡化了行政强制性色彩，以利于引导、规范生产经营者实施清洁生产。

在2012年本法修订时，着重强化和完善企业清洁生产审核制度。一是明确国家建立清洁生产审核制度。二是明确企业是清洁生产审核的主体，强化企业实施清洁生产的责任。三是扩大了实施强制性清洁生产审核的企业范围，规定有下列情形之一的企业，依据国家清洁生产推行规划、行业规划和本地区清洁生产推行实施规划，实施强制性清洁生产审核：(1)污染物排放达到国家和地方规定的排放标准，但与国家或地方下达的节能减排约束性指标仍有差距的；(2)属于高耗能、高污染和资源性行业的；(3)位于超过经国务院环境保护行政主管部门核定的节能减排控制指标的重点地区或者重点流域，能耗和排放超过同行业平均能耗和排放水平的；(4)使用有毒有害原料进行生产或者在生产中排放有毒有害物质、可以选择替代技术和工艺进行改造的。四是明确实施强制性清洁生产审核的企业将审核结果向所在地县级以上地方人民政府有关部门报告，并在当地主要媒体上公布，接受社会监督。五是明确了地方人民政府有关部门对实行强制性审核的企业实施清洁生产效果的评估职责，特别规定政府履行评估职责不得向被评估企业收取费用，明确由同级财政预算予以保障。六是明确了违反清洁生产审核制度的相关法律责任。七是明确污染物排放超过国家和地方规定的排放标准或者超过经有关地方人民政府核定的污染物排放总量控制指标的企业，按照环境保护相关法律规定执行。八是明确了由国务院有关部门制定实施清洁生产审核的具体办法。

(六)清洁生产的鼓励措施

为了有效地推行清洁生产，除了加强宣传、提供必要的技术支持以外，还应当对实施清洁生产者给予多方面的鼓励。本法将鼓励措施作为一章，对实施清洁生产的企业规定了表彰奖励(第30条)、资金补助(第31条)、优惠贷款(第32条)、税收优惠(第33~34条)等措施，明确实施清洁生产者可以从多方面获益。

本法第32条规定：“在依照国家规定设立的中小企业发展基金中，应当根据需要安排适当数额用于支持中小企业实施清洁生产。”本法特别对开辟中小型企业的清洁生产资金渠道作出规定，原因在于中小型企业在商业贷款方面存在特殊的困难，严重影响其实施清洁生产。借鉴国外的成功经验，规定“从中小企业发展基金中，应当根据需要安排适当数额用于支持中小企业实施清洁生产”，这是必要和可行的，是从实际出发的。

本法第33条规定：“依法利用废物和从废物中回收原料生产产品的，按照国家规定享受税收优惠。”第34条规定：“企业用于清洁生产审核和培训的费用，可以列入企业经营成本。”这样规定主要是认识到税负对企业利用废物生产的产品和综合利用产品的盈利水平影响很大，为了鼓励企业实施清洁生产、节约使用和充分利用资源，税收优惠措施是必不可少的，本法对此作出规定，必将对企业的清洁生产发挥激励作用。

三、《清洁生产法》在我国环境法体系中的地位

（一）本法的立法初衷及其名称选择

考虑到在社会主义市场经济条件下，应当尊重企业等市场主体的自主性，因此，在立法思路上要注重对清洁生产行为的引导、鼓励和支持，而不宜对其生产、服务的过程进行过多的直接行政控制。这就决定了清洁生产立法应当以对清洁生产进行引导、鼓励和支持保障的法律规范为主要内容，而不是以直接行政控制和制裁性法律规范为主。采用《清洁生产促进法》这一法律名称有助于准确反映本法的特点和主要内容。国内外有不少法律称为“促进法”，如日本的《资源有效利用促进法》和一系列产业促进法、全国人大常委会制定的《促进科技成果转化法》等，采用这一法律名称也有利于处理清洁生产立法与有关环境法之间的关系。

（二）法律位阶

《清洁生产促进法》是由全国人民代表大会常务委员会通过的法律，这和《水污染防治法》《环境保护法》等由全国人大常委会制定是一样的。《清洁生产促进法》在立法位阶上同其他环境法律是等同的。

（三）立法依据

《清洁生产促进法》没有明确宣布其立法依据，因此，在《清洁生产促进法》同如《环境保护法》等其他环境法律之间不存在源与流的关系。

四、《清洁生产促进法》的由来

表19－2　《清洁生产促进法》的由来

名称	制定机构	颁布时间	构成
《关于推行清洁生产的若干意见》	国家环境保护总局	1997.4.14	共9条
《关于印发大连市清洁生产实施方案的通知》	大连市人民政府办公厅	2001.7.5	共5条

续表

名称	制定机构	颁布时间	构成
《清洁生产促进法》	第九届全国人民代表大会常务委员会	2002.6.29	共6章42条
《清洁生产促进法》(2012年修正)	第十一届全国人民代表大会常务委员会	2012.2.29	共6章40条

在法律层面,现行的《清洁生产促进法》由2002年6月29日第九届全国人民代表大会常务委员会第二十八次会议通过,并根据2012年2月29日第十一届全国人民代表大会常务委员会第二十五次会议《关于修改〈中华人民共和国清洁生产促进法〉的决定》修正。在执行法层面,国家发展改革委、工信部等多部委也都下发过多个专门条例,各省份也相应地制定了专门地方法。

我国最初制定《清洁生产促进法》是在我国加入WTO的形势下,为顺应国际贸易潮流,应对环境相关的贸易壁垒,维护国际贸易中自己的合法权益的背景下,结合当时自改革开放始我国经济高速增长带来的粗放、浪费、污染的发展模式弊端,进行的一次必要、可行、成熟的环境立法活动。

在《清洁生产促进法(2002)》中,共分为6章40条。六章依次为《总则》《清洁生产的推行》《清洁生产的实施》《鼓励措施》《法律责任》《附则》。

【作者简介】 张建伟(1968~),男,河南开封人,汉族,法学博士,研究领域为环境资源法,河南大学法学院副院长、教授。河南省环境资源法研究会常务副会长。近几年承担多项学术研究课题,并在国内外公开发行刊物上发表了多篇环境方面的学术论文。联系方式:zhangjianweimail@163.com。

田亦尧(1989~),河南开封人,汉族,研究领域环境资源法,重庆大学博士生。

第二十章 《中华人民共和国循环经济促进法》导读

申进忠

一、《中华人民共和国循环经济促进法》概况

《中华人民共和国循环经济促进法》(以下简称《循环经济促进法》)由第十一届全国人民代表大会常务委员会第四次会议于2008年8月29日通过,由中华人民共和国主席令第四号于2008年8月29日公布,自2009年1月1日起施行。

表20-1 《循环经济促进法》的构成

结构	条文主旨	具体法条序号	主要内容
第一章(第1~11条)	总则	第1条	立法目的
		第2条	重要概念定义
		第3条	战略方针
		第4条	基本要求
		第5条	监督管理部门
		第6条	产业政策和规划
		第7条	科技研究和宣传教育
		第8条	政府、企业事业单位、公民、行业协会在发展循环经济中的权利义务和职责
		第9条	
		第10条	
		第11条	

续表

结构	条文主旨	具体法条序号	主要内容
第二章（第12～17条）	基本管理制度	第12条	循环经济发展规划制度
		第13条	总量调控制度
		第14条	循环经济评价指标体系和考核制
		第15条	以生产者为主的责任延伸制度
		第16条	重点企业监督管理制度
		第17条	循环经济统计制度、标准体系和产品资源消耗标识制度
第三章（第18～28条）	减量化	第18条	名录制度
		第19条	生态设计
		第20条 第21条	企业的节水、节油
		第22条	矿产资源节约与利用
		第23条 第24条	建筑领域和农业领域的资源节约
		第25条 第26条	国家机关和餐饮、娱乐、宾馆等服务性企业的资源节约
		第27条 第28条	再生水利用与节水和一次性消费品生产和销售的限制
第四章（第29～41条）	再利用和资源化	第29条	区域循环经济
		第30条 第31条 第32条	工业废物、废水、余热余压的综合利用
		第33条 第34条 第35条	建筑废物、农业废物的综合利用和林业再利用与资源化
		第36条 第37条	产业废物交换和废物回收体系建设
		第38条 第39条	废旧电器电子产品的拆解、回收和资源化
		第40条	机动车零部件再制造和轮胎翻新
		第41条	生活垃圾和污泥的资源化

续表

结构	条文主旨	具体法条序号	主要内容
第五章（第 42 ~ 48 条）	激励措施	第 42 条	发展循环经济的有关专项资金
		第 43 条	对科技创新的财政支持
		第 44 条	税收优惠
		第 45 条	重点投资领域和金融支持
		第 46 条	有利于循环经济发展的价格、收费和押金等制度
		第 47 条	政府采购
		第 48 条	表彰奖励
第六章（第 49 ~ 57 条）	法律责任	第 49 条	政府和企业等各类违法行为的法律责任
		第 50 条	
		第 51 条	
		第 52 条	
		第 53 条	
		第 54 条	
		第 55 条	
		第 56 条	
		第 57 条	
第七章（第 58 条）	附则	第 58 条	生效时间

注：此表根据作者提供的文字及《中华人民共和国法律全编 2016 年版》（阴影部分）整理。

二、《循环经济促进法》的主要内容

（一）立法目的

《循环经济促进法》的立法目的是以尽可能少的资源消耗和尽可能小的环境代价，取得最大的经济产出和最少的废物排放，实现经济、环境和社会效益相统一。根据《循环经济促进法》第 1 条的规定，具体可将《循环经济促进法》的立法目的分为两个层次：提高资源利用效率与保护和改善环境是立法的直接目的，用以实现循环经济在资源与环境方面的"综合效应"；促进可持续发展是立法的根本目的，体现了循环经济与可持续发展之间的关系，即发展循环经济是实现可持续发展的重要途径。

(二)"循环经济"的概念

"循环经济"是指在生产、流通和消费等过程中进行的减量化、再利用、资源化活动的总称。减量化,是指在生产、流通和消费等过程中减少资源消耗和废物产生;再利用,是指将废物直接作为产品或者经修复、翻新、再制造后继续作为产品使用,或者将废物的全部或部分作为其他产品的部件予以使用;资源化,是指将废物直接作为原料进行利用或者对废弃进行再生利用。

可见,《循环经济促进法》没有完全采用国外循环经济通常采用的"减量化、再利用、再循环"的"3R"原则,而是以含义更广泛的"资源化"代替了3R其中的"再循环"。

(三)发展循环经济的方针与基本要求

发展循环经济是我国经济社会发展的一项重大战略,具有全局性、根本性和长期性,《循环经济促进法》为此规定了我国发展循环经济需要遵循的32字基本方针。(1)统筹规划、合理布局:强调的是要加强经济结构调整和优化区域布局;(2)因地制宜、注重实效:强调的是发展循环经济不遵循既定的模式,而要从地方实际出发,充分发挥相关主体的积极性和创造性;(3)政府推动、市场引导:强调的是既充分发挥市场的激励利导向作用,又坚持以政府指导和推动为基础促进循环经济发展;(4)企业实施、公众参与:强调的是企业和公众两类主体在发展循环经济中的不同作用。其中,企业是发展循环经济的主力,发展循环经济应当坚持与企业技术进步和产业结构优化相结合,加强企业管理,逐步形成企业依法自觉开展循环经济的机制,同时发展循环经济还需要公众的积极参与。

《循环经济促进法》还规定了我国发展循环经济的两项基本要求:一是减量化优先原则,即在技术可行、经济合理和有利于节约资源、保护环境的前提下,循环经济应当按照减量化优先的原则实施。二是对再利用和资源化过程的要求,具体包括保障生产安全、保证产品质量符合国家规定的标准以及防止产生再次污染。

(四)循环经济基本管理制度

基本管理制度是克服循环经济发展所面临的障碍,切实推进循环经济的发展,实现循环经济立法目标的最主要的手段。

1. 循环经济发展规划制度

循环经济发展规划是国家对循环经济发展目标、重点任务和保障措施等进行的安排和部署,是政府进行评价考核并实施鼓励、限制或禁止措施的重要依据。《循环经济促进法》首先要求县级以上人民政府编制国民经济和社会发展规划、区域规划及城乡建设、科学技术发展等规划，应当明确发展循环经济的目标和要求；其次规定了编制循环经济发展规划的程序，并明确提出了规划应当包括资源产出率、废物再利用和资源率等具体指标。

2. 资源消耗和污染物排放的总量调控制度

我国许多地方的经济增长建立在过度消耗资源和污染环境的基础上，对这种不可持续的发展方式必须要有科学的总量控制措施。为了解决影响和制约科学发展的突出问题，推动各地和企业按照国家的要求，根据本地的资源和环境承载能力安排产业结构和经济规模，积极主动地采取节能、节地、节水、减排等循环经济措施。《循环经济促进法》第 13 条第 1 款规定："县级以上人民地方人民政府应当根据上级人民政府制定的本行政区域主要污染物排放总量控制指标和建设用地、生产用水总量控制指标，规划和调整本行政区域的产业结构，推进循环经济发展。"并要求建设项目应当符合本行政区域的总量控制指标。

3. 循环经济评价考核制度

建立循环经济评价考核制度，有助于解决过去以 GDP 指标作为考核地方领导政绩主要标准的弊端，也有助于解决当前对循环经济发展状况评价标准不统一的问题。按照《循环经济促进法》第 14 条的规定，一是国务院循环经济发展综合管理部门会同国务院统计、环境保护等有关主管部门建立和完善循环经济评价指标体系；二是上级政府依据循环经济评价指标对下级政府发展循环经济的状况定期进行考核，并将循环经济主要评价指标完成情况作为对地方政府及其负责人考核评价的内容。

4. 生产者责任延伸制度

在传统民商法领域，产品的生产者仅对产品本身的质量承担责任，生产者责任延伸则引入了产品环境生命周期思想，主张生产者必须对产品整个生命周期的环境影响负责，特别是要承担产品的回收、循环利用及最终处置责任。生产者责任延伸不但包括通常所理解的末端延伸责任，也包括源头延伸责任，如要求生产者采用有利于产品废物回收、再生利用和无害化处置的原材料等。

需要注意的是：第一，《循环经济促进法》并没有对生产者责任延伸制度作出全面明确的界定，作为基本管理制度的生产者责任延伸仅规定了生产列入强制回收的产品或包装物的企业，必须对废弃的产品或包装物负责回收，对其中可以利用的，由生产企业负责利用。第二，生产者责任延伸实际上是一种由生产者与销售者、废物回收处理企业、消费者等共担的责任，因此《循环经济促进法》还同时规定了销售者、废物利用处置企业按照法律、行政法规和合同约定负责回收或者利用处置的责任、消费者将其废弃的产品或包装物交给生产者或其委托的销售者或其他组织的责任。

5. 高耗能、高耗水企业的重点监管制度

我国钢铁、有色金属、煤炭、电力、石油石化、化工、建筑、印染等主要工业行业资源消耗高,资源利用效率低,污染物排放量大,其中的大企业在资源消耗中又占很大比重。为此需要对重点企业实行重点监管。按照《循环经济促进法》第16条的规定,国家对上述行业内年综合能源消费量、用水量超过国家规定总量的重点企业,实行能耗、水耗的重点监管。

6. 循环经济的统计制度、标准体系和产品资源消耗标识制度

循环经济统计制度、标准体系和产品资源消耗标识制度是企业开展循环经济活动的基础,也是政府评价循环经济发展状况的主要依据和手段,在整个循环经济制度体系中具有基础性地位。《循环经济促进法》第17条规定,国家建立健全循环经济统计制度,并将主要统计指标定期向社会公布、国务院标准化主管部门会同相关部门建立健全循环经济标准体系,同时还规定国家建立健全能源效率标识等产品资源消耗标识制度。

(五)循环经济的激励措施

发展循环经济除了建立基本管理制度之外,还必须建立合理的激励机制,以调动市场主体的积极性。《循环经济促进法》专设一章对激励政策作了比较具体的规定,主要包括发展循环经济的有关专项资金、对科技创新的财政支持、税收优惠、投资和金融支持、有利于循环经济发展的价格、收费和押金等制度、政府采购和表彰奖励制度等。

三、《循环经济促进法》在我国环境法体系中的地位

(一)关于循环经济法律体系的不同认识

围绕《循环经济促进法》的立法,理论界和实务界关于循环经济的立法模式曾经有三种方案,相应地形成了有关循环经济法律体系的三种认识。第一种认识是建立以《循环经济促进法》为龙头的自成一体的循环经济法律体系。该体系主要包括以下三个层次的立法:第一层次以《循环经济促进法》作为循环经济法律体系的基础法律;第二层次以《节约能源法》《资源有效利用促进法》《清洁生产促进法》和《固体废弃物污染防治污染法》等作为该法律体系的基干;第三层次是针对特定问题而制定的专项法律。第二种认识是制定与《节约能源法》《清洁生产促进法》《固体废弃物污染防治法》等有关法律处于

同一层次的《循环经济促进法》。第三种认识是以《循环经济促进法》涵盖清洁生产的内容，将《清洁生产促进法》并入《循环经济促进法》，废止《清洁生产促进法》，同时修订《节约能源法》和《固体废物污染环境防治法》等相关法律，以保持整个循环经济法律体系的协调。

从理论上讲，按照第一种认识建构的循环经济法律体系最为理想。但考察相关法律现实，我国实际上是按照第二种认识来建构循环经济法律体系的，即将《循环经济促进法》作为与其他相关法律平行的单行法加以规定的。这不仅表现为《循环经济促进法》与其他相关法律一样都是由全国人大常委会立法，而且《循环经济促进法》本身并未对其与相关法律之间的关系作出指引。考察《循环经济促进法》的内容，它与各相关法律是一种相互补充与支持的关系。换言之，《循环经济促进法》与其他相关法律都是自成体系的。例如，尽管学界普遍将 2009 年国务院颁布的《废弃电器电子产品回收处理管理条例》归为循环经济法律体系的重要内容，但该《条例》第 1 条所宣示的上位法为《清洁生产促进法》和《固体废物污染环境防治法》，恰恰没有将《循环经济促进法》引为其法律依据。退一步讲，循环经济法律体系即使按照第一种认识进行学理上的建构，那么，《循环经济促进法》是否能够胜任循环经济基本法的定位也不无疑问。

（二）《循环经济促进法》的实施状况

《循环经济促进法》的基本制度和要求以及经济激励措施等都规定得比较原则，需要通过一系列配套法规来保障实施。考察我国现有循环经济法律体系，《循环经济促进法》颁布实施后，并没有一部专门的行政法规，部门规章也相对较少，主要包括《煤矸石综合利用管理办法》《旧电器电子产品流通管理办法》等，大多内容是通过国务院和各相关部门的规范性文件形式体现出来的。国务院和部门规范性文件涵盖循环经济发展战略、行动计划以及绿色消费、回收利用技术政策、试点示范工作方案、技术标准、专项资金管理、投融资政策措施、产品标识等内容，总体看来，《循环经济促进法》的配套法规层级较低、缺乏系统性，甚至一些基本管理制度因为缺乏必要的配套而难以有效实施。例如，制定强制回收的产品和包装物名录及管理办法是实施生产者责任延伸制度的基本前提，否则生产者责任延伸制度无从落实。事实上国务院循环经济发展综合管理部门迟迟未能发布该强制名录和管理办法。

从地方法规情况看，《循环经济促进法》颁布后，江苏省、广东省、陕西省、甘肃省以及武汉市、大连市等较大市发布了促进循环经济的地方法规，天津市政府制定了《天津子牙循环经济产业区管理办法》。

(三)《循环经济促进法》与相关法律之间的关系

如前所述,《循环经济促进法》与其他相关法律具有相互补充和相互支撑的关系。其中,主要包括《清洁生产促进法》《固体废物污染环境防治法》以及《节约能源法》等。

广义上讲,清洁生产是循环经济的重要内容和组成部分,从法律层面考虑,《清洁生产促进法》所强调的清洁生产主要是在企业和行业层面展开。而《循环经济促进法》所指的循环经济涵盖企业与企业之间的区域循环经济以及循环型社会建设等内容。《固体废物污染环境防治法》则从污染防治的角度切入,强调固体废物污染防治的"减量化、资源化和无害化"三化原则,而循环经济则强调"减量化、再利用和资源化"三原则,可见,二者有交叉,同时侧重点存在差异。而《循环经济促进法》中涉及资源和能源的节约,需要与《节约能源法》的规定相衔接。

四、《循环经济促进法》的由来

表 20-2 《循环经济促进法》的由来

名称	制定机构	颁布时间	构成
《关于做好建设节约型社会近期重点工作的通知》	国务院	2005.6.27	共3条
《关于加快发展循环经济的若干意见》	国务院	2005.7.2	共23条
《循环经济促进法》	第十一届全国人民代表大会常务委员会	2009.8.29	共7章58条

我国循环经济立法是在经济高速发展的背景下,在不断审视环境与发展之间相互关系的基础上提出的。多年以来,我国经济发展以传统的高效能、高排放、低效率的粗放型增长方式为主,致使我国在长期保持经济快速增长的同时,也付出了高昂的环境资源代价。经济发展与资源环境的矛盾日趋尖锐,环境压力越来越大,逐步成为制约我国经济社会可持续发展的严重制约因素。解决这些问题的根本途径在于改变过去高投入、高排放的经济增长模式,实现可持续发展。而大力发展循环经济,为解决这些问题提供了一条重要途径。

实际上,早在20世纪50年代到70年代,我国已开展了资源综合利用工作。20世纪80年代和90年代,我国积极参与并实施了联合国环境规划署推动的“清洁生产行动计划”。1993年,原国家环保局、原国家经贸委联合召开第二次全国工业污染防治工作会议,会议明确提出工业污染的防治必须从“单纯的末端治理向生产全过程控制转变”。这次会议被认为是中国推行“清洁工业生产”的开始。随后,清洁生产试点企业、试点城市诞生,“清洁生产”“循环再利用”“节能减排”等概念开始进入人们的视野。2005年7月,国务院发布了《关于做好建设节约型社会近期重点工作的通知》和《关于加快发展循环经济的若干意见》,为循环经济的发展提供了更加明确的政策依据。国家各部委从各自工作角度出发,均出台了与发展循环经济相关的规章或者规范性文件。2005年10月,国家发展改革委会同国家环保总局等有关部门和省级人民政府,在重点行业、重点领域、产业园区和省市组织开展循环经济试点工作。2006年3月,第十届全国人大第四次会议通过的《国民经济和社会发展第十一个五年规划纲要》明确规定要发展循环经济,建设资源节约型、环境友好型社会。

在这样的背景之下,通过立法推进循环经济发展日渐受到重视。2004年9月贵阳市发布了我国第一个关于循环经济的地方性法规即《贵阳市建设循环经济生态城市条例》,2005年重庆市制定了《重庆市人民政府关于发展循环经济的决定》,厦门市人大常委会通过了《厦门市人大常委会关于发展循环经济的决定》,2006年深圳市人大常委会制定了《深圳经济特区循环经济促进条例》。

国家层面,早在第九届全国人大期间,就已有全国人大代表提出关于制定循环经济促进法的提案。在第十届全国人大第一次会议上,又有全国人大代表提出关于制定循环经济和废旧物资源回收及综合利用法的议案。第十届全国政协委员也向全国政协十届一次会议递交了应当抓紧制定循环经济促进法的提案。2005年3月,胡锦涛总书记在中央人口、资源、环境工作会议上指出,要“大力宣传循环经济理念,加快制定循环经济促进法”。对此,全国人大常委会于2005年12月决定将制定循环经济促进法补充列入立法计划,由此启动了循环经济法(暂定)的立法程序。2006年11月17日,第十届全国人大环资委召开第二十二次全体会议,对起草领导小组提交的《循环经济法(草案征求意见稿)》进行了审议。2006年12月,全国人大法律委、财经委、常委会法工委、国家发改委和原国家环保总局共同进行研究和起草工作,于2007年5月1日形成了《循环经济法(草案)》。2008年6月,第十一届全国人大常委会第三次会议对草案进行第二次审议,审议过程中,有些委员提出循环经济立法应当与国家经济发展水平相适应,突出重点,求实而不求全,以引导和促进为主。为此，2008 年 8 月，在第十一届全国人大常委会第四次会议上，将《循环经济法（草案）》更名为《循环经济促进法》，并最终通过。该法于 2009 年 1 月 1 日开始实施。

【作者简介】 申进忠（1969～ ），汉族，河北大城县人，理学博士，现为南开大学法学院副教授。主要研究领域为环境与自然资源法、国际经济法。曾出版《WTO 协调环境贸易关系的理论与实践》《产品导向环境政策研究》《国际贸易隐含碳问题的法律研究》以及《海洋环境的法律保护研究》等多部著作。参与编写环境法学教材 2 部。在《武汉大学学报》《南开学报》《法学论坛》等杂志发表论文多篇。主持完成教育部课题 1 项，参与国家社会重大招标项目、司法部、环境部、国家质检总局、国家海洋局等多项科研项目研究。担任中国环境资源法学研究会理事、中国能源法学研究会理事，是中华全国律师协会环境资源与能源法专业委员会委会委员、天津市仲裁委员会仲裁员。联系方式：shenjinzhong@ 163. com。

后　　记

《常用中国环境法导读》是为给学生提供学习依循、给教师确定讲授核心而编写的指导书，是致力于构建环境法学知识体系、帮助学生建立环境法学知识体系的参考书。

对读者负责、对中国环境法制建设事业负责是我们秉持的原则！我们未敢止步于现有的学识、成果以及差强人意的学术履历，尽管这的确让我们有了参与本次编写工作的资格。我们从浩繁的环境法律法规和涉环境的法律法规中挑选出了20种常用中国环境法，对它们做了全面占有资料、清晰梳理历史源流、深度考察实施情况、细致提炼核心知识等工作。即使知识背景、学术观点、研究专长有不同，但我们无不怀抱了统一而坚定的信念：与读者共同进步！

编写分工如下：

《中华人民共和国环境保护法》导读：徐祥民（浙江工商大学）；

《中华人民共和国海洋环境保护法》导读：朱晓勤（厦门大学）；

《中华人民共和国水污染防治法》导读：郝少英（西北政法大学）；

《中华人民共和国大气污染防治法》导读：侯佳儒（中国政法大学）；

《中华人民共和国固体废物污染环境防治法》导读：张式军（山东大学）；

《中华人民共和国放射性污染防治法》导读：李嵩誉（河南财经政法大学）；

《中华人民共和国环境噪声污染防治法》导读：张宝（中南大学）；

《中华人民共和国水法》导读：李冰强（山西大学）；

《中华人民共和国土地管理法》导读：胡中华（中国地质大学）；

《中华人民共和国矿产资源法》导读：肖国兴（华东政法大学）；

《中华人民共和国可再生能源法》导读：张忠民（中南财经政法大学）；

《中华人民共和国森林法》导读：诸江（中南林业科技大学）；

《中华人民共和国草原法》导读：刘卫先（中国海洋大学）；

《中华人民共和国渔业法》导读：田其云（中国海洋大学）；

《中华人民共和国野生动物保护法》导读：郑艺群（福州大学）；

《中华人民共和国水土保持法》导读:杨朝霞(北京林业大学);

《中华人民共和国防沙治沙法》导读:郭武(甘肃政法学院);

《中华人民共和国环境影响评价法》导读:李爱年、肖爱(湖南师范大学);

《中华人民共和国清洁生产促进法》导读:张建伟(河南大学)、田亦尧(重庆大学);

《中华人民共和国循环经济促进法》导读:申进忠(南开大学)。

全书由徐祥民制定编写方案、撰写样稿、组织审稿和最后审定书稿;邹雄、李爱年、张式军、郭武完成了部分文稿的初审。编写工作的联络、资料整理、文稿校订等由宛佳欣完成。

徐祥民

2017 年 7 月

图书在版编目(CIP)数据

常用中国环境法导读/徐祥民主编.—北京:法律出版社,2017.3
ISBN 978-7-5197-0695-1

Ⅰ.①常… Ⅱ.①徐… Ⅲ.①环境保护法—研究—中国 Ⅳ.①D922.684

中国版本图书馆CIP数据核字(2017)第054704号

常用中国环境法导读
CHANGYONG ZHONGGUO HUANJINGFA DAODU

徐祥民 主编

策划编辑 谢清平
责任编辑 谢清平
装帧设计 贾丹丹

出版 法律出版社
总发行 中国法律图书有限公司
经销 新华书店
印刷 三河市龙大印装有限公司
责任印制 张建伟

编辑统筹 社项目运营中心
开本 720毫米×960毫米 1/16
印张 16.25
字数 260千
版本 2017年7月第1版
印次 2017年7月第1次印刷

法律出版社/北京市丰台区莲花池西里7号(100073)
网址/www.lawpress.com.cn
投稿邮箱/info@lawpress.com.cn
举报维权邮箱/jbwq@lawpress.com.cn
销售热线/010-63939792
咨询电话/010-63939796

中国法律图书有限公司/北京市丰台区莲花池西里7号(100073)
全国各地中法图分、子公司销售电话:
统一销售客服/400-660-6393
第一法律书店/010-63939781/9782 西安分公司/029-85330678 重庆分公司/023-67453036
上海分公司/021-62071639/1636 深圳分公司/0755-83072995

书号:ISBN 978-7-5197-0695-1 **定价**:39.00元
(如有缺页或倒装,中国法律图书有限公司负责退换)